Wolfgang Uhlmann

EIN LEBEN LANG FRANZÖSISCH

FRANZÖSISCHE VERTEIDIGUNG – richtig gespielt

Thomas Beyer Verlags GmbH – Hollfeld

2. Auflage 1992

ISBN 3-89168-018-X

Satz: Schach-Spezialsatz Bernd Feustel, 8600 Bamberg
Druck: Beyer-Druck, Langgasse 23, Hollfeld

Inhaltsverzeichnis (mit Partienverzeichnis)

Vorwort

Wolfgang Uhlmann gehört unbestritten zu den größten Kennern der Französischen Verteidigung. Er hat sich um diese halboffene Eröffnung bleibende theoretische und praktische Verdienste erworben. Auf den Doppelschritt des weißen Königsbauern zu Beginn der Partie gibt es für den Dresdner Großmeister seit vier Jahrzehnten nur eine Antwort: 1. ... e7–e6. An diesem Zug hält er seither eisern fest, und die Erfolge geben ihm recht.
Die Schachgeschichte kennt zahlreiche Beispiele dafür, daß großartige Könner Französisch zu ihrer Hauptwaffe machten: Tarrasch, Nimzowitsch, Botwinnik oder Kortschnoi. Jeder von ihnen hatte es zumindest zeitweilig in seinem Eröffnungsrepertoire. Wolfgang Uhlmann aber blieb ihm ein Leben lang treu. Seine Autorität als lebender Klassiker des „Franzosen" steht außer Zweifel. Vor Jahren holte kein Geringerer als Anatoli Karpow den Rat Wolfgang Uhlmanns in Sachen Französisch ein, als er sich auf ein WM-Match vorbereitete.

Das vorliegende Buch enthält die 60 besten Französisch-Partien aus der langen Schachkarriere des Dresdners. Seine Gegner waren meist Weltklassespieler, darunter 20 renommierte Großmeister wie zum Beispiel die Exweltmeister Bobby Fischer, Wassili Smyslow und Anatoli Karpow.

Frappierend ist die hohe Siegquote Wolfgang Uhlmanns mit Französisch. Sie sucht ihresgleichen in der Welt und ist quasi der Lohn für sein treues Festhalten an dieser interessanten Eröffnung. Darum wohl hat er sein Geheimnis um diesen Partieanfang auch so lange und sorgsam gehütet. Mit dem Buch wird es nun endlich gelüftet. Der Leser bekommt einen Eindruck davon, wie tief Uhlmann in die Geheimnisse der Eröffnung eingedrungen ist.

Seine Kommentare sind präzise und knapp. Auf endlose Analysen wurde bewußt verzichtet, denn die Partien sprechen für sich. Da viele Begegnungen durch brillante Kombinationen entschieden wurden, dürfte es für jeden Schachfreund neben dem theoretischen Gewinn ein großer Genuß sein, sie nachzuspielen.

Dagobert Kohlmeyer

Zum Geleit

Die 60 wertvollsten Französisch-Partien meiner über 40jährigen Schachkarriere sind theoretisch wie auch in ihrer ganzen Spielführung von Bedeutung. In jeder Begegnung wird gezeigt, welches Ideengut für die einzelnen Varianten genutzt werden kann. Wesentlich ist dabei auch, daß meine Gegner zumeist moderne Abspiele wählten und erst nach hartem Kampf besiegt wurden. Besonderes Augenmerk legte ich darauf, den Schachfreunden bei der Kommentierung die wesentlichen Pläne einer Partie darzulegen. Stets ging es darum, eine richtige Einschätzung der Stellung vorzunehmen. Interessant ist es, wie sich im Laufe der Jahre die Wertigkeit einzelner Varianten und Abspiele geändert hat. Es ist immer wichtig, aus eigenen Fehlern zu lernen, die Konsequenzen zu ziehen und daraus auf dem Schachbrett etwas Besseres zu machen. Französisch richtig gespielt bringt Freude, ist hochinteressant und läßt ein Spiel auf Leben und Tod entstehen. Auch bei sogenannten Verflachungen (siehe Abtauschvariante) bestehen immer noch Möglichkeiten, den Sieg zu erringen. Als Verfechter der Französischen Verteidigung freue ich mich besonders, daß diese Eröffnung eine Renaissance erlebt. Sie haben nun das Vergnügen, liebe Schachfreunde, zum ersten Mal meine besten Französisch-Partien in gesammelter Form zu erleben.

Besonderer Dank gilt dem Berliner Schachpublizisten Dagobert Kohlmeyer, der durch seine geduldige Mitarbeit sehr zum Gelingen dieses Buches beitrug.

Wolfgang Uhlmann

Siegbert Tarrasch

Siegbert Tarrasch, (1863 Breslau – 1934 München), Großmeister, lebte viele Jahre in Nürnberg, später in München. T. brachte die Lehre von Steinitz in ein wissenschaftliches System. Er wurde der *„Praeceptor Germaniae"* genannt. Seine Hauptwerke, *Das Schachspiel, 300 Schachpartien* und *Die moderne Schachpartie,* waren richtungsweisend für ganze Generationen.

Das Tarrasch-System

1. e4 e6 2. d4 d5 3. Sd2

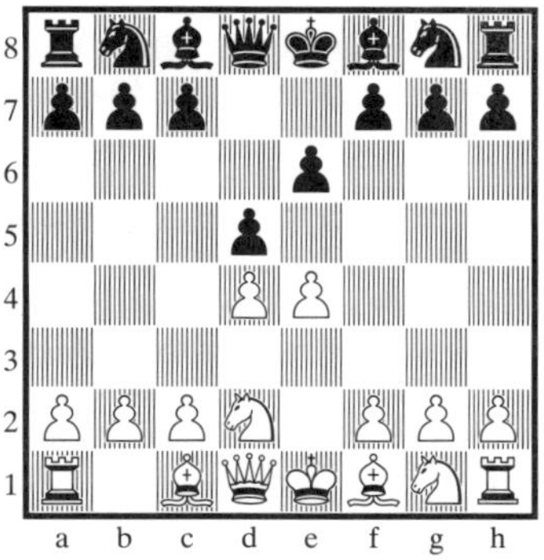

Es erhält durch den Zug 3. Sb1–d2 seine besondere Note. Sein Wegbereiter war Dr. Siegbert Tarrasch, der das System Ende 1880 in die Turnierpraxis einführte. Als Klassiker der soliden Bauernführung wählte er gern diesen Zug, der als eine der sichersten Aufstellungen gegen die Französische Verteidigung gilt. Das Charakteristische des Springermanövers nach d2 ist, daß kein unmittelbarer Druck auf das Zentrum ausgeübt und ein strategischer Aufbau auf lange Sicht angestrebt wird. Dadurch können in der Regel scharfe Abspiele vermieden werden, die zum Beispiel im Nimzowitsch-System nach 3. Sc3 Lb4 durch die Fesselung des weißen Springers möglich sind.

Auf 3. Sd2 stehen Schwarz zwei grundverschiedene Antworten zur Verfügung.
Einmal der Zug 3. ... Sg8–f6, der 4. e4–e5 herausfordert und Weiß Raumvorteil sichert. Es wird wenig Material getauscht, und der Anziehende kann sein Zentrum durch f4 sowie c3 stabil halten. Schwarz versucht daraufhin, durch die Bauernvorstöße c5 und f6 Gegenspiel zu erlangen. Es ergeben sich kampfbetonte Varianten, in denen häufig ein Sieger ermittelt wird. Die zweite Antwort auf 3. Sd2 besteht in dem klassischen Zug 3. ... c7–c5. Damit wird der Streit um das Zentrum sofort eingeleitet, denn Schwarz nutzt die relativ passive weiße Aufstellung des weißen Springers, die zur Auflösung des Zentrums führt. Er muß allerdings in Kauf nehmen, daß nach dem Tausch auf c5 und d5 ein isolierter Bauer auf d5 entsteht. Im Endspiel wird er häufig zum beliebten Angriffsobjekt, kann aber durch aktives Figurenspiel von Schwarz kompensiert werden.
Aus den von mir ausgewählten Partien ist ersichtlich, daß Schwarz gegen das Tarrasch-System erfolgreich vorgehen kann.

Partie Nr. 1
Bialas – Uhlmann
Leipzig 1951

Meinen ersten großen Schacherfolg errang ich als 16jähriger bei der Deutschen Jugendmeisterschaft 1951 in Leipzig. Mit 1,5 Punkten Vorsprung wurde ich klarer Sieger und holte mir die notwendige Stimulation für weitere Turniergewinne. Bereits 1951 war die Französische Verteidigung meine Lieblingswaffe gegen den Eröffnungszug 1. e2–e4. Die folgende, aufsehenerregende Partie gegen Bialas betrachte ich noch heute als kleine „Perle“ in meiner Sammlung.

1. e2–e4 e7–e6
2. d2–d4 d7–d5
3. Sb1–d2 Sg8–f6
4. e4–e5 Sf6–d7
5. Lf1–d3 c7–c5
6. c2–c3 Sb8–c6
7. Sg1–e2 Dd8–b6
8. Sd2–f3 c5×d4
9. c3×d4 f7–f6
10. e5×f6 Lf8–b4+

Aus heutiger Sicht hat dieser Zug keine Daseinsberechtigung mehr. Die ersten Erkenntnisse mußten aber erst durch die Praxis gewonnen werden. Besser war, sofort 10. ... Sf6: zu spielen.

11. Lc1–d2 Sd7×f6
12. 0–0 0–0
13. a2–a3

In Frage kam hier natürlich, den guten Läufer auf b4 abzutauschen. Schwarz hätte daraufhin lange Zeit Sorgen, seinen weißfeldrigen Läufer zu aktivieren, was ja ein generelles Problem in dieser Eröffnung ist.

13. ... Lb4–d6
14. b2–b4

Eine Ungenauigkeit meines Gegners, die schwerwiegende Folgen hat. Richtig war 14. Sc3, da sich 14. ... Db2: wegen 15. Sb5 verbietet.

14. ... e6–e5!

Schwarz öffnet Linien für seine Figuren und erhält ein chancenreiches Figurenspiel, noch bevor Weiß seine Streitkräfte richtig geordnet hat.

15. d4×e5 Sc6×e5
16. Sf3×e5 Ld6×e5

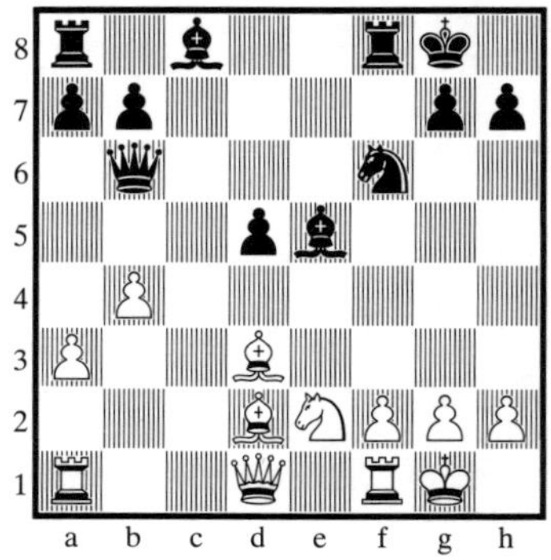

Durch seinen verfehlten 14. Zug geriet Weiß bereits entscheidend in Nachteil. So scheitert 17. Tc1 an 17. ... Sg4 mit Doppelangriff auf f2 und h2. Auch 17. Le3 würde die Probleme nicht lösen. Nach 17. ... Dc7 18. Tc1 Lh2:+ 19. Kh1 De5 20. g3 Lg4! stünde der Anziehende der Drohung Lf3 wehrlos gegenüber.

17. Ld2–c3 Le5×h2+!

Ein Überfall nach bekanntem Muster.

18. Kg1×h2 Sf6–g4+
19. Kh2–g3

Nach 19. Kg1 Dh6 müßte Weiß mit 20. Le5 die Figur wieder zurückgeben, um nicht mattgesetzt zu werden. Das Hinauslaufen des Königs aus der Ecke des Bretts ist die einzige Chance, die Opferkombination von Schwarz vielleicht noch zu widerlegen.

19. ... Tf8×f2!

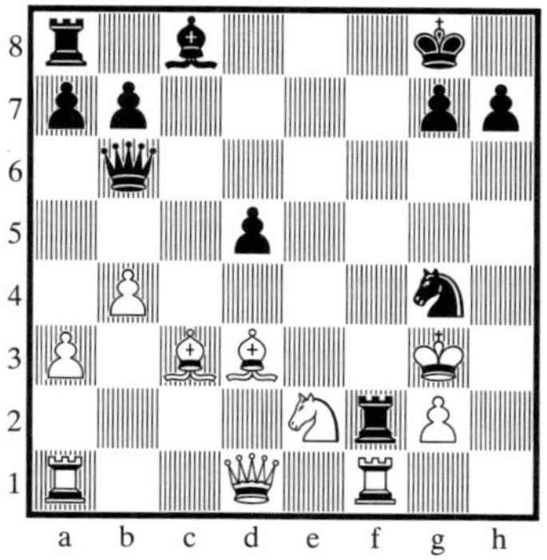

Die eigentliche Pointe des Läuferopfers besteht im Gewinn des Bauern auf f2. Der weiße König wird dadurch jeglichen Schutzes beraubt. Es droht nun vernichtend 20. ... De3+ oder 20. ... Dd6+. Das Schlagen 20. Tf2: verliert wegen 20. ... Df2:+ 21. Kh3 Se3 nebst Matt in wenigen Zügen.

20. Lc3–d2?

Hiernach gibt es ein schreckliches Fiasko für Weiß. Die beste Verteidigung bot noch 20. Dc1! Dc7+ 21. Sf4 Tf1: 22. Lf1: g5, wonach Schwarz die Figur zurückgewinnt und einen Bauern mehr behält. Bis zum Gewinn wäre es dann allerdings noch ein weiter Weg.

20. ... Sg4–e3!
21. Tf1×f2

Oder 21. Le3: De3:+ 22. Kh2 Dh3+! nebst Matt bzw. 22. Kh4 Tg2: usw.

21. ... Db6–d6+!
22. Kg3–f3?

Das kleinere Übel war 22. Sf4 Sd1: 23. Td1: g5, und Schwarz besitzt klaren Vorteil.

22. ... Lc8–g4+
23. Kf3×e3 Dd6–e5+

Die Schlußstellung der Partie verdient ein Diagramm.

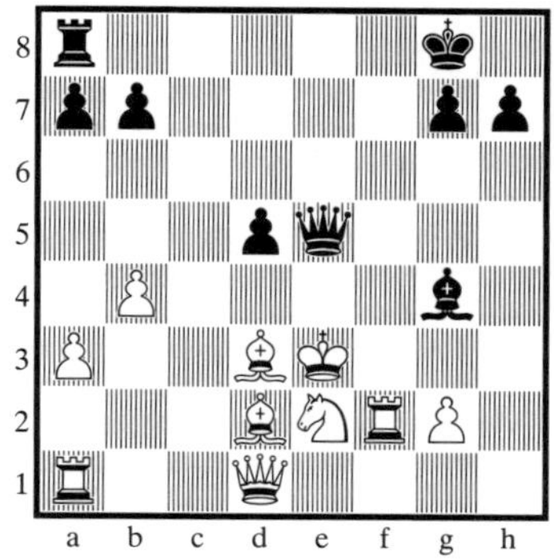

Weiß gab auf.
Ein erbaulicher Schluß. Der weiße König stirbt, umgeben von einer stattlichen Schar seiner Getreuen, die ihm allesamt nicht helfen können.

Partie Nr. 2
Hamann – Uhlmann
Halle 1963

1.	**e2–e4**	**e7–e6**
2.	**d2–d4**	**d7–d5**
3.	**Sb1–d2**	**Sg8–f6**
4.	**e4–e5**	**Sf6–d7**
5.	**f2–f4**	**c7–c5**
6.	**c2–c3**	**Sb8–c6**
7.	**Sd2–f3**	**Dd8–b6**
8.	**Sg1–e2**	

Ein schablonenhafter Zug, der Schwarz bereits gutes Spiel einräumt. Richtig war 8. g3!, wie schon seit 1960 aus verschiedenen Partien bekannt ist, die theoretisch bedeutsam sind. Nach 8. ... cd4: 9. cd4: Lb4+ 10. Kf2 f6 hat Weiß den Zug 11. Kg2 zur Verfügung und kann den Fesselungen in der Diagonale g1–a7 und auf der f-Linie ausweichen.

8. ... f7–f6
9. g2–g3

Dieses Manöver kommt jetzt einen Zug zu spät, was Schwarz sogleich nachweist.

9. ... c5×d4
10. c3×d4 Lf8–b4+!
11. Lc1–d2

Fehlerhaft wäre an dieser Stelle 11. Kf2 wegen 11. ... fe5: 12. fe5: Se5: mit Bauerngewinn für Schwarz.

11. ... f6×e5
12. f4×e5 0–0
13. Lf1–g2 Sd7×e5!

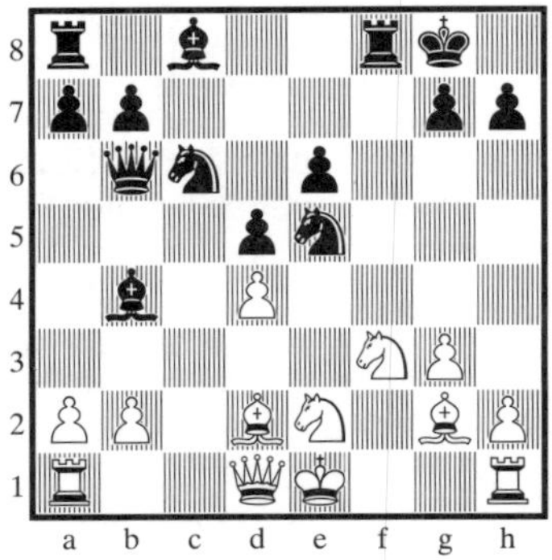

Ein hübsches Figurenopfer, das durch die offene f-Linie und den im Zentrum gebliebenen weißen König möglich wurde.

14. d4×e5 Sc6×e5
15. Se2–d4

Da 15. Se5: an 15. ... Df2 matt scheitert, ist der Textzug die einzige Alternative. Schlecht wäre auch 15. Lb4: Db4:+ 16. Kf2 (auf 16. Dd2 folgt 16. ... Sf3:+ und auf 16. Sc3 geschieht 16. ... Db2: mit Gewinn) 16. ... De4! mit der vernichtenden Drohung 17. ... Sf3: bzw. 17. ... Sg4+.

15. ... Se5–d3+
16. Ke1–e2 Sd3×b2
17. Dd1–b3 Db6–a6+
18. Ke2–f2 Lb4×d2
19. Db3×b2 Da6–d3!

Nun knüpft Schwarz mit Dame und Läuferpaar ein Mattnetz um den weißen König. Es gibt für ihn bereits keine Verteidigung mehr. So verliert 20. Tae1 wegen 20. ... Lc3! 21. Td1 Df3:+.

20. Ta1–d1 Dd3–e3+
21. Kf2–f1 b7–b6!!

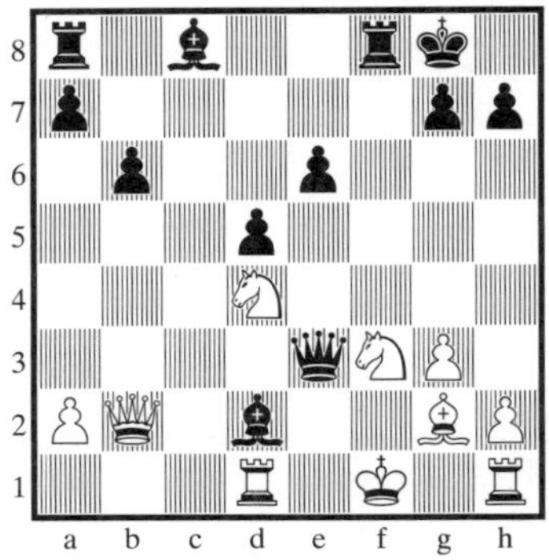

Dieser stille Zug mit der Drohung 22. ... La6+ entscheidet den Kampf in wenigen Augenblicken. Falls 22. Td2:, so 22. ... La6+ 23. Se2 Tf3:+ 24. Lf3: Df3:+ 25. Kg1 Tf8, und Weiß wird matt, oder aber 23. Te2 Le2:+ 24. De2: Dd4: bzw. 24. Se2: Tf3:+ 25. Lf3: Df3:+ 26. Kg1 Tf8 27. Sf4 g5, und Schwarz gewinnt.

22. Db2×d2 Lc8–a6+
23. Sd4–e2 Tf8×f3+
24. Lg2×f3 De3×f3+
25. Kf1–g1 La6×e2
26. Td1–e1 Le2–d3

Weiß gab auf. Diese Partie aus dem Zonenturnier von Halle wurde als beste des Wettbewerbs mit einem Preis ausgezeichnet.

Partie Nr. 3
Kostro – Uhlmann
Zakopane 1974

1. e2–e4 e7–e6
2. d2–d4 d7–d5
3. Sb1–d2 Sg8–f6
4. e4–e5 Sf6–d7

5. f2–f4 c7–c5
6. c2–c3 Sb8–c6
7. Sd2–f3 Lf8–e7

Zu dem 7. Zug von Schwarz gibt es nur wenige Partiebeispiele. Er galt bislang als minderwertig. In dieser Partie aber wird eine neue Idee vorgeführt, die durchaus Beachtung verdient.

8. Lf1–d3 Dd8–a5
9. Ke1–f2?!

Besser dürfte 9. Kf1 sein, was Botwinnik zur Schacholympiade 1962 in Warna gegen mich spielte. Nach 9. ... cd4: 10. cd4: b5 hatte Weiß Vorteil. Richtig war hingegen 9. ... b5, und falls 10. dc5: geschieht, so folgt darauf 10. ... b4 mit gleichen Chancen. Unklar ist das Bauernopfer 9. Ld2 Db6 10. Se2 Db2:.

9. ... Da5–b6!
10. Sg1–e2 f7–f6!

Jetzt wird der Unterschied zu den Hauptvarianten deutlich, wo meist der Bauernzug g3 erfolgt und der weiße König nach g2 ausweichen kann. Es droht Bauerngewinn mittels 11. ... cd4: 12. cd4: fe5: 13. fe5: Sde5:.

11. Dd1–b3

Sicherlich führte Weiß diesen Zug nur ungern aus, aber es ist nicht zu sehen, was er sonst besser spielen kann.

11. ... Db6×b3
12. a2×b3 c5×d4
13. c3×d4 0–0

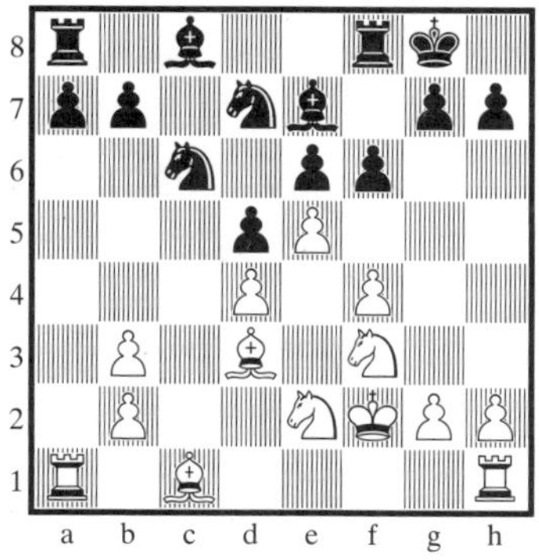

14. Lc1–d2 g7–g5!

Ein interessantes Bauernopfer, mit dem das gegnerische Zentrum gesprengt wird. Die schwarzen Figuren erhalten nun volle Aktivität. In Betracht kam auch das Figurenopfer 14. ... fe5: 15. fe5: Sde5:!? 16. de5: Se5:, und Schwarz hat ein dynamisches Spiel.

15. e5×f6

15. g3 scheitert an 15. ... g4 16. ef6: Lf6: mit Bauerngewinn für Schwarz.

15. ... Le7×f6
16. f4×g5 Lf6–g7!

Die Pointe des Zuges 14. ... g5!. Der Bauernrückgewinn 16. ... Ld4:+ 17. Sd4: Sd4: 18. Lb4 Tf7 19. g6 hg6: 20. Lg6: Tf6 21. Lc3 ergäbe dagegen leichten Vorteil für Weiß.

17. Ld2–c3

Noch schlechter ist 17. Le3 wegen 17. ... e5! 18. de5: Sde5: mit den vernichtenden Drohungen Sd3:+ oder Sg4+ nebst Se3:.

17. ... e6–e5!
18. d4×e5 Sd7×e5
19. Th1–d1 Lc8–g4!
20. Se2–g1?

Besser war 20. Le5: Se5: 21. Sg1, und Schwarz hat nur geringes Übergewicht.

20. ... d5–d4!

Damit wird weiterer Raumgewinn erzielt.

21. Lc3–e1 Se5×d3+
22. Td1×d3 Sc6–e5
23. Td3–d2

Natürlich nicht 23. Td4: Sf3: 24. Tg4: Sh2:+ mit Gewinn für Schwarz.

23. ... Tf8–f5!

Danach wird der geopferte Bauer bei besserem Spiel zurückgewonnen.

24. h2–h3 Lg4×f3
25. Sg1×f3 a7–a6!

Ein feiner Zwischenzug, der nach dem Tausch auf f3 das Eindringen des weißen Turms auf a7 verhindert.

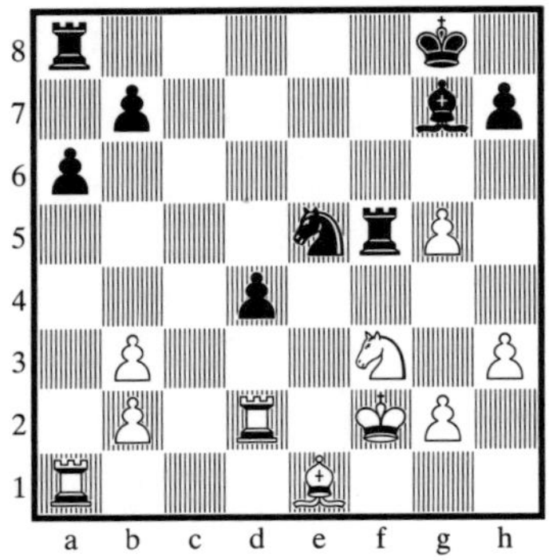

26. Kf2–e2

Weiß mußte zwischen zwei Übeln wählen. So ergibt 26. Kg3 Sf3: 27. gf3: Tg5:+ ebenfalls Vorteil für Schwarz. Durch die schlechtere Bauernstruktur und den passiven Läufer auf e1 ist die Partie bereits zugunsten des Nachziehenden entschieden.

26.	**...**	**Se5×f3**
27.	**g2×f3**	**Ta8–e8+**
28.	**Ke2–d1**	

Auf 28. Kf2 folgt 28. ... Te3, und die Zeit der „Bauernernte" auf der dritten Reihe beginnt.

28.	**...**	**Tf5×f3**
29.	**h3–h4**	**d4–d3!**

Die Atemnot wird immer größer, und Weiß ist bereits im Zugzwang.

30. Td2–h2

Auf 30. Tf2 gewinnt am einfachsten 30. ... Tf2: 31. Lf2: Te2 nebst 32. ... Tb2:.

30.	**...**	**Tf3–f1**
31.	**Kd1–d2**	**Lg7×b2**
32.	**Ta1–a2**	

Oder 32. Tb1 La3! nebst Te1: und Lb4+ mit Figurengewinn.

32.	**...**	**Lb2–e5!**
33.	**Th2–g2**	**Le5–f4+**

Weiß gab auf.

Partie Nr. 4
Govedarica – Uhlmann
Vrbas 1977

1.	**e2–e4**	**e7–e6**
2.	**d2–d4**	**d7–d5**
3.	**Sb1–d2**	**Sg8–f6**
4.	**e4–e5**	**Sf6–d7**
5.	**Lf1–d3**	**c7–c5**
6.	**c2–c3**	**Sb8–c6**
7.	**Sg1–e2**	**Dd8–b6**
8.	**Sd2–f3**	**c5×d4**
9.	**c3×d4**	**f7–f6**
10.	**e5×f6**	**Sd7×f6**
11.	**0–0**	**Lf8–d6**
12.	**a2–a3**	

Hauptfortsetzungen sind 12. Sc3, 12. Sf4, 12. Lf4 und 12. Sg3.

12.	**...**	**0–0**
13.	**b2–b4?**	

In diesem Stadium ist der Bauernvorstoß ein Fehler. Richtig war 13. Sc3.

13.	**...**	**e6–e5!**

Die Befreiungsaktion im Zentrum leitet zugleich einen Angriff auf den Königsflügel ein.

14.	**d4×e5**	**Sc6×e5**
15.	**Sf3×e5**	

Danach gerät Weiß bereits in ernste Schwierigkeiten. Mit 15. Sed4 war die Stellung noch im Gleichgewicht zu halten.

15.	**...**	**Ld6×e5**
16.	**Ta1–a2**	

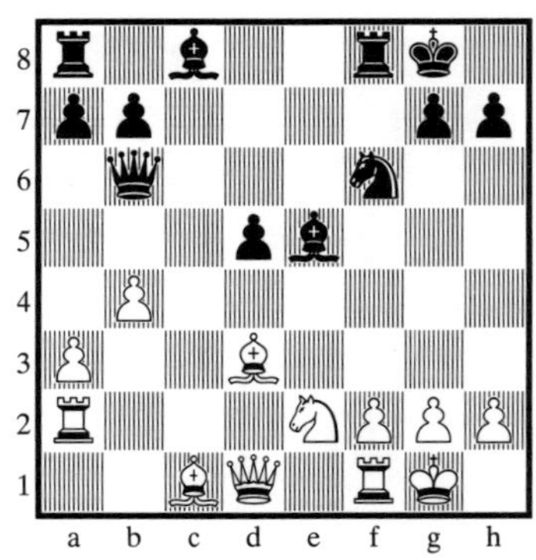

16. Le3 verliert sehr rasch wegen 16. ... Dc7 17. Tc1 Lh2:+ 18. Kh1 De5, und die Drohung 19. ... Dh5 ist nur unter Materialverlust abzuwehren.

16. ... Sf6–g4!

Falsch wäre an dieser Stelle das Läuferopfer 16. ... Lh2:+ 17. Kh2: Sg4+ 18. Kg3! Sf2: 19. Db3, und Schwarz kann seinen Angriff nicht wesentlich verstärken.

17. Se2–g3 Le5–d4!
18. Sg3–h1

Traurige Notwendigkeit. Ganz schlecht wäre 18. De1 Ld7, wonach Weiß der Drohung 19. ... Tae8 hilflos gegenübersteht.

18. ... Lc8–d7

Nichts bringt 18. ... Dd6 ein, da der Anziehende wiederum 19. Sg3 spielen kann.

19. h2–h3 Sg4–e5
20. Ld3–e2 Ld4–c3!

Das Umschalten vom Angriff auf die Verwertung des Freibauern d5 erfolgt im rechten Moment.

21. Dd1–b3

Auch 21. Ld2 beseitigt nicht die weißen Sorgen. Zum Beispiel besitzt Schwarz nach 21. ... Ld2: 22. Td2: Le6 23. Sg3 Tad8 starke Initiative.

21. ... Ta8–c8!
22. Ta2–c2

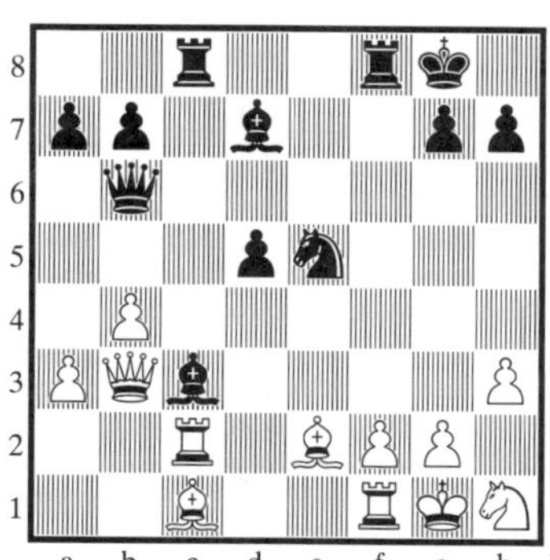

Der Zug mit dem Turm war verlockend, ist aber ein Fehler. Am besten geschah noch 22. Le3 De6 23. La7: (23. Lc5 d4! mit klarem Vorteil) 23. ... d4 24. Ld1 Tfe8, und der schwarze Angriff dürfte trotzdem durchschlagen.

22. ... Ld7–e6!!

Dieses feine Manöver, das 23. Tc3: wegen des dann möglichen Zwischenzuges 23. ... d4 verhindert, vergrößert den Vorteil von Schwarz.

23. Lc1–d2 d5–d4
24. Db3–a4 Lc3×d2
25. Tc2×d2 d4–d3!

Das ist die klarste Abwicklung. Nach 26. Ld3: Sd3: 27. Td3: Lc4 hat Schwarz ein gewonnenes Endspiel.

26. Le2–g4

Noch am besten. Auf 26. Ld1 hätte 26. ... Tc3 mit der Drohung 27. ... Sc4 die Partie entschieden.

26. ... Le6×g4
27. h3×g4 Tc8–c3!

Verhindert das Schach auf b3 und stützt den Bauern d3.

28. Sh1–g3

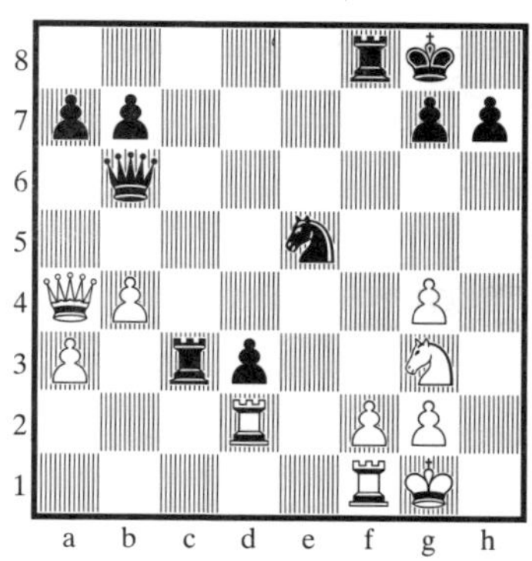

28. ... Se5×g4!?

Schwarz hätte an dieser Stelle genauer spielen können. Noch viel stärker war 28. ... Sc4! 29. Ta2 (auf 29. Td1 geschieht 29. ... Sb2) d2 30. Sf5 Tc1 (Falls 30. Se2, so folgt 30. ... Td3! 31. Dd1 (oder 31. Dc2

d1D! 32. Td1: Df2:+ 33. Kh2 Se3, und Schwarz gewinnt) 31. ... Se3! 32. fe3: De3:+ 33. Kh2 Tf1: 34. Df1: d1D mit Gewinn für Schwarz.
Zieht Weiß 30. Se4, so antwortet Schwarz mit 30. ... Tc1 31. Db3 Tf1:+ 32. Kf1: d1D+ 33. Dd1: Se3+ und erobert die weiße Dame. Auf 31. Ta1 folgt 31. ... Ta1: 32. Ta1: De6 mit der vernichtenden Drohung De1+ bzw. Sb2, was den Sieg ebenfalls sichert.

29. Da4–d7 Sg4–f6?!

Nicht am präzisesten. Sofort gewann 29. ... Dh6! 30. Dg4: Dd2: 31. Se4 De2!! 32. De6+ Kh8 33. De7 Df1:+!! 34. Kf1: Tc1 matt.

30. Dd7–f5 Tf8–d8
31. Tf1–e1 Tc3×a3
32. Te1–e6 Db6×b4
33. Td2–d1

Weiß hat keine Zeit mehr für 33. Tf6: wegen 33. ... Ta1+ 34. Kh2 (34. Sf1 Tf1:! 35. Kf1: Db1+ 36. Td1 Dd1: matt) 34. ... Dh4+, und Schwarz trumphiert.

33. ... Db4–g4!
34. Te6×f6 Dg4×d1+
35. Kg1–h2 Ta3–a6!
36. Tf6×a6 b7×a6
37. Df5–g5 Td8–d7!
38. Sg3–h5

Auf 38. Sf5 gewinnt 38. ... De2 39. Sh6+ Kf8 40. Df5+ Ke8.

38. ... Dd1–a1!
39. Dg5–f5 Da1–d4
40. Df5–e6+ Kg8–f8
41. f2–f4 d3–d2

Weiß gab auf.

Partie Nr. 5
Prandstetter – Uhlmann
Decin 1977

1. e2–e4 e7–e6
2. d2–d4 d7–d5
3. Sb1–d2 c7–c5
4. e4×d5 e6×d5
5. Lf1–b5+

Die klassische Methode in der Tarrasch-Variante, um mit Tempogewinn einen Figurentausch vorzunehmen. Danach soll der isolierte Bauer auf d5 zum Angriffsobjekt werden.

5. ... Lc8–d7

Hier kommt auch 5. ... Sc6 in Betracht. Weiß kann in diesem Falle anstelle des gebräuchlichen Zuges 6. Sf3 das von Bronstein kreierte Springermanöver 6. Se2 anwenden. Der sowjetische Altmeister hatte damit großen Erfolg.

6. Dd1–e2+ Lf8–e7

Kortschnoi hat in dieser Stellung häufig 6. ... De7 gespielt. Nach 7. De7:+ Le7: 8. Ld7:+ Sd7: 9. dc5: erhält Weiß immer einen kleinen Endspielvorteil. Durch den von Schwarz gewählten Läuferzug ergeben sich zumeist Situationen, in denen der Kampf auf dem Brett dominiert.

7. d4×c5 Sg8–f6
8. Sg1–f3

Eine andere Methode, dem schwarzen Aufbau zu begegnen, besteht in 8. Sb3, um den Bauern c5 erst einmal zu verteidigen. Danach erfolgt eine Aufstellung mit Le3 und langer Rochade.

8. ... 0–0
9. Sd2–b3 Tf8–e8
10. 0–0

Das ist bereits eine kleine Ungenauigkeit. Laut Theorie geht das Spiel hier mit 10. Le3 weiter. Nach 10. ... Lc5: 11. Ld7: (aber nicht 11. Sc5:? Da5+ 12. Dd2 Db5:, wonach Schwarz sehr gut steht) 11. ... Sbd7: 12. Sc5: Sc5: 13. Db5 Tc8 14. 0–0 a6 15. Db4 Te4 16. Dd2 Se6 bestehen gleiche Chancen (Zeschkowski – Uhlmann, Manila, 1976).

10. ... Le7×c5
11. De2–d3 Lc5–b6
12. Lc1–g5?!

Danach erlangt Schwarz bereits die Initiative, weil er durch seinen nächsten Zug Vereinfachungen vermeiden kann. Weiß muß mehr oder weniger freiwillig auf c6 tauschen und stärkt damit objektiv das schwarze Zentrum. Richtig war deshalb 12. Ld7: Sbd7: mit gleichem Spiel.

12. ... Sb8–c6!

13. a2–a4

Ungünstig für Weiß wäre der Abtausch 13. Lf6: Df6: 14. Dd5: Le6, da Schwarz nach 15. ... Db2: den Bauern bei besserem Spiel zurückgewinnt.

13. ... h7–h6
14. Lg5–h4 a7–a6
15. Lb5×c6 Ld7×c6
16. Sf3–d4 Te8–e4!

Schwarz kann sich nun mit Tempogewinn aus der Diagonalen h4–d8 entfesseln, und gleichzeitig wird die offene e-Linie zur Verdopplung der Türme vorbereitet.

17. Lh4–g3 Dd8–d7
18. a4–a5

Das Vorrücken war notwendig, um 18. ... La4: zu verhindern.

18. ... Lb6–a7
19. c2–c3 Ta8–e8
20. Tf1–c1 h6–h5!

Zur rechten Zeit wird ein Angriff am Königsflügel inszeniert. Die Schwierigkeiten von Weiß bestehen darin, daß seine Türme keine guten Felder haben und somit kein aktives Gegenspiel entwickelt werden kann.

21. f2–f3 Lc6–b5!
22. Dd3–b1!

Fehlerhaft wäre 22. Dd2 wegen 22. ... Te2 nebst Tb2:.

22. ... Te4–e3
23. Lg3–f2 Lb5–d3

Unauffällig wurde der bis dato passive Läufer von c6 aus in eine dominierende Position manövriert.

24. Db1–a2 Te3–e7
25. Da2–a3 Ld3–c4
26. Tc1–d1 Sf6–h7

Nur durch die Umgruppierung seines Springers kann Schwarz den Angriff am Königsflügel vorantreiben.

27. Sb3–c5 Dd7–c8
28. b2–b4 Sh7–f8
29. Da3–c1 Sf8–g6

Das Schlagen auf c5 verbietet sich wegen des Springerabzugs nach f5.

30. Dc1–d2 h5–h4!
31. Dd2–g5 Te7–e5
32. Dg5–g4

Dieses Manöver ist jetzt notwendig, um nach 32. ... Lc5: etwas Gegenspiel zu haben.

32. ... La7×c5
33. b4×c5 Dc8×c5
34. Sd4–f5 Dc5–c8
35. Sf5–d6

Nachteil brächte Weiß 35. Sh4: Dg4: 36. fg4: Sf4!, und Schwarz droht 37. ... Se2+ nebst Sc3: oder 37. ... Le2 nebst Lg4:.

35. ... Dc8×g4
36. f3×g4 Te8–e7
37. Lf2–c5 Lc4–e2!
38. Td1–b1 Le2×g4
39. Sd6×b7 Te7–e6
40. Lc5–d4 Te5–e2
41. Sb7–c5 Te6–e7

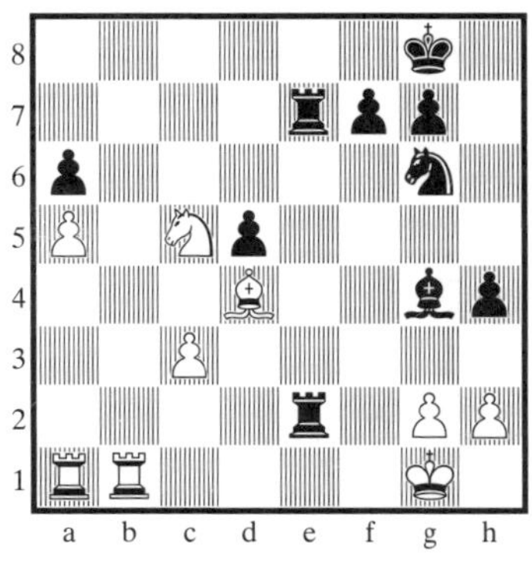

Dies war mein Abgabezug. Er erfolgte nach 50minütigem Überlegen und erwies sich als der einzige Weg, der Gewinnchancen einräumte. Schwarz muß in der Folge am Königsflügel bedingungslos auf Angriff spielen.

42. Sc5×a6 Sg6–f4

43. Ld4–f2 h4–h3!

44. Ta1–a4!

Auf 44. g3 entscheidet Tf2:! 45. Kf2: Te2+ 46. Kf1 (oder 46. Kg1 Tg2+ 47. Kh1 Sd3 48. Tf1 Le2! 49. Sc7 Lf1: 50. Tf1: Sf2+, und Schwarz gewinnt) 46. ... Sh5!!, und gegen die Drohung 47. ... Sg3:+ 48. hg3: h2 gibt es keine Verteidigung mehr.

44. ... g7–g5!

45. g2–g3 Te2×f2

Auch hier ist das Qualitätsopfer sehr stark.

46. Kg1×f2 Te7–e2+

47. Kf2–f1 Te2×h2!

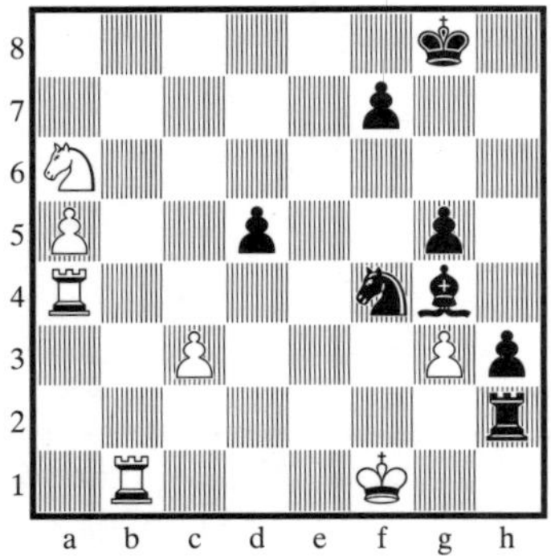

Durch dieses erneute Opfer kann der Angriff am Leben erhalten werden. Jetzt ist der freie h-Bauer größter Trumpf von Schwarz.

48. Tb1–b8+ Kg8–g7

49. g3×f4 Lg4–e2+

50. Kf1–e1

Hoffnungslos wäre 50. Kg1 Tg2+ 51. Kh1 Lf3! 52. fg5: Te2+ 53. Kg1 h2+ 54. Kf1 h1D matt.

50. ... Le2×a6

51. f4×g5 La6–c4

Ein wichtiger Sperrzug, um den Schwenk des weißen Turms nach h4 zu verhindern.

52. Tb8–b6?

Die letzte Chance meines Gegners bestand in 52. Tc4: dc4: 53. Kf1!, um im Turmendspiel noch ein wenig im trüben fischen zu können.

52. ... Th2–e2+

53. Ke1–f1

Auf 53. Kd1 gewinnt 53. ... Tg2 54. Tc4: (es drohte 54. ... Lb3+) 54. ... dc4: 55. Th6 h2 nebst Tg1+ und h1D.

53. ... Te2–a2+?

Die Zeitnot macht sich bemerkbar. Genauer war 53. ... h2 54. Th6 Ta2+ 55. Tc4: dc4: 56. a6 (Weiß befindet sich im Zugzwang, auf 56. Th4 entscheidet 56. ... Kg6) 56. ... Ta6:! 57. Th2: Ta1+ 58. Kg2 Ta2+ 59. Kg3 Th2: 60. Kh2: Kg6, und Schwarz kann die Partie leicht zu seinen Gunsten beenden.

54. Ta4×c4 d5×c4

55. Tb6–h6?

Weiß revanchiert sich nach der Ungenauigkeit von Schwarz im 53. Zuge nun seinerseits mit einem Fehler. Richtig war 55. Kg1! Ta5: 56. Tc6 Tg5:+ 57. Kh2 Tg4 58. Kh3: f5 59. Kh2 Kf7 60. Kh3 Ke7 61. Kh2 Kd7 62. Tf6 f4, und Schwarz hätte bis zum Sieg noch ein gewaltiges Stück Arbeit vor sich.

55. ... h3–h2!

56. a5–a6 Ta2×a6

Weiß gab auf, weil nach 57. Th2: Ta1+ 58. Kg2 Ta2+ 59. Kg3 Th2: das Bauernendspiel für ihn verloren ist.

Partie Nr. 6
Stoica – Uhlmann
Bukarest 1979

1.	**e2–e4**	**e7–e6**
2.	**d2–d4**	**d7–d5**
3.	**Sb1–d2**	**c7–c5**
4.	**e4×d5**	**e6×d5**
5.	**Lf1–b5+**	**Lc8–d7**
6.	**Dd1–e2+**	**Lf8–e7**

7. d4×c5 Sg8–f6
8. Sd2–b3 0–0
9. Lc1–e3 Tf8–e8
10. Sg1–f3 Le7×c5
11. Sb3×c5?!

Besser geschah hier 11. Ld7: Sbd7: 12. Sc5: Sc5: 13. Db5 Tc8.

11. ... Dd8–a5+
12. De2–d2 Da5×b5
13. 0–0–0 Ld7–g4!

Das ist stärker als 13. ... b6 14. Sd7: Sbd7: 15. Kb1 Se4 16. Dd3 Dd3: 17. Td3:, wonach Weiß das etwas bessere Spiel erhält (Karpow – Kortschnoi, WM-Match in Baguio City 1978).

14. Le3–d4

Gespielt wurde an dieser Stelle auch schon 14. h3 Lh5 (oder 14. ... Lf3: 15. gf3: Sc6 16. Lh6?! Se5! bzw. 16. Thg1 Se5! jeweils mit guter Stellung von Schwarz) 15. g4 Lg6 16. Sh4 Sa6 17. Sg6: hg6: 18. Sa6: Da6: 19. Kb1 mit Minimalvorteil für Weiß (Zeschkowski – Waganjan, Lwow 1978).

14. ... Sf6–e4!
15. Dd2–f4!

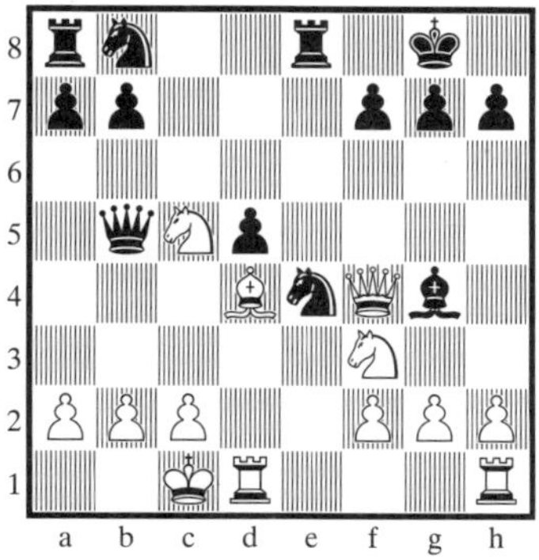

15. ... Lg4–h5!

Tödlich wäre die Annahme des Figurenopfers. Nach 15. ... Lf3: 16. gf3: Sc5: 17. Thg1! Se6 (17. ... g6 18. Df6 Kf8 19. Lc5:+ Dc5: 20. Dh8+ Ke7 21. Tge1+, und Weiß gewinnt) 18. Tg7:+!! Sg7: 19. Tg1 Te1+ (19. ... Kf8 20. Dd6+ Te7 21. Lg7:+ Ke8 22. Lf6 bringt Weiß ebenfalls den Sieg) 20. Te1: Sd7 21. Lg7: Kg7: 22. Dg5+ Kh8 23. Tg1 ist das Matt auf g7 nicht zu decken.

16. Th1–e1 Sb8–c6!
17. Sc5×e4 d5×e4
18. Te1×e4 Te8×e4
19. Df4×e4 Lh5–g6!
20. De4–e3 Sc6–b4!
21. De3–e5!

Den taktischen Teil haben beide Parteien glänzend gelöst. Beim Übergang vom Mittel- zum Endspiel besitzt Schwarz ein kleines Plus, da der Angriff gegen die Bauern a2 und c2 im Endeffekt auch eine Schwächung der weißen Bauern am Königsflügel hervorruft.

21. ... Db5×e5
22. Sf3×e5 Lg6×c2
23. Td1–d2 Ta8–c8!

Nichts bringt Schwarz die Fortsetzung 23. ... Lf5 24. a3 Tc8+ 25. Kd1 ein.

24. Ld4–c5!

Ein stiller Zug, der das fehlende Luftloch von Schwarz ausnutzt. Schwächer wäre 24. b3 gewesen wegen der Antwort 24. ... Lb3:+ 25. Kb2 Le6 26. a3 (auf 26. La7: geschieht 26. ... Sa2:) 26. ... Sd5 27. La7: b6! 28. Tc2 Ta8 29. Sc6 Kf8 oder auch 29. ... f6 mit schwarzem Übergewicht.

24. ... Lc2–e4
25. Kc1–d1! Sb4–a6!
26. Lc5×a7 Le4×g2

Damit sichert sich Schwarz einen kleinen Vorteil, weil die gegnerischen Bauern am Königsflügel anfällig sind.

27. Td2–d6

Falls 27. Td7, so folgt 27. ... f6 28. Sd3 Lc6, und Schwarz steht überlegen.

27. ... Kg8–f8!
28. Se5–d3 Sa6–c7!

Der Springer strebt auf bessere Felder im Zentrum und bringt den weißen Turm in Schwierigkeiten.

29. La7–e3

Auf 29. Lc5 wäre 29. ... Ke8 stark gewesen.

29. ... Sc7–d5!
30. Le3–c5

Verlieren würde 30. Td7 Ke8! 31. Se5 (31. Tb7: Se3:+ 32. fe3: Lb7:) 31. ... Se3:+ 32. fe3: Tc5.

30. ... Kf8–e8
31. Lc5–a3 Lg2–f3+
32. Kd1–d2 Tc8–c4

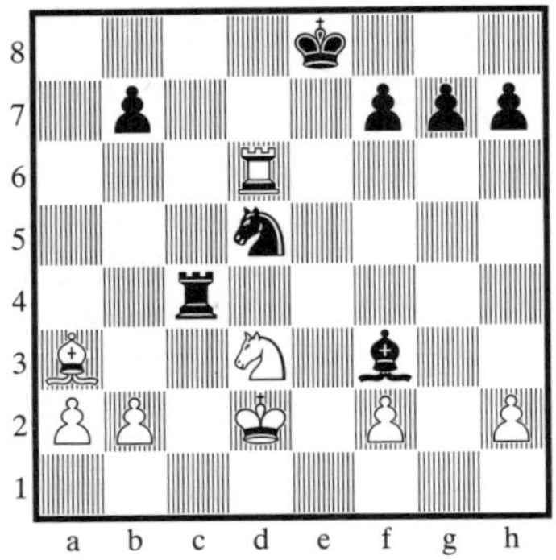

33. b2–b3?!

Danach geht die Partie verloren. Richtig war 33. Se5! Td4+ 34. Kc2 (oder Kc1!) Lg2 35. Lc5 Sb4+, und Schwarz hat nur geringen Vorteil.

33. ... Tc4–e4!
34. Sd3–c1

Das Schlagen 34. Td5: verbietet sich wegen 34. ... Te2+ 35. Kd1 Ta2:+ mit Turmgewinn.

34. ... Te4–d4+
35. Kd2–c2 Lf3–e4+
36. Kc2–b2 Td4–d2+
37. Kb2–a1 Td2×f2
Weiß gab auf.

Partie Nr. 7
Prandstetter – Uhlmann
Trencianske Teplice 1979

1. e2–e4 e7–e6
2. d2–d4 d7–d5
3. Sb1–d2 c7–c5
4. e4×d5 e6×d5
5. Lf1–b5+ Lc8–d7
6. Dd1–e2+ Lf8–e7
7. d4×c5 Sg8–f6
8. Sd2–b3 0–0
9. Lc1–e3 Tf8–e8
10. Sg1–f3 a7–a6

Neben der Fortsetzung 10. ... Lc5: hat auch dieser Zug seine Berechtigung.

11. Lb5×d7

Die Schachtheorie empfiehlt hier 11. Ld3, aber nach 11. ... La4! besitzt Schwarz ebenfalls gute Möglichkeiten.

11. ... Sb8×d7
12. 0–0 Sd7×c5
13. Sb3–d4

Besser war 13. Sfd4, um das folgende Manöver des Nachziehenden zu verhindern.

13. ... Sf6–g4!
14. Le3–f4 Le7–f6
15. De2–d1

Auf 15. Dd2 wäre 15. ... Db6 unangenehm, da nach 16. h3 Se4 17. Dd3 Sgf2:! 18. Tf2: Sf2: 19. Kf2: Db2: der schwarze Vorteil offensichtlich ist.

15. ... Dd8–b6
16. h2–h3 Te8–e4!

Ein starker Zug, der wichtigen Raumgewinn sichert. Bedeutungsvoll für Schwarz in dieser Stellung ist die Tatsache, daß das Manöver Le3 unterbunden wird. Der weiße Läufer muß sich also ein anderes Feld suchen.

17. Lf4–g5

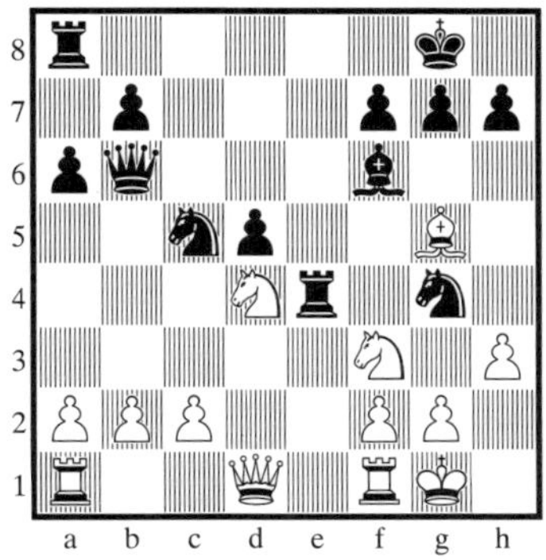

Schlecht wäre 17. Lg3 Ld4: 18. Sd4: Db2: oder 17. hg4: Tf4: 18. g5 Ld4: 19.Sd4: Db2: ebenfalls mit Bauerngewinn.

17. ... Lf6×d4

18. Sf3×d4 h7–h6!

Schwarz nutzt jedes Tempo aus, um den gegnerischen Läufer zu bedrängen. Gefährlich wäre der Bauernraub 18. ... Db2: gewesen, weil Weiß nach 19. Sf5 Sf6 20. Df3 mit der Drohung Sh6+ gefährlichen Angriff erhalten hätte.

19. h3×g4

Notwendig, da 19. Lh4 an 19. ... Se5 scheitern würde.

19. ... h6×g5

20. Sd4–f3

Gutes Spiel bekommt Schwarz nach 20. f3 Te5 21. b3 Se6 22. c3 Tc8.

20. ... Te4×g4

21. Dd1×d5 Ta8–d8!

22. Dd5–f5 Tg4–f4!!

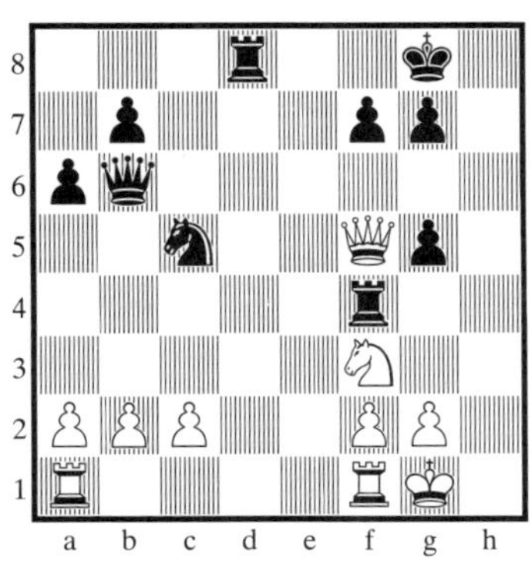

Ein tückischer Zug, der Weiß zu 23. Dg5: animieren soll. Nach 23. ... Tf3:!! 24. gf3: Td6! gäbe es dann keine Verteidigung mehr, zum Beispiel 25. Df5 Tg6+ 26. Kh2 (26. Kh1 Dd8 27. Df4 Dd7 28. Tg1 Dh3+ 29. Dh2 Df3:+ 30. Tg2 Se4!, und Schwarz gewinnt, da 31. Kg1 an 31. ... Df2:+ scheitert und 31. Tf1 mit 31. ... Sg3+!! beantwortet wird) 26. ... Dd6+ 27. f4 (27. Kh3 Th6+ 28. Kg4 Dh2 29. Dc8+ Kh7 30. Th1 Dg2+ 31. Kf4 Se6+ bringt Schwarz ebenfalls den Sieg) 27. ... De7! 28. Kh3 (28. Tg1 Dh4+ 29. Dh3 Df4:+ 30. Tg3 Th6 mit Damengewinn) 28. ... De2! 29. Tg1 Df3+, und auch hier fällt durch 30. ... Th6+ die Entscheidung zugunsten von Schwarz.
Chancenlos wäre Weiß ebenfalls nach 25. Df4 Tg6+ 26. Kh2 Se6 27. Db8+ Sf8 28. Tae1 Df6 29. Te4 Df3:.

23. Df5–e5 f7–f6

24. De5–c3

Etwas besser war 24. De3.

24. ... g5–g4

25. Sf3–h2?

Danach werden die Sorgen von Weiß noch größer. Allerdings hätte Schwarz auch nach 25. Sd2 Sc4 26. Dg3 g5 oder 26. Db3 Db3: 27. ab3: Td2: klares Übergewicht.

25. ... Sc5–e4

26. Dc3–b3+

Keine Nuance besser wäre 26. Dc4+ Kh7 27. Tae1 Sf2:+ 28. Df4: Sh3+, und Schwarz gewinnt die Dame.

26. ... Db6×b3

27. a2×b3 Td8–d2!

28. Ta1–c1

Oder 28. f3 g3! 29. fe4: gh2:+ 30. Kh2: Te4: mit gewonnenem Turmendspiel für Schwarz beziehungsweise 29. Sg4 f5! 30. fe4: (30. Se3 Sf2 mit der Idee 31. ... Th4) 30. ... Tf1:+ 31. Tf1: fg4:, und ebenfalls siegreichem Endspiel.

28. ... Tf4×f2

29. Tf1×f2 Se4×f2!

30. Sh2–f1 Td2–d1!

Nach diesem kräftigen Schlußakkord ist das entstandene Springerendspiel leicht für Schwarz gewonnen.

31. Tc1×d1 Sf2×d1
32. Sf1–d2 b7–b5!
33. Sd2–e4

Oder 33. c4 Sb2: 34. c5 Kf7, und der schwarze König befindet sich im Quadrat.

33. ... Sd1×b2
34. b3–b4

Falls 34. Kf2, so 34. ... f5 35. Sd6 Sd1+ 36. Ke2 Sc3+ 37. Kd3 f4!! 38. Kc3: f3 39. gf3: g3!, und aus dem schwarzen Freibauern wird eine neue Dame.
Der Rest ist nun eine Sache der Technik.

34. ... Sb2–c4
35. Kg1–f2 f6–f5
36. Se4–c5 a6–a5
37. b4×a5 Sc4×a5
38. Kf2–e3 Kg8–f7
39. Ke3–f4 g7–g6
40. Sc5–a6 Sa5–c6
41. Sa6–c7 b5–b4
42. Sc7–d5 Kf7–e6
43. Sd5–c7+ Ke6–d6
Weiß gab auf.

Partie Nr. 8
Radulow – Uhlmann
Albena 1983

1. e2–e4 e7–e6
2. d2–d4 d7–d5
3. Sb1–d2 c7–c5
4. e4×d5 e6×d5
5. Lf1–b5+ Lc8–d7
6. Dd1–e2+ Lf8–e7
7. d4×c5 Sg8–f6
8. Sd2–b3 0–0
9. Lc1–g5

Dieser Zug wurde erstmals in einer Partie zwischen den sowjetischen Großmeistern Kupreitschik und Waganjan angewendet. Die vorher gebräuchliche Fortsetzung war 9. Le3.

9. ... Tf8–e8!

Gegen Sznapik versuchte ich einmal in Warschau 9. ... a6 und mußte nach 10. Ld7: Sbd7: 11. 0–0–0 Sc5: 12. Sc5: Lc5: 13. Sh3 mächtig um den Ausgleich kämpfen.

10. 0–0–0 a7–a5!

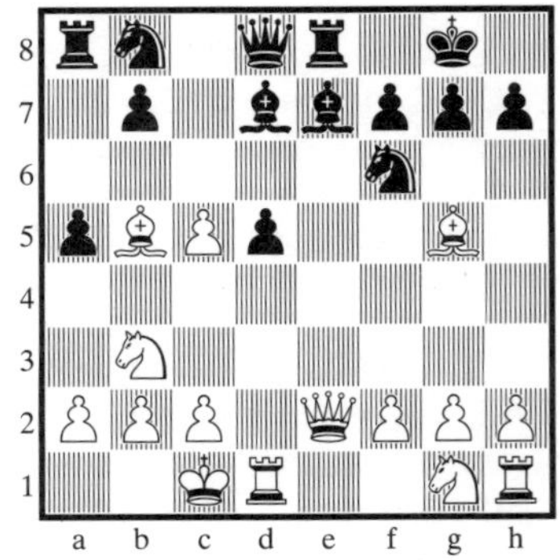

Diese Neuerung fand ich im Analysierstübchen. Der Zug läßt das ganze weiße Abspiel fragwürdig erscheinen. Ausgleich ergibt die Fortsetzung 10. ... a6 11. Ld7: Sbd7: 12. Sh3 Lc5: 13. Df3: Db6 14. The1 Te1: 15. Te1: h6 (Ivanović – Jusupow, Plovdiv 1983).

11. Sg1–h3

Falls Weiß 11. a4 spielt, kann Schwarz seinen Druck auf die geschwächte Stellung des feindlichen Königs am Damenflügel mittels 11. ... Sa6 verstärken, zum Beispiel 12. Sf3 (12. Ld7: Dd7: 13. Db5 Db5: 14. ab5: a4! 15. ba6: ab3: bringt Schwarz Vorteile) 12. ... Sc5: 13. Sc5: Lc5:, und der Nachziehende hat ein gutes Spiel. Die Drohung, den Bauern nach a4 vorzustoßen, garantiert Schwarz in allen Varianten Überlegenheit.

11. ... a5–a4
12. Sb3–d4 Le7×c5
13. De2–f1

Das ist notwendig, weil 13. Dd3 an 13. ... Ld4: 14. Ld7: Lb2:+ scheitern würde.

13. ... Dd8–b6!
14. Lg5×f6 Db6×f6
15. Lb5×d7 Sb8×d7
16. Df1–d3

Weiß hat keine Zeit für 16. c3, da dann nach 16. ... a3 seine Bauernformation aufgerissen wird.

16. ... a4–a3
17. b2–b3 Sc6–e5!

Alle schwarzen Figuren kommen mit Tempogewinn ins Spiel. Außerdem ist die Diagonale a1–h8 aus weißer Sicht entscheidend geschwächt.

18. Dd3–c3

Sofort verlieren würde 18. Db5 Ld4: 19. Td4: Sc6 oder auch 19. ... Sf3 mit tödlichem Schachgebot auf b2 oder a1.

18. ... Ta8–c8
19. Th1–e1 Lc5–a7!

Auch 19. ... Db6! mit der Idee 20. ... Lb4 wäre an dieser Stelle sehr stark gewesen.

20. Dc3–e3

Auf 20. Dd2 gewinnt 20. ... Sc6 21. Te8:+ Te8: 22. c3 Sd4: 23. cd4: Tc8+ 24. Kb1 Dg6+ nebst 25. ... Dg2:.

20. ... Te8–e7!

Dieser stille Zug stellt die Weichen auf Sieg. Es droht vernichtend 21. ... Sc6.

21. Sh3–f4

Das ist noch am hartnäckigsten, weil 21. ... Sc6 nun mit 22. Sd5: pariert werden kann.

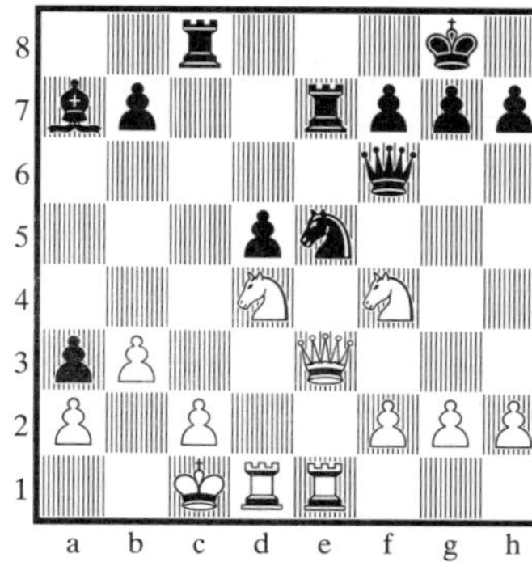

21. ... La7×d4

Mit der Beseitigung des Springers d4 wird der Druck auf das Feld c2 übermächtig.

22. De3×d4

Nicht aber 22. Td4: wegen 22. ... Sd3+, und Schwarz gewinnt leicht.

22. ... Df6–f5!
23. c2–c3

Die einzige Verteidigung. So scheitert 23. Te2 an 23. ... Sf3! 24. gf3: Te2: bzw. 23. Sd3 an 23. ... Sd3:+ 24. Dd3: Dd3: 25. Td3: Te1:+ oder 23. Td2 an 23. ... Sc6.

23. ... Se5–c6
24. Dd4–d2 Te7×e1
25. Td1×e1 Sc6–b4!!
26. g2–g3

Hoffnungslos sind auch andere weiße Rettungsversuche, zum Beispiel folgt auf 26. Kd1 einfach 26. Sa2: oder 26. ... Db1+ 27. Ke2 Te8+ 28. Kf1 De1:+ 29. De1: Te1:+ 30. Ke1: Sa2: 31. Kd2 Sb4! 32. Kc1 g5! mit gewonnenem Springer- oder Bauernendspiel. Der Zug 26. g4? wird mit 26. ... Df4: 27. Df4: Sd3+ pariert.

26. ... g7–g5!
27. Te1–e3

Jetzt ist Materialverlust für Weiß nicht mehr zu vermeiden. Auf 27. Kd1 entscheidet 27. ... Db1+ 28. Ke2 Te8+ 29. Kf1 Te1:+ 30. De1:+ De1:+ 31. Ke1: Sa2: 32. Sd5: Sc1, denn der schwarze a-Bauer läuft unaufhaltsam.

27. ... g5×f4
28. g3×f4 Kg8–f8
29. c3–c4 Sb4–c6
30. Te3–g3 d5×c4
31. b3×c4

Oder 31. Dd6+ Se7 32. Dh6+ Ke8, und Schwarz triumphiert.

31. ... Tc8–d8
32. Dd2–e3 Sc6–b4
Weiß gab auf.

Partie Nr. 9
Stein – Uhlmann
Moskau 1971

1. e2–e4 e7–e6
2. d2–d4 d7–d5
3. Sb1–d2 c7–c5
4. Sg1–f3 Sb8–c6
5. Lf1–b5 d5×e4

In der Turnierpraxis kommen hier auch 5. ... cd4: und 5. ... a6 häufig vor.

6. Sd2×e4 Lc8–d7
7. Lc1–e3

In meiner Partie gegen Tal (Moskau 1971) folgte 7. Lg5! Da5+ 8. Sc3 cd4: 9. Sd4: Lb4? (besser war 9. ... Le7! 10. Le3 Dc7 mit Ausgleich) 10. 0–0 Lc3: 11. bc3: Dc3:? 12. Sf5!!, und Weiß hatte eine Gewinnstellung.

7. ... Dd8–a5+
8. Se4–c3 c5×d4
9. Sf3×d4

Nicht aber 9. Ld4: wegen 9. ... Td8!.

9. ... Lf8–b4!
10. 0–0 Lb4×c3
11. b2×c3 Sg8–e7
12. Ta1–b1 0–0
13. Lb5–d3 Sc6×d4
14. c3×d4 Ld7–c6
15. c2–c4 Ta8–d8
16. Dd1–g4 f7–f5
17. Dg4–e2 f5–f4!

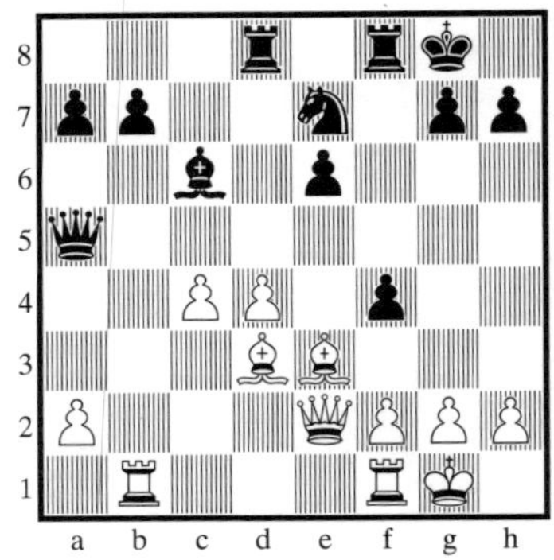

Ein Bauernopfer auf lange Sicht, das durch den weißfeldrigen Läufer auf der langen Diagonale ermöglicht wird.

18. Le3–d2 Da5–g5
19. De2×e6+ Kg8–h8
20. De6–h3!

Schwach wäre 20. d5 wegen 20. ... Sd5: 21. cd5: Td5:!! mit der schrecklichen Drohung 22. ... Td3:.

21. ... h7–h6

Jetzt wäre 20. ... Sg6 ungünstig, da Weiß nach 21. Lg6: Dg6: 22. d5 Ld7 23. Dh4 die bessere Stellung erhält.

21. Ld2–c3!

Auch an dieser Stelle ist 21. d5 fehlerhaft, denn Schwarz würde durch das Springeropfer 21. ... Sd5: 22. cd5: Td5: 23. Tb3 Tfd8 in Vorteil kommen, weil wegen der Mattdrohung auf g2 der Figurengewinn 24. ... Td3: nicht zu verhindern wäre.

21. ... Lc6–d7!
22. Dh3–f3 Ld7–g4

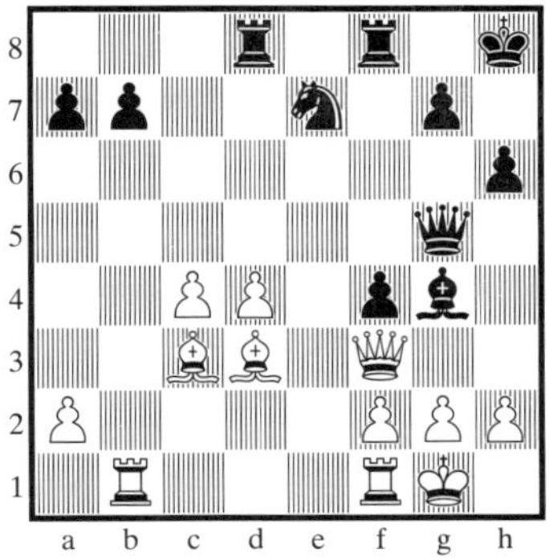

23. Df3–e4

In dieser Situation hoffte ich auf 23. Db7:, worauf ich den Sperrzug 23. ... Sd5!! vorbereitet hatte, zum Beispiel: 24. cd5: Lf3! 25. g3 fg3: 26. fg3: De3+ 27. Tf2 Ld5: 28. Db2 Dd3:, und die Drohung 29. ... De4 mit Besetzung der langen Diagonale bringt entscheidendes Übergewicht für Schwarz.

23. ... Lg4–f5
24. De4–e2 Td8–e8?!

Besser geschah das sofortige Nehmen auf d3: 24. ... Ld3: 25. Dd3: f3 26. g3 Sg6! 27. Kh1 Dg4! 28. Tfe1 Sf4, und Weiß muß zwischen zwei Übeln wählen: 29. De4 Dh3 30. Df3: Sd3!! 31. Dg2 (auf 31. Dd3: folgt 31. ... Tf2: nebst Matt) 31. ... Dg2:+ 32. Kg2: Tf2:+ 33. Kg1 Tc2!, und Materialverlust ist nicht zu vermeiden, oder 29. Df1 Se2 30. La1 Dc8, und Schwarz erobert bei völlig gelähmter weißer Stellung einen Bauern zurück.

25. De2–d2

Auch Weiß wählt nicht die beste Verteidigung, die in 25. Lf5: Sf5: 26. Df3 Sh4 27. Dh3 f3 28. g3 Sg2 bestand. Die Stellung ist vollkommen unklar.

25. ... Se7–g6!!
26. Tb1–b5 Sg6–h4
27. f2–f3 a7–a6
28. Tb5–d5 Te8–e3!
29. Ld3×f5 Tf8×f5
30. Td5×f5 Dg5×f5
31. d4–d5?

Nur der Läuferrückzug 31. La1 bot Weiß Remisaussichten.

31. ... Df5–g6!
32. d5–d6

Was sonst? Die Drohung Tc3: nebst Matt auf g2 oder Sf3:+ ist nicht zu parieren.

32. ... Te3–d3!?

Noch einfacher war 32. ... Sf3: 33. Tf3: Tf3: 34. d7 Db1+ 35. De1 De1:+ 36. Le1: Td3 mit Gewinn für Schwarz.

33. Dd2–e2

Etwas besser geschah noch 33. Df2 Sf3:+ 34. Kh1 Tc3: 35. gf3: Dd6:, wonach Schwarz ebenfalls großen Vorteil behält.

33. ... Td3×c3
34. d6–d7 Dg6–b6+??

Ein bedauerlicher Zeitnotfehler! Er erweist sich als so schwerwiegend, daß die Glanzpartie von Schwarz noch verloren geht. Dabei hätte das einfache 34. ... Td3 den Gegner sofort zum Aufgeben gezwungen. Man sehe: 35. De8+ Kh7 36. g4 fg3: 37. h3 g2.

35. c4–c5!

Schwarz gab auf, denn der Bauer d7 wird zur Dame.

Partie Nr. 10
Kuijf – Uhlmann
Amsterdam 1990

1. e2–e4 e7–e6
2. d2–d4 d7–d5
3. Sb1–d2 c7–c5
4. Sg1–f3 Sb8–c6
5. Lf1–b5

Neben der Hauptfortsetzung 5. ed5: wird immer wieder einmal dieser Läuferzug angewendet. Im konkreten Falle mußte ich mich 19 Jahre an das Moskauer Turnier zurückerinnern, wo mir

Stein und Tal 5. Lb5 servierten. Nach dem Textzug entstehen vollkommen neue Stellungsbilder, die in der Regel schärfere Abspiele einleiten.

5. ... d5×e4

Durch dieses Schlagen wird bereits ersichtlich, daß in Zukunft nicht der isolierte Bauer auf d5 das Angriffsobjekt ist, sondern daß Weiß ein aktives Figurenspiel anstrebt.

6. Sd2×e4 Lc8–d7
7. Lc1–e3 Dd8–a5+
8. Se4–c3 c5×d4
9. Sf3×d4 Lf8–b4
10. 0–0 Lb4×c3
11. b2×c3 Sg8–e7
12. Sd4×c6

Bis zu diesem Zeitpunkt war die Partie mit meiner Begegnung mit Stein identisch, der dann 12. Tb1 spielte.

12. ... Ld7×c6
13. Lb5×c6+ Se7×c6
14. c3–c4

Dieser Zug ist im höheren Sinne schon das Zugeständnis, eine verfehlte Eröffnungskonzeption gewählt zu haben. Die weißen Bauernschwächen auf der c-Linie bleiben bestehen, während Schwarz ein gutes Spiel hat. Notwendig war deshalb 14. Tb1, damit wenigstens der Turm für Unruhe in der b-Linie sorgen kann. Schwarz müßte dann 14. ... 0–0 ziehen und hätte aber immer noch die etwas bessere Stellung. Gefährlich für ihn wäre jedoch 14. ... Dc7 15. c5! mit Behinderung der Rochade.

14. ... 0–0
15. Dd1–b1 Da5–c7!
16. c4–c5

Damit hat Weiß zwar einen unmittelbaren Angriff auf seinen geschwächten Doppelbauern abgewehrt, doch verbleibt dieses Stellungsmanko bis zum Endspiel. Die nun folgende Besetzung der offenen d-Linie ist ein großes Plus für Schwarz. Außerdem kann die Bauernmajorität am Königsflügel später eine wesentliche Rolle spielen.

16. ... Tf8–d8
17. Db1–b5 Td8–d7!
18. Ta1–d1 Ta8–d8
19. Td1–d6

Weiß versucht mit taktischen Mitteln, Gegenspiel zu erlangen und den Druck von der d-Linie abzuwenden. Dies scheitert aber an der präzisen schwarzen Spielführung.

19. ... a7–a6

Nichts ergibt für Schwarz 19. ... Td6: 20. cd6: Dd6: (auf 20. ... Td6:? geschieht 21. Lf4! mit Qualitätsgewinn, da 21. ... e5 an 22. Le5: Se5: 23. De8 matt scheitert) 21. Db7:, und Weiß erzielt Ausgleich.

20. Db5–b2 Sc6–e7

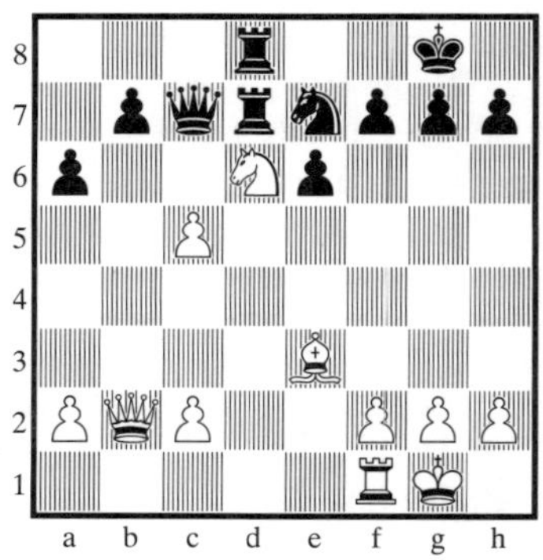

Nach dieser Umgruppierung des Springers kommt Weiß ins Straucheln. Die Drohung Sf5 ist nicht ohne Nachteil zu parieren. Auf 21. Tfd1 geht wegen der Mattdrohung auf d1 der Bauer d6 verloren, und auf 21. Ld4 gewinnt Schwarz nach 21. ... Sf5 22. Td7: Td7: 23. c3 (23. Td1? verbietet sich wegen 23. ... e5!) 23. ... e5 24. Te1 Te7 ebenfalls einen Bauern.

21. Le3–g5

Materialverlust war nur durch 21. Td7: Td7: 22. f3 zu vermeiden, was Weiß natürlich nach 22. ... Sf5 23. Lf2 h5 positionell auch in Nachteil gebracht hätte.

21. ... Td7×d6!

Das Schlagen ist für Schwarz durchaus möglich, da die anschließende Fesselung durch den Läufer auf f4 sofort durch 22. ... Db6 aufgehoben werden kann.

22. c5×d6 Td8×d6
23. Lg5–f4

Wenig Aussichten hätte Weiß, wenn er sich nach 23. Le7: ins Endspiel mit Dame und Turm retten wollte. Dann geben neben der schwarzen Bauernmajorität am Königsflügel auch die weißen Bauernschwächen a2 und c2 den Ausschlag.

23. ... Dc7–b6!

Damit sind alle Probleme von Schwarz gelöst, und er kann an die Realisierung seines Materialvorteils gehen.

24. Db2–e5 Td6–d7
25. Lf4–e3 Db6–c7
26. De5–b2

Der Damentausch wäre ein hoffnungsloses Unterfangen für Weiß, da anschließend der schwarze Springer das zentrale Feld d5 besetzen würde, von wo er nicht vertrieben werden kann.

26. ... Se7–f5
27. Le3–b6 Dc7–c6
28. g2–g3 h7–h5!
29. h2–h4

Wegen der Drohung 29. ... h4 nebst h3 mußte Weiß auch diese Schwäche noch in Kauf nehmen.

29. ... Td7–d2
30. Db2–b4 Sf5×g3!

Weiß gab auf, da sowohl 31. ... Dh1 matt droht und auch 31. fg3: Dg2 matt möglich ist. Außerdem hängt der Turm f1.

Eine schlichte Partie, die präzise die Eröffnungssünden von Weiß (Zulassen einer „verdächtigen" Bauernstruktur) bestraft hat.

Partie Nr. 11
Neukirch – Uhlmann
Potsdam 1974

1. e2–e4 e7–e6
2. d2–d4 d7–d5
3. Sb1–d2 c7–c5
4. e4×d5 e6×d5
5. Lf1–b5+ Sb8–c6
6. Sg1–f3 Lf8–d6
7. 0–0 c5×d4
8. Sd2–b3 Sg8–e7
9. Sb3×d4 0–0
10. Lc1–g5 Dd8–c7
11. h2–h3

Unübersichtliche Verwicklungen ergaben sich nach 11. Te1 in der Begegnung Sigurjonsson – Uhlmann (Zonenturnier Raach 1969): 11. ... Sd4: 12. Dd4: Le6 13. Ld3 h6 14. Lh6:!? gh6: 15. Df6 Lc8! 16. Dh6: f5 17. Sg5 Sc6 18. Se6 Le6: 19. Te6: Le5 20. Dg5+ Lg7 21. Lf5: Df7 22. Tg6 Tac8 23. f4 Sd4 24. Ld3 Sc6 25. Dd5: Sf4:, und Schwarz stand überlegen.

11. ... f7–f6
12. Lg5–e3 Sc6–e5

Der zentrale Stützpunkt auf e5 überspielt die schwarze Bauernschwäche d5 und das anfällige Feld e6.

13. b2–b3 a7–a6
14. Lb5–e2 Lc8–d7
15. Dd1–d2 b7–b5!

Schwarz dehnt seinen Raumvorteil am Damenflügel aus und verhindert den Bauernvorstoß 16. a4.

16. Ta1–d1 Kg8–h8
17. Sf3–e1 Se5–g6

Das richtige Rezept in dieser Mittelspielphase. Der Springerzug entschärft das Vorhaben 18. f4 und bereitet gleichzeitig f5–f4 für Schwarz vor. Die weiße Stellung krankt an der schablonenhaften Aufstellung der eigenen Figuren.

18. Se1–d3 f6–f5
19. Le3–g5

Dies war noch die beste Antwort. Schlecht wäre 19. f4, da nach 19. ... Sg8! nebst Sf6 und Se4 der schwarze Vorteil augenscheinlich würde.

19. ... f5–f4
20. Lg5×e7 Ld6×e7
21. Le2–g4

Etwas stärker wäre 21. Lf3 gewesen.

21. ... Le7–f6
22. Lg4×d7

Auch bei 22. Sb4 Lg4: 23. hg4: Ld4: 24. Dd4: f3! 25. g3 Tad8 ist die schwarze Stellung wesentlich besser.

22. ... Lf6×d4
23. Ld7–g4 Ld4–c3!

Der übermächtige Läufer engt die weißen Türme entscheidend in ihren Aktionen ein.

24. Dd2–e2?

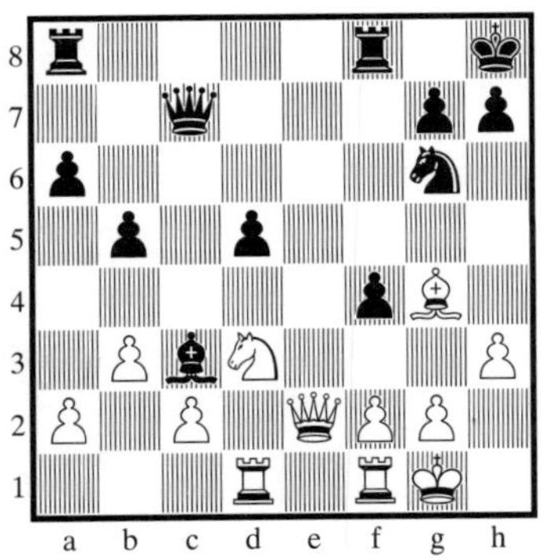

Weiß spielt ungenau, notwendig war 24. Dc1. Diesen Umstand nutze ich sogleich aus.

24. ... f4–f3!

Der Bauer f3 ist tabu, weil nach 25. Lf3: Tae8 eine Figur verloren geht.

25. De2–e3 Ta8–e8
26. De3–c5

Danach erhält Schwarz ein gewonnenes Endspiel. Die beste Verteidigung für Weiß bestand in 26. Dg5.

26. ... Dc7×c5
27. Sd3×c5 f3×g2
28. Kg1×g2 h7–h5!

Die Pointe! 29. Lh5: scheitert an 29. ... Sf4+ und 29. Lf3 an 29. ... Sh4+.

29. Lg4–d7 Sg6–f4+
30. Kg2–g1 Te8–e7

Weiß gab auf. Es droht entweder 31. ... Ld4, da 32. Td4: an 32. ... Se2+ scheitert oder 31. ... Tf8–f7, wonach der weiße Läufer kein Fluchtfeld mehr hat, denn 32. Lc6 bzw. 32. Lc8 verlieren wegen 32. ... Tc7.

Partie Nr. 12
Saren – Uhlmann
Aarhus 1971

1. e2–e4 e7–e6
2. d2–d4 d7–d5
3. Sb1–d2 c7–c5
4. e4×d5 e6×d5
5. Sg1–f3 Sb8–c6
6. Lf1–b5 Lf8–d6
7. 0–0 c5×d4
8. Sd2–b3 Sg8–e7
9. Sb3×d4 0–0
10. h2–h3 Sc6×d4!?

In diesem frühen Partiestadium ist der Tausch auf d4 recht ungewöhnlich. Der Zug erhält seinen Sinn dadurch, daß mittels 10. h3 zwar der Ausfall des schwarzen Läufers nach g4 verhindert wurde, aber die Diagonale h2–b8 jetzt zu Angriffen genutzt werden kann.

10. Sf3×d4

Falls Weiß 10. Dd4: spielt, folgt darauf 10. ... Lf5 11. c3 Le4 mit guten Chancen von Schwarz.

10. ... Ld6–c7!
11. Lb5–d3 Dd8–d6
12. f2–f4?!

Danach erhält Schwarz Vorteil. Notwendig war 12. Sf3 Sc6 13. Te1 Ld7 nebst Tfe8 mit bequemem Spiel für den Nachziehenden.

12. ... Lc7–b6!

Nach dem Schwenk des Läufers auf die Diagonale g1–a7 und dem anschließenden Tausch auf d4 entsteht ein Endspiel, bei dem Weiß einen schlechten Läufer auf c1 und Schwarz einen guten Springer behält. Auch werden dann die Bauern auf d4 und f4 schwächlich. Der Hauptnachteil von Weiß besteht jedoch darin, daß das Feld d4 eine Domäne des schwarzen Springers wird.

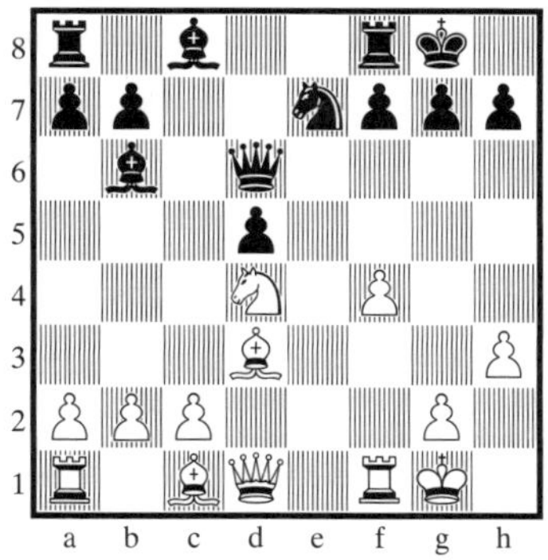

13. c2–c3

Etwas besser war 13. Le3 Sc6 14. c3 Sd4: 15. cd4: (15. Ld4: Ld4: 16. cd4: Db6 bringt Schwarz in Vorteil) 15. ... Tc8 mit besserem Spiel für Schwarz.

13. ... Lb6×d4+
14. c3×d4 Lc8–f5!
15. Ld3×f5 Se7×f5

Jetzt ist schon das erwähnte Endspiel erreicht, in dem Schwarz eindeutig die Überlegenheit besitzt.

16. g2–g4

Bereits notwendig, um das Manöver 16. ... Df6 mit Doppelangriff auf den Bauern d4 zu unterbinden. Der Nachteil des Bauernvorstoßes besteht in der Schwächung des weißen Königsflügels.

16. ... Sf5–g3!
17. Tf1–f3 Sg3–e4

Der Springer hat das Traumfeld erreicht. Von strategischer Bedeutung ist, daß der weiße Turm nicht den Punkt c3 kontrolliert und damit nicht das Eindringen seiner schwarzen Kollegen auf der c-Linie verhindern kann.

18. f4–f5 Ta8–c8
19. Lc1–f4 Dd6–d7
20. Ta1–c1

Weiß möchte jetzt wenigstens einen Turm tauschen.

20. ... Tc8×c1
21. Lf4×c1 Tf8–c8
22. Lc1–f4 h7–h6

Ein Luftloch für Schwarz kann nicht schaden, um dann die entscheidenden Manöver mit den schweren Figuren auf der c-Linie vornehmen zu können.

23. Dd1–b3 Tc8–c4
24. Tf3–d3 Dd7–c6
25. Db3–d1 Tc4–c2
26. Td3–b3 Dc6–c4!
27. Dd1–d3

Bittere Notwendigkeit. Sofort verliert 27. Tb7: Sf2 28. Df1 Dd4:+ oder 27. Le3 Sd2! 28. Ld2: (28. Tc3 Tc3: 29. bc3: Se4 mit Materialgewinn für Schwarz) 28. ... Dd4:+ nebst Td2:, und Schwarz dominiert.

27. ... Dc4×d3
28. Tb3×d3 Tc2×b2
29. Td3–b3 Tb2×a2

Auch 29. ... Tb3: nebst Kf8, e8, d7, c6 hätte Schwarz leicht den Sieg gebracht.

30. Tb3×b7 a7–a5
31. Tb7–b8+ Kg8–h7
32. Tb8–f8 Se4–f2
33. Kg1–g2 f7–f6
34. Tf8–d8 Sf2–d3+
35. Kg2–g3 Sd3–e1!

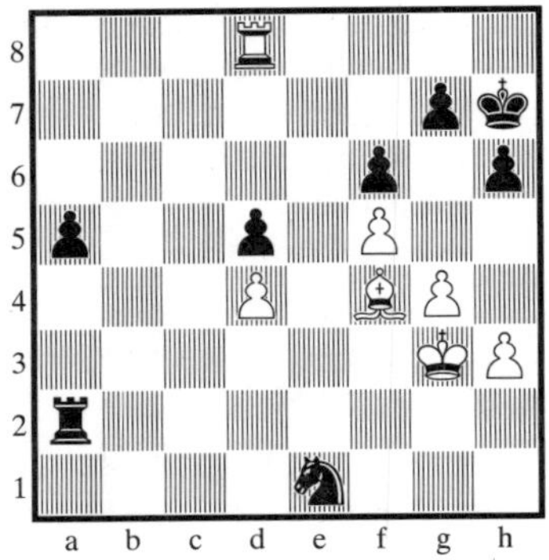

36. Lf4–d6

Weiß hat keine Zeit zu 36. Td5: Tg2+ 37. Kh4 g5+! 38. Kh5 (nach 38. fg6:+ Kg6: bekommt er ein undeckbares Matt auf f3) 38. ... gf4: 39. Td7+ Kg8 40. Kg6 Kf8 41. Kf6: Te2, und Schwarz gewinnt.

36. ... a5–a4
37. Td8–a8 Se1–c2!
38. Ta8–a7 a4–a3
39. Ld6–f8 Ta2–b2!

Weiß gab auf.

40. La3: scheitert an 40. ... Tb3+. Ansonsten kann der schwarze a-Bauer nur durch Opfern des Turms aufgehalten werden.

Partie Nr. 13
Geller – Uhlmann
Amsterdam 1970

1. e2–e4 e7–e6
2. d2–d4 d7–d5
3. Sb1–d2 c7–c5
4. e4×d5 e6×d5
5. Sg1–f3 Sb8–c6
6. Lf1–b5 Lf8–d6
7. 0–0 c5×d4
8. Sd2–b3

Das sofortige Schlagen 8. Sd4: wäre „verdächtig" wegen 8. ... Lh2:+ 9. Kh2: Dh4+ 10. Kg1 Dd4: (Geller – Ivkov, UdSSR – Jugoslawien, 1969).

8. ... Sg8–e7
9. Sb3×d4 0–0
10. Lc1–g5 f7–f6!?

Damals ein neuer Zug von mir, der Anfang der siebziger Jahre seine Premiere hatte. Seine Idee besteht darin, daß ein Springer auf e5 postiert werden soll. Damit wird die Schwäche des Feldes e6 kompensiert.

11. Lg5–e3!

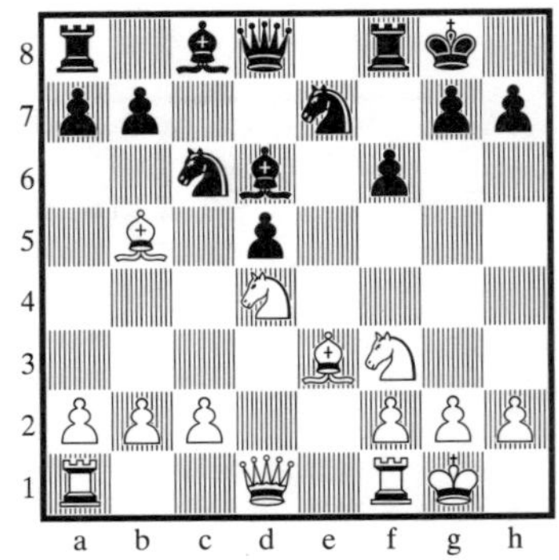

Die beste Erwiderung. Klaren Vorteil erhielte Schwarz nach 11. Lh4 Lg4 12. Dd2 Db6! 13. Lc6: bc6: 14. Lg3 c5! 15. Sb3 Lf3: 16. gf3: c4 (Kupreitschik – Uhlmann, 1970).

Fehlerhaft wäre auch der taktische Einschlag 11. Sc6: bc6: 12. Lc6: Sc6: (12. ... Lh2:+ ergibt nur Ausgleich) 13. Dd5:+ Tf7! 14. Dc6: Lb7, und Weiß steht auf Verlust.

11. ... Sc6–e5!
12. Tf1–e1!

Weiß manövriert seinen Turm auf die offene e-Linie und bereitet den Rückzug des Läufers b5 nach f1 vor.

12. ... a7–a6
13. Lb5–f1 Kg8–h8
14. h2–h3 Lc8–d7
15. c2–c3 Ta8–c8
16. a2–a4 Tf8–e8

In Betracht kam auch 16. ... Sc4 oder 16. ... Dc7. Nachdem beide Parteien ihre

Figuren gut aufgestellt haben, nimmt das Kampfgeschehen im Zentrum zu. Diskussionsthema sind dabei die entstehenden hängenden Bauern.

17. Sf3×e5 f6×e5
18. Sd4–f3 h7–h6
19. a4–a5!

Große Verwicklungen hätten sich nach 19. Dd2 ergeben, zum Beispiel 19. ... Lf5 20. Lh6: e4 21. Sd4 gh6: 22. Dh6:+ Kg8 23. Dg5+ Lg6 24. Se6 Dd7 25. Df6 Le5!! 26. De5: Sc6! mit Figurengewinn von Schwarz oder 23. g4 Db6! mit der Drohung Lh2+. Auch hier hätte Schwarz gute Gewinnchancen.

19. ... Tc8–c6

Schwarz nimmt der Drohung Lb6 den Wind aus den Segeln. Gleichzeitig kann der Turm eventuell über die sechste Reihe zum Angriff auf den Königsflügel gebracht werden.

20. Le3–b6 Dd8–b8
21. Ta1–c1

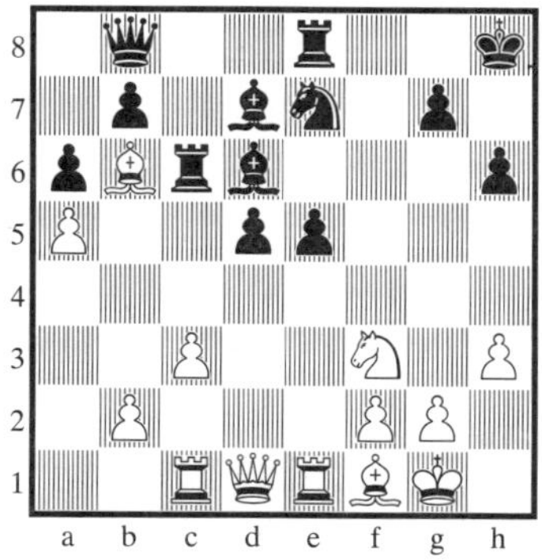

Nach der Partie gab Geller 21. c4 als Verstärkung für das weiße Spiel an, das sich folgendermaßen weiterentwickeln könnte: 21. ... e4! (nicht 21. ... dc4: wegen 22. Se5:! Le5: 23. Dd7: mit Vorteil für Weiß) 22. Sd2 (auf 22. cd5:? geschieht 22. ... Tb6: mit Figurengewinn) 22. ... Lb4! 23. cd5: Sd5: 24. Te4: Te4: 25. Se4: Sb6: 26. ab6: Lf5, und Schwarz hat die etwas besseren Chancen. Falls Weiß aber 22. Sd4 zieht, bekäme Schwarz mittels 22. ... Lh2+ 23. Kh1 Tg6 24. Sc2 Le6 25. cd5: Sd5: 26. Ld4 Sf4! starken Angriff.

21. ... Te8–f8
22. c3–c4 e5–e4!
23. Sf3–d2 Tc6×b6!

Ein sehr starkes Qualitätsopfer. Mein schwarzfeldriger Läufer wird danach zum Helden des Tages.

24. a5×b6 Ld6–c5
25. Te1–e2

25. Se4: ist natürlich indiskutabel, da Weiß nach 25. ... de4: 26. Dd7: Lf2:+ 27. Kh1 Sf5! weiteres Material verliert.

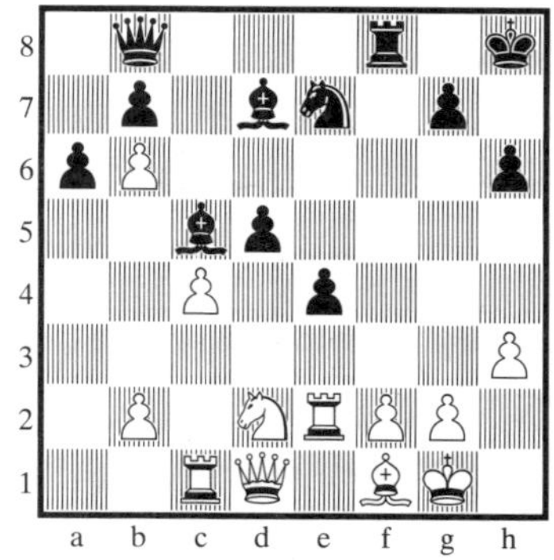

25. ... Tf8×f2!!

Die Krönung der schönen Opferkombination.

26. Te2×f2 e4–e3
27. c4×d5

Auf 27. Se4 gibt es ebenfalls eine elegante Schlußwendung: 27. ... ef2:+ 28. Sf2: Df4! 29. Tc2 La4! mit Gewinn für Schwarz.

27. ... e3×f2+
28. Kg1–h1 Se7–f5!
29. Sd2–e4 Lc5×b6
30. Dd1–f3 Db8–e5!
31. Lf1–d3

Es drohte 31. ... De4: 32. De4: Sg3+, wonach Weiß eine Figur verliert.

31. ... De5×d5
32. Se4–c5

Es gibt für Weiß keine Verteidigung mehr. So scheitert 32. g4 an 32. ... Se3 33. Df2: Dd3: 34. Df8+ Kh7 35. Sf6+ Kg6 mit leichtem schwarzen Sieg.

32. ... Dd5×f3
33. g2×f3 Lb6×c5
34. Tc1×c5 Sf5–e3!
35. Tc5–c1

Nicht 35. Te5 wegen 35. ... Lb5!, und nach 35. Tc7 Lf5 gewinnt Schwarz ebenfalls.

35. ... Kh8–g8!

Das ist am präzisesten. Nach 35. ... Lh3: 36. Kh2 hätte Weiß noch Schwindelchancen.

36. Kh1–h2 Ld7–b5!
37. Tc1–c8+ Kg8–f7
38. Kh2–g3 Lb5×d3
39. Tc8–c7+ Kf7–f6
40. Kg3×f2 Se3–d1+
41. Kf2–g3 Sd1×b2
42. Tc7×b7 Sb2–c4
43. h3–h4 a6–a5

Der a-Bauer ist nicht mehr aufzuhalten.

44. Tb7–d7 Ld3–c2
45. Td7–c7 Lc2–b3
46. Kg3–f4 a5–a4
Weiß gab auf.

Partie Nr. 14
Mestel – Uhlmann
Hastings 1973

1. e2–e4 e7–e6
2. d2–d4 d7–d5
3. Sb1–d2 c7–c5
4. Sg1–f3 Sb8–c6
5. e4×d5 e6×d5
6. Lf1–b5 Lf8–d6
7. d4×c5 Ld6–c5
8. 0–0 Sg8–e7
9. c2–c4

Diese Behandlungsmethode der Stellung ist nicht ohne Tücken. Schablonenhaft wäre jetzt die schwarze Antwort 9. ... dc4:, worauf Weiß nach 10. Se4! Db6 11. Lc4: und 12. Sc5: mit dem Läuferpaar chanchenreich das Spiel bestimmen würde.

9. ... 0–0
10. Sd2–b3 Lc5–d6!
11. Lb5×c6

Nichts bringt Weiß 11. cd5: ein, weil nun 11. ... Sd5: oder 11. ... Sb4 möglich sind.

11. ... b7×c6
12. c4–c5 Ld6–b8

Es ist eine interessante Stellung entstanden, in der nur schwer beurteilt werden kann, welche Seite den Vorzug verdient: Weiß mit seinen beiden Springern im Zentrum oder Schwarz mit seinem weitreichenden Läuferpaar, das auf den gegnerischen Königsflügel zielt.

13. Lc1–g5 Dd8–c7!

Ein wichtiger Zug, der den Springer entfesselt und das Manöver Lg5–h4–g3 (wegen Sf5) verhindert.

14. Sb3–d4 Se7–g6
15. Dd1–a4 Lc8–d7
16. Da4–a6!

Damit werden 16. ... Db7 und die Rückkehr des Läufers nach c7 unterbunden. Außerdem ist die Verbindung der Türme auf der achten Reihe vorübergehend gestört.

16. ... f7–f6
17. Lg5–d2 Sg6–e5!

Dieser befestigte Springer im Zentrum engt die Aktionen von Weiß ein.

18. g2–g3!

Eine notwendige Sicherheitsmaßnahme, denn es drohte 18. ... Sf3:+ 19. Sf3: Lg4 mit der Idee, später Lf3: und Dh2:+ zu spielen.

18. ... Ld7–c8

Nichts bringt Schwarz 18. ... Lg4 19. Sh4! ein.

19. Da6–a4 Dc7–d7!

Eine feine Umgruppierung. Die schwarze Dame bläst zum Angriff am Königsflügel. Jetzt verbietet sich 20. Se5: fe5: 21. Dc6: (21. Sc6: Lb7 bedeutet Figurengewinn) 21. ... ed4: 22. Da8: Lb7 und die weiße Dame wird gefangen.

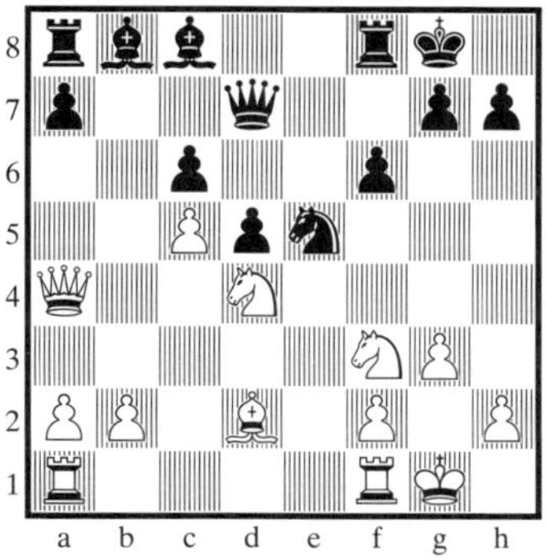

20. b2–b4 Dd7–g4
21. Da4–b3 Lc8–a6

Auf 21. ... Ld7 wäre 22. b5 sehr unangenehm, da dann das Zentrum gesprengt wird.

22. Tf1–e1 Lb8–c7
23. Kg1–g2

Äußerst riskant wäre die Annahme des Bauernopfers. Nach 23. Se5: fe5: 24. Sc6: Lc4 25. Dd1 De6 würde der schwarze Angriff durchschlagen, zum Beispiel 26. Se5: (26. Sd4 Df6) 26. ... Le5: 27. Lc3 d4 28. Ld4: Ld4: 29. Te6: Lf2:+ 30. Kg2 Le6: mit Gewinnstellung.

23. ... Ta8–e8!
24. h2–h3 Dg4–h5
25. Ld2–f4 Lc7–b8!

Wenig bringt 25. ... Sf3: 26. Df3:.

26. Ta1–d1

Schwarz drohte mit 26. ... Sd3.

26. ... Kg8–h8
27. a2–a4 La6–c8!

Damit erhält der schwarze Angriff neue Impulse. Der Rückzug Sg1 ist erforderlich, weil nach 28. g4 Dg6 oder 28. ... Df7 der Druck am Königsflügel entscheidend wäre.

28. Sf3–g1! a7–a6
29. Lf4×e5

Nach längerem Zögern nimmt Weiß nun das Bauernopfer auf c6 an. Der dominierende Springer auf e5 wird durch einen starken Zentrumsbauern ersetzt, und die schwarze Attacke verlagert sich jetzt auf die halboffene f-Linie sowie auf die Diagonale h1–a8.

29. ... f6×e5
30. Sd4×c6 Lc8–e6!
31. Sc6×b8 d5–d4

Darin bestand die Idee des Bauernopfers – alle schwarzen Figuren haben jetzt maximale Wirkung. Weiß ist zudem an die Verteidigung seines Mehrbauern b4 gebunden.

32. Db3–b2 Le6–d5+
33. Kg2–h2 Te8×b8
34. Td1–d2

Es drohte bereits 34. ... Tb4: 35. Db4: Tf2: matt.

34. ... Ld5–c6!

Verhindert den Vorstoß b5 und bereitet weitere Aktionen auf der f-Linie vor.

35. Db2–b3 Tf8–f6
36. f2–f4?

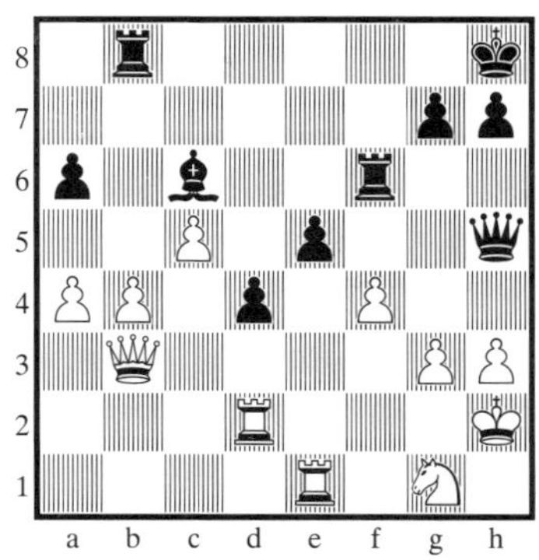

Weiß befindet sich schon in Zeitnot, und er versucht mit dem Textzug, die Drohung Tbf8 zu entschärfen. Der entscheidende Nachteil besteht aber darin, daß die Mattgefahren noch größer werden. Besser war deshalb 36. Tee2, obwohl Weiß nach 36. ... h6 fast im Zugzwang ist, da die Bauern a4, b4 und f2 bedroht sind.

36. ... e5×f4

37. g3–g4

Auf 37. Td4: gewinnt einfach 37. ... f3 nebst f2.

37. ... Dh5–h4!

38. Td2–e2 h7–h6!

Überhastet und verderblich wäre hier 38. ... f3? wegen 39. Sf3: Lf3: (auf 39. ... Tf3: folgt 40. Df3:!! Lf3: 41. Te8+ nebst Matt) 40. Te8+ Tff8 41. Tf8:+ Tf8: 42. Df3:!, und Weiß hätte das Blatt gewendet.

39. Te1–f1?

Der in großer Zeitnot ausgeführte Zug ermöglicht den sofortigen Gewinn von Schwarz. Gegen die Drohung f3 und f2 gab es ohnehin keine Verteidigung mehr.

39. ... Dh4–g3+!

Weiß gab auf, er verliert einen Turm.

Partie Nr. 15
Cholmow – Uhlmann
Halle 1978

1. e2–e4 e7–e6
2. d2–d4 d7–d5
3. Sb1–d2 c7–c5
4. Sg1–f3 Sb8–c6
5. e4×d5 e6×d5
6. Lf1–b5 Lf8–d6
7. d4×c5

In einigen Abspielen führt 7. 0–0 nach 6.... cd4: zu anderen Stellungsbildern.

7. ... Ld6×c5
8. Sd2–b3 Lc5–d6
9. 0–0 Sg8–e7
10. Lc1–g5

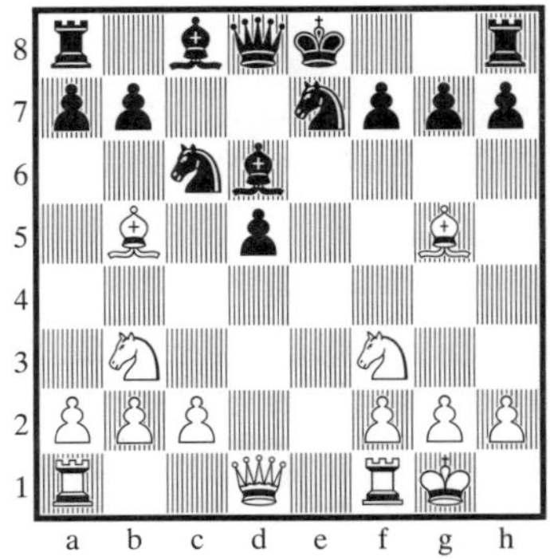

Das ist die gebräuchlichste Erwiderung. Neben dem Textzug spielt Weiß auch häufig 10. Te1. In der Turnierpraxis kamen jedoch 10. Sbd4, 10. c3 oder 10. h3 ebenfalls schon vor.

10. ... 0–0
11. Tf1–e1 a7–a6

Schwarz kann an dieser Stelle außer der Befragung des Läufers auch 11. ... Lg4 ziehen.

12. Lb5–d3

Gleiches Spiel gibt 12. Lc6: bc6: 13. Sbd4 Ld7 14. Le7: Le7: 15. Se5 Lf6! 16. Sdc6: Lc6: 17. Sc6: Dd6 18. Sd4 Db4 mit Friedensschluß (Georgadse – Uhlmann, Halle 1978).

12. ... Lc8–g4
13. c2–c3

Nach 13. Lh4 mit der Drohung 14. Lh7:+ nebst Sg5+ hätte Schwarz die gute Antwort 13. ... Se5 zur Verfügung. Auf 14. Le2 könnte 14. ... Sc4! folgen, und nach 15. Dd4 Lf3: 16. Lf3: Sf5! 17. Ld8: Sd4: 18. Sd4: Tfd8: 19. b3 Lb4 besitzt der Nachziehende ein gutes Spiel (Feher – Uhlmann, Eger 1985).

13. ... Dd8–c7
14. h2–h3

Das ist wegen der Drohung 14. ... Lh2:+ erzwungen.

14. ... Lg4–h5
15. Ld3–e2

Nur auf diese Weise kann die Fesselung des Springers f3 aufgehoben werden.

Weiß muß langfristig versuchen, den Isolani d5 zunächst zu blockieren und dann eventuell zu erobern.

15. ... Tf8–e8
16. Sf3–d4 Lh5–g6
17. Le2–d3 Sc6×d4
18. Sb3×d4 Se7–c6!
19. Ld3×g6 h7×g6
20. Dd1–d3 Sc6–e5!

Damit entschärft Schwarz die Drohung 21. Te8:+ Te8: 22. Sc6:, wonach der isolierte Bauer d5 endgültig das Sorgenkind wäre. Mit dem Textzug wird die weiße Dame zurückgedrängt und ein aktives Spiel gegen den Punkt d4 organisiert.

21. Dd3–c2 Ld6–c5
22. Te1–d1!

Ein grober Fehler wäre 22. Tad1 wegen 22. ... Ld4: 23. Td4: Sf3+ mit schwarzem Gewinn.

22. ... Lc5–a7
23. Ta1–c1 Ta8–c8

Meinem Gegner ist nur die Blockade des Isolanis gelungen, der Druck gegen den Punkt d5 aber noch Zukunftsmusik. Durch seinen agilen Springer kann Schwarz ständig für Unruhe im feindlichen Lager sorgen. In einigen Varianten ist auch der Bauer b2 störanfällig.

24. Lg5–h4

Ausgleich hätte 24. Lf4 Tcd8 ergeben. Ein fataler Fehler wäre hingegen 24. Sb3? Sf3+!! 25. gf3: Dg3+ mit Gewinnstellung für Schwarz.

24. ... Dc7–c4
25. b2–b3 Dc4–c5
26. Dc2–d2 Se5–c6?!

Genauer war 26. ... Da3!, wonach der Druck auf die Bauern a2 und c3 verstärkt werden könnte.

27. Sd4–f3! Sc6–e7
28. g2–g4

Dies ist sehr riskant, weil im Endeffekt die weiße Königsstellung gefährdet wird. Gut war 28. Le7: Te7: 29. Tc2! mit Überdeckung des Punktes f2 und Angriff auf den Bauern d5.

28. ... Dc5–a5!
29. Tc1–c2 Se7–c6!
30. Kg1–g2

Verlieren würde 30. Dd5: Dd5: 31. Td5: Sb4 mit Qualitätsgewinn für Schwarz.

30. ... d5–d4!

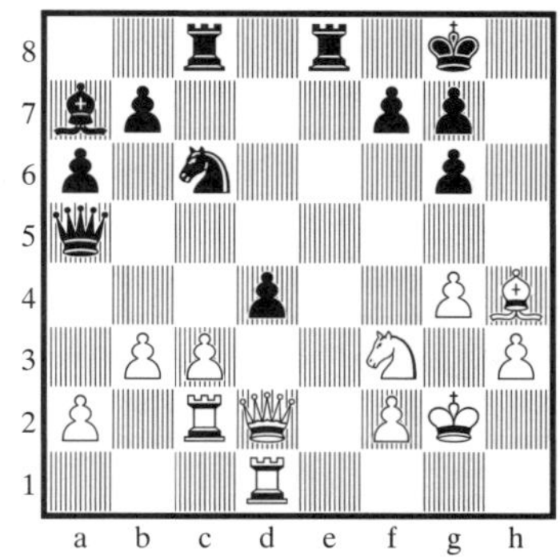

Ein strategisches Bauernopfer, damit die schwarze Dame die lange Diagonale besetzen kann.

31. c3×d4?!

Weiß unterschätzt die taktischen Möglichkeiten von Schwarz. Im Ausgleichssinne war 31. Sd4: angebracht. Nach 31. ... Sd4: 32. cd4: Dd5+ 33. f3 Dd4: 34. Tc8: Dd2:+ 35. Td2: Tc8: wäre das Remis gesichert. Gefährlich ist dagegen 31. c4 Da3 mit der Drohung 32. ... Sb4. Große Verwicklungen entstehen nach 31. ... Ld4:, zum Beispiel 32. cd4: Dd5+ 33. f3 Sd4:!? 34. Tc8: Df3:+ 35. Kh2 Tc8: 36. Dd4: Tc2+ 37. Td2 Tc3!?.

31. ... Da5–d5!

Eine unangenehme Fesselung, die vernichtend 32. ... Sd4: droht. Auch das folgende Damen-Ausweichmanöver, auf das sich Weiß offenbar verlassen hatte, beseitigt nicht die Gefahren.

32. Dd2–g5 Dd5–e4!
33. Tc2–d2 f7–f6
34. Dg5–e3 De4–d5

Der Bauernrückgewinn 34. ... De3: ist für Schwarz nicht erstrebenswert, da der weiße d-Bauer danach äußerst gefährlich wäre.

35. De3–c3 b7–b5!

Dieser starke Zug unterbindet den Entlastungsversuch 36. Dc4.

36. Dc3–b2

Unbefriedigend für Weiß ist die Fortsetzung 36. b4 Tcd8 37. Db3 Db3: 38. ab3: Td5! nebst Sb4: mit Endspielvorteil für Schwarz.

36. ... Tc8–d8
37. Td2–d3 Te8–e4!
38. Kg2–g1

Weiß muß sich aus der Fesselung auf der Diagonale h1–a8 befreien. Aber auch jetzt ist der Rückgewinn des Bauern mit klarem Plus von Schwarz nicht mehr zu vermeiden.

38. ... Sc6×d4!
39. Sf3×d4

Das verliert sofort. Eine sichere Verteidigung gab es aber ohnehin nicht mehr für Weiß, zum Beispiel 39. Kf1 Tf4! 40. Sg1 Dh1 41. Lg3 (41. f3 Sf3:!! 42. Td8:+ Kh7, und Schwarz gewinnt) 41. ... Te4 42. f3 (ansonsten geschieht 42. ... Tde8 mit der schrecklichen Drohung Se2) 42. ... Te2! 43. De2: Se2: 44. Td8:+ Kh7 45. Ke2: Dg2+ 46. Kd3 Dg3: 47. Se2 Df3:+ 48. Kd2 Le3+ mit leichtem Sieg.

39. ... Te4×d4
40. Td3×d4 La7×d4

Weiß gab auf. Nach dem Ausweichen seiner Dame entscheidet 41. ... Lf2:+ nebst 42. ... Dd1: die Partie.

Partie Nr. 16
Suetin – Uhlmann
Debrecen 1987

1. e2–e4 e7–e6
2. d2–d4 d7–d5
3. Sb1–d2 c7–c5
4. Sg1–f3 Sb8–c6
5. e4×d5 e6×d5
6. Lf1–b5 Lf8–d6
7. 0–0 Sg8–e7
8. d4×c5 Ld6×c5
9. Sd2–b3 Lc5–d6
10. Lc1–g5 0–0
11. Tf1–e1 Lc8–g4
12. Lb5–e2 Tf8–e8
13. Sf3–d4

Genauer ist an dieser Stelle 13. c3 h6 14. Lh4.

13. ... Lg4×e2
14. Te1×e2 h7–h6
15. Lg5–h4 Dd8–b6

Sobald Le3 nicht mehr möglich ist, gewinnt der Damenausfall nach b6 an Stärke.

16. c2–c3 Sc6×d4
17. Sb3×d4

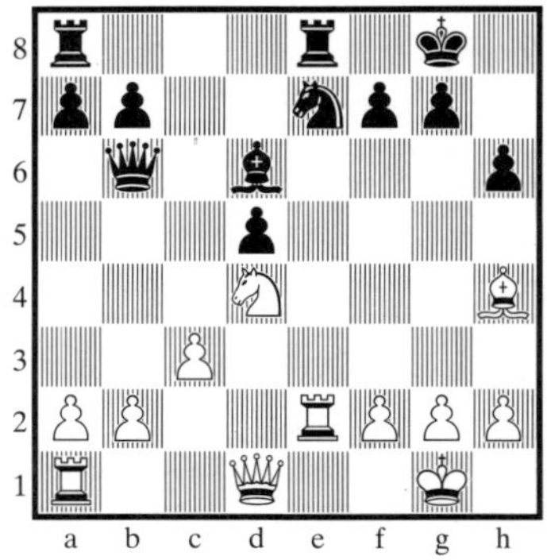

Gutes Spiel erhält Schwarz nach 17. Dd4: Sf5! 18. Db6: ab6: 19. Te8:+ Te8: 20. Lg3 Sg3: 21. hg3: Te2 22. Tb1 (22. Td1 Tb2: 23. Td5: Le7 24. Td7 Lf6 25. Tb7: Lc3: 26. Tb6: Ld4 mit leichter Überlegenheit von Schwarz) 22. ... Lc5! 23. Sc5: bc5:, und auch hier besitzt Schwarz wegen seines aktiven Turms auf der zweiten Reihe etwas Vorteil.

17. ... Se7–c6
18. Sd4–f5 Ld6–f8
19. Te2–d2?!

Weiß unterschätzt die gegnerischen Möglichkeiten auf der offenen e-Linie. Außerdem muß er seinen Bauern auf b2 verteidigen. Objektiv am besten war folgende interessante Remiskombination, die durch 19. Te8:! Te8: 20. Sh6:+ gh6: 21. Dg4+ Kh7 22. Df5+ Kg8 23. Dg4+ in die Wege geleitet werden konnte.

19. ... Te8–e4!

Durch die Verdoppelung der Türme auf der e-Linie geht die Initiative an Schwarz über.

20. Lh4–g3 Ta8–e8
21. h2–h3 d5–d4!

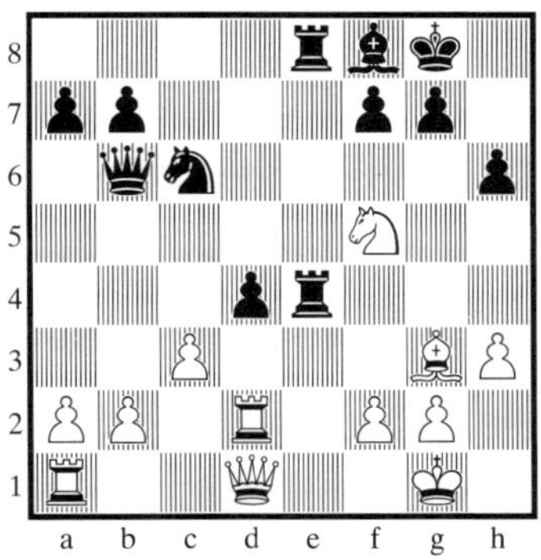

Mit diesem Scheinopfer beseitigt Schwarz seine Bauernschwäche auf d5. Weiß darf weder 22. cd4: wegen 22. ... Lb4 spielen (und der Turm auf d2 müßte angesichts der Drohung Te1+ stillhalten), noch 22. Sd4: Sd4: 23. Td4: Db2:, und Schwarz dominiert auf Grund der Bauernschwächen c3 und a2.

22. Dd1–f3

Noch am besten, um der Antwort 22. ... Te1+ zu begegnen.

22. ... d4×c3
23. b2×c3 Te4–e1+
24. Ta1×e1 Te8×e1+
25. Kg1–h2 Db6–b1!
26. Lg3–c7 Db1–e4

Schwarz hat erkannt, daß sein Angriff nach 26. ... Th1+ 27. Kg3 nicht weiter verstärkt werden kann. Deshalb strebt er ein Endspiel an, das wegen der Bauernstruktur auf dem Brett günstiger für ihn ist.

27. Df3×e4 Te1×e4
28. Lc7–d6!

Nach dem Tausch der schwarzfeldrigen Läufer besitzt der Nachziehende nur einen minimalen Vorteil.

28. ... Lf8×d6
29. Sf5×d6

Nicht aber 29. Td6: wegen 29. ... Tf4, und Schwarz gewinnt einen Bauern.

29. ... Te4–e7
30. c3–c4 b7–b6
31. Sd6–b5

Die Fesselung durch 31. ... Td7 mußte vermieden werden.

31. ... Kg8–h7
32. Kh2–g3 Sc6–a5
33. Td2–c2 a7–a6
34. Sb5–d6 Te7–c7
35. Kg3–f4 Tc7–c5!
36. Kf4–e4 Kh7–g6
37. Ke4–d3 f7–f5
38. g2–g4

Weiß führte diesen Zug aus, damit sein Springer auf d6 nicht in Gefahr gerät. Sein Nachteil ist die Schwächung des eigenen Königsflügels.

38. ... f5×g4
39. h3×g4 Tc5–c7!
40. Sd6–e4

Nicht spielbar ist 40. Tb2 b5! 41. cb5: Td7, und Schwarz gewinnt eine Figur.

40. ... Sa5–c6!

Schwarz beordert seinen Springer im richtigen Moment ins Zentrum. Die Drohungen lauten 41. ... Sb4+ oder 41. ... Se5+. Beide sind gleichzeitig nicht zu verhindern.

41. a2–a3 Sc6–e5+
42. Kd3–d4 Se5×g4
43. Tc2–b2 Tc7–d7+
44. Kd4–c3 Kg6–f5!

Jetzt greift auch die schwarze Majestät ins Kampfgeschehen ein und sichert den klaren Vorteil. Der Freibauer auf der h-Linie ist eine entscheidende Macht.

45. f2–f3 Sg4–e5
46. Tb2×b6 Td7–d3+
47. Kc3–c2

Verderblich wäre 47. Kb4 wegen 47. ... a5+, und Schwarz gewinnt.

47. ... Td3×f3
48. Se4–d6+ Kf5–f4
49. Tb6×a6 h6–h5!

Der schwarze Bauer ist in allen Abspielen schneller als sein weißer Widerpart auf der a-Linie, denn er besitzt die Unterstützung der eigenen Figuren.

50. c4–c5 h5–h4
51. Ta6–a4+

Auf 51. c6 würde das kräftige Figurenopfer 51. ... Sc6:!! die Entscheidung sofort herbeiführen, zum Beispiel 52. Tc6: h3 53. Tc4+ Kg3 54. Se4+ Kg2 55. Kb2 (55. Sg5 Ta3:! 56. Sh3: Kh3: ergibt ein für Schwarz gewonnenes Turmendspiel) 55. ... h2 56. Tc2+ Kg1 57. Tc1+ Tf1, und Schwarz bleibt Sieger.

51. ... Kf4–g5
52. Ta4–e4 Se5–c6
53. a3–a4 h4–h3
54. Te4–e1 Kg5–h4
55. Sd6–e4 g7–g5
56. Se4–d2 Tf3–f2
57. Kc2–d3 h3–h2
58. Kd3–e3

Es gibt keine Verteidigung mehr für Weiß. Auf 58. Th1 entscheidet 58. ... g4.

58. ... Tf2×d2!
59. Ke3×d2 g5–g4
60. Te1–e6

Oder 60. Ke3 g3 61. Kf3 Kh3, und Schwarz gewinnt.

61. ... Kh4–g5!
Weiß gab auf.

Partie Nr. 17
Tischbierek – Uhlmann
Dresden 1984

1. e2–e4 e7–e6
2. d2–d4 d7–d5
3. Sb1–d2 c7–c5
4. Sg1–f3 Sb8–c6
5. e4×d5 e6×d5
6. Lf1–b5 Lf8–d6
7. d4×c5 Ld6×c5
8. 0–0 Sg8–e7
9. Sd2–b3 Lc5–d6
10. h2–h3

Weiß verhindert damit das Standardmanöver 10. ... Lg4, und deshalb ergeben sich neue Stellungsbilder.

10. ... 0–0
11. c2–c3 h7–h6
12. Tf1–e1 Se7–f5!

Ein schöner Zug, der den Ausgleich sichert. Nach 13. Sbd4 Sfd4: 14. Sd4: Db6! würde sich die Spannung im Zentrum auflösen.

13. Lb5–f1 Ld6–c7!

Das ist ein altbewährtes Rezept von Schwarz. Die Drohung, mit der Dame nach d6 zu gehen, sorgt für Unruhe im weißen Lager.

14. Sb3–d4 Sc6×d4!
15. c3×d4

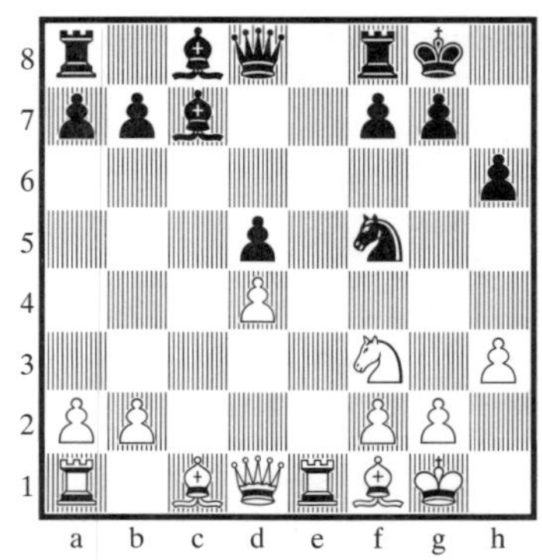

Mit dem erzwungenen Tausch 15. cd4: hat Schwarz schon ein wichtiges Teilziel erreicht. Schlecht wäre 15. Sd4: gewesen, denn nach 15. ... Dd6 16. g3 ist das Figurenopfer 16. ... Sg3: bereits tödlich für Weiß, zum Beispiel 17. fg3: (17. Sb5? Se2+ nebst Matt auf h2) 17. ... Dg3:+ 18. Lg2 Lh3: 19. Te2 Dh2+ 20. Kf1 Dh1+, und Schwarz triumphiert.

15. ... Dd8–f6!

16. b2–b3

Weiß hat bereits Sorgen mit der Verteidigung seines Bauern d4, sein weißer Läufer bleibt deshalb vorerst passiv, und Schwarz erhält dadurch Raumvorteil.

16. ... Lc8–e6

17. Lc1–a3 Tf8–c8!

Im folgenden Teilabschnitt der Partie geht es um die Vorherrschaft auf der offenen c-Linie.

18. Dd1–d2 Sf5–d6!

19. La3×d6

Schon drohte 19. ... Lh3: und auch 19. ... Se4, jeweils mit schwarzem Übergewicht. Mit dem Tausch auf d6 wendet Weiß zwar die unmittelbaren Gefahren ab, gestattet aber seinem Gegner, durch den zentral postierten schwarzen Läufer auf d6 neue Aktionen am Damenflügel auszulösen.

19. ... Lc7×d6

20. Sf3–e5 a7–a5!

Durch die Drohung 21. ... Lb4 wird Weiß zu 21. a3 provoziert, was den Turm auf a1 bindet.

21. a2–a3 Df6–g5!

Der Damenzug bewirkt eine weitere Schwächung der weißen Bauernstruktur. Ein Damentausch verbietet sich, weil in diesem Falle der schwarze Turm auf der c-Linie eindringt.

22. f2–f4 Dg5–g3

23. Lf1–d3 Tc8–c7

24. f4–f5

Die einzige Chance von Weiß besteht im Angriff am Königsflügel.

24. ... Le6–d7

25. f5–f6 Dg3–h4!

Damit widerlegt Schwarz den Scheinangriff des Gegners. Wegen der Drohungen 26. ... Dd4:+ und auch 26. ... Df6: muß Weiß seinen guten Springer gegen den Läufer d7 tauschen und damit auch die Diagonale h2–b8 öffnen.

26. Se5×d7 Tc7×d7

Natürlich nicht 26. ... Dd4:+ 27. Kh1 Td7: 28. Lh7+, und Weiß erobert die Dame.

27. Ld3–f5

Oder 27. fg7: Dd4:+ 28. Kh1 Dg7: mit Bauerngewinn.

27. ... Td7–c7

28. f6×g7 Kg8×g7

Trotz der geschwächten Königsstellung von Schwarz bricht in wenigen Zügen das weiße Spiel zusammen. Der Anziehende hat schwache Bauern und keine Kontrolle mehr über die schwarzen Felder...

29. Te1–f1 a5–a4!

Noch ein Nadelstich, mit dem entweder das Feld a4 oder das Feld c4 für den Einsatz eines Turms freigekämpft wird.

30. Lf5–b1

Weiß will noch für Verwirrung auf der Diagonalen b1–h7 sorgen. Er hatte aber bereits keinen guten Zug mehr, zum Beispiel 29. Tf3 ab3: 30. Tb3: Ta4 oder 29. b4 Le7! 30. Tf4 Lg5 31. Th4: Ld2: mit klarem Endspielvorteil für Schwarz.

30. ... a4×b3

31. Dd2–d3 Kg7–f8!

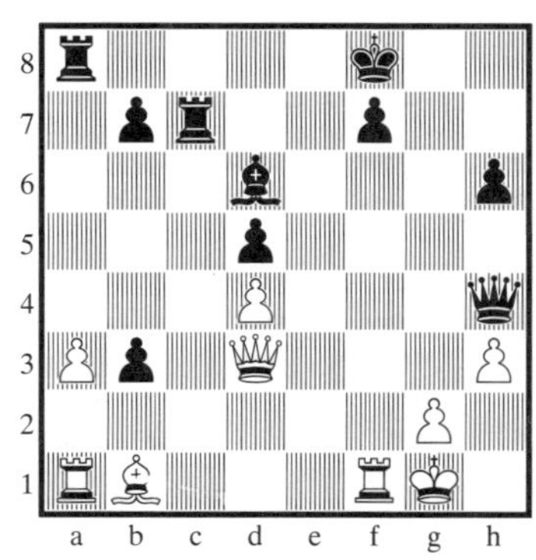

Dieser schlichte Zug nimmt Weiß die letzten Illusionen und ist partieentscheidend.

32. Dd3–h7 Dh4×d4+
33. Kg1–h1 Dd4–g7!

Weiß gab auf.

Partie Nr. 18
Velimirović – Uhlmann
Vinkovci 1982

1. e2–e4 e7–e6
2. d2–d4 d7–d5
3. Sb1–d2 c7–c5
4. Sg1–f3 Sb8–c6
5. e4×d5 e6×d5
6. Lf1–b5 Lf8–d6
7. d4×c5 Ld6×c5
8. 0–0 Sg8–e7
9. Sd2–b3 Lc5–d6
10. c2–c3

Eine solide Fortsetzung ist hier 10. Te1 0–0 11. Lg5 Lg4 12. Le2 Te8 13. c3 h6 14. Lh4 Db6 15. Le7: Te7: 16. Dd5: Tae8! 17. Lc4! Dc7 (17. ... Lf3: 18. Te7: Ld5: 19. Te8:+ ergibt Vorteil für Weiß) 18. Te7: Te7: 19. Sbd2 Se5 20. Se5: Le5: 21. g3! Td7 22. De4! Td2: 23. Dg4: Dc5! (Nach 23. ... Tb2: erhält Weiß mittels 24. Te1 Übergewicht) 24. Lf7:+! Kf7: 25. Df5+ Kg8 26. Te1 mit nur geringfügigem Vorteil des Anziehenden (Gufeld – Lputjan, UdSSR 1981), zum Beispiel 26. ... Dc6! 27. De5: Tb2: oder 26. ... Td5! 27. c4! Da5! 28. b4 (28. Te4 Td1+ 29. Kg2 Te1 30. b4 Db4:, siehe 28. b4) 28. ... Db4: 29. Te5: Te5: 30. De5: Dc4: 31. Db8+ Kh7 32. Da7: b5, und das Damenendspiel dürfte nach eventuellem Abtausch der Bauern am Damenflügel nicht zu gewinnen sein.

10. ... Lc8–g4!

Bei 10. ... 0–0 ist 11. h3 ein guter Zug.

11. Lb5–d3

Das ist ungenau, besser war 11. Le2 oder Lg5.

11. ... h7–h6!

Ein nützlicher Zug, der die Fesselung durch 12. Lg5 ausschaltet. Ein Fehler wäre 11. ... 0–0 12. Lh7:+ Kh7: 13. Sg5+, und Weiß hat eine Gewinnstellung.

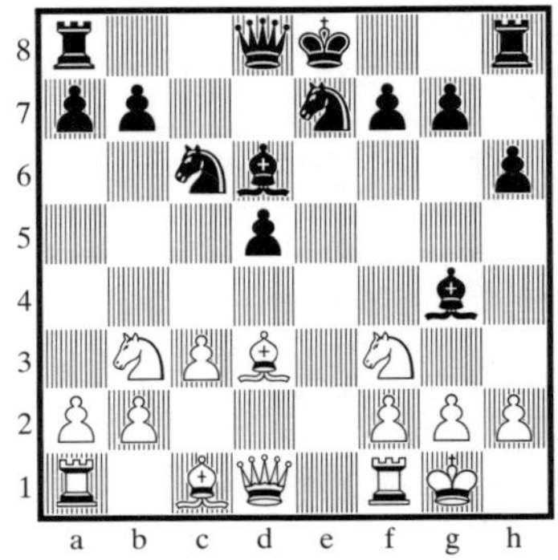

12. h2–h3 Lg4–h5
13. Ld3–e2

Nur so kann sich Weiß entfesseln.

13. ... 0–0
14. Sf3–h4 Lh5×e2
15. Dd1×e2 Tf8–e8
16. De2–h5 Ld6–c7!

Ein starker Zug, der durch die Drohung 17. ... Dd6 Unruhe auf der Diagonale h2–b8 auslöst.

17. Lc1–e3 Dd8–d6
18. f2–f4

Schlecht wäre 18. Sf3 g6! 19. Dg4 (oder 19. Dh6: Sf5 20. Dg5 Se5! 21. Sbd4 f6!! 22. Df4 Sf3:+ mit Figurengewinn) 19. ... Se5!, und Schwarz steht überlegen.

18. ... Se7–g6!
19. Sh4–f5 Dd6–f6
20. g2–g3

Ein Fehler wäre 20. Tae1 Sf4: 21. Lf4: Te1: 22. Te1: (22. Lc7:? Tf1:+ 23. Kf1: g6, und Schwarz gewinnt) 22. ... Lf4:, wonach der Nachziehende klaren Vorteil besitzt.

20. ... Te8–e4!
21. Le3–d4

Auf 21. Sc5? gewinnt 21. ... Te3: 22. Se3: De7 durch den Doppelangriff auf e3 und c5 eine Figur.

21. ... Sc6×d4
22. Sf5×d4 Sg6–e7!

Nachdem der Springer auf g6 seine Schuldigkeit getan hat, wird er zum Damenflügel beordert, um den weißen Stützpunkt d4 auszuhebeln.

23. Ta1–e1 Lc7–b6
24. Kg1–g2

Schlechter wäre der Tausch auf e4. Nach 24. Te4: de4: 25. Te1 hat Schwarz den starken Zwischenzug 25. ... Sf5 zur Verfügung, der g3 und d4 zugleich bedroht.

24. ... Ta8–e8
25. Te1×e4 d5×e4
26. Tf1–e1 Se7–c6
27. Dh5–f5 Df6–e7!

Durch den Damentausch würde die Verteidigung für Weiß erleichtert. Wesentlich ist, daß der Freibauer e4 eine ständige Bedrohung darstellt. Schwarz versucht, den Druck auf den Punkt d4 zu verstärken, um unter Umständen auch noch die offene d-Linie zu nutzen.

28. Sd4×c6 b7×c6
29. Te1–d1?

Weiß unterläuft ein Zeitnotfehler. Es ist aber bereits schwer für ihn, einen vernünftigen Weg zu finden. So gewinnt Schwarz nach 29. Sd4 g6! 30. Dg4 Ld4: 31. cd4: Db4 mindestens einen Bauern.

29. ... e4–e3!

Somit wird der weiße Turm zur Rückkehr gezwungen, da 30. Td7 an 30. ... e2! 31. Te7: Te7: scheitert.
Auch 30. Sc1 würde sofort verlieren, und zwar nach 30. ... e2! 31. Te1 De3!! 32. Te2: Dg1+ 33. Kf3 Df1+ 34. Kg4 h5+!! 35. Dh5: Te2:.

30. Td1–e1 De7–d6!
31. Df5–g4 a7–a5!

Schwarz erzielt mit diesem Vorstoß weiteren Raumgewinn.
In einigen Abspielen droht jetzt auch weißer Bauernverlust am Damenflügel.

32. Dg4–d1 Dd6–g6!
33. Dd1–f3 a5–a4
34. Sb3–d4

Der Springerzug ist mehr oder weniger erzwungen. Nach der passiven Verteidigung 34. Sc1 dürfte 34. ... Td8 mit der Idee Td2+ und Dc2 schnell eine Entscheidung bringen. Vernichtend ist auch 35. f5 Df6 36. a3 (es drohte 36. ... a3 37. ba3: Dc3:) 36. ... Td5 37. g4 Dd6, da sowohl 38. ... Td2+ als auch 38. ... Lc7 droht.

34. ... Lb6×d4
35. c3×d4 Dg6–d3
36. Te1–e2

Auf 36. Dc6: gewinnt 36. ... Dd2+ 37. Kf3 Df2+ 38. Kg4 Te6!.

36. ... Te8–e4!

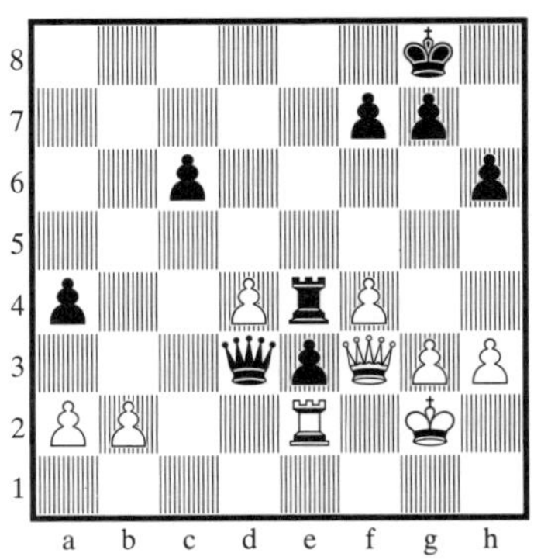

Mit diesem Turmzug besiegelt Schwarz das Schicksal seines Gegners. Weiß befindet sich im Zugzwang und kann nun Materialverlust nicht mehr vermeiden.

37.	**h3–h4**	**Dd3×d4**
38.	**Te2–c2**	**Dd4–d5!**

Schwarz droht, mit seinem Bauern nach e2 vorzustoßen und zwingt damit den weißen Turm auf dieses Feld zurück. Auf 39. Kf1 gewinnt 39. ... Tf4:!! 40. Df4: Dd1+ nebst Dc2:+.

39.	**Tc2–e2**	**f7–f5!**
40.	**a2–a3**	**Dd5–d3**
41.	**h4–h5**	**c6–c5**
42.	**Kg2–h3**	**Dd3–d4!**

Schwarz verhindert auf diese Weise das Entlastungsmanöver 43. g4.

43.	**Te2–e1**	**Kg8–h7**
44.	**Df3–e2**	

Falls 44. Td1, so 44. ... e2! mit Gewinn (45. Td4: cd4:).

44.	**...**	**Dd4–d2!**
45.	**Kh3–g2**	

Oder Weiß spielt 45. Dd2:, worauf die Partie so enden könnte: 45. ... ed2: 46. Td1 Td4 47. Kg2 g6! 48. hg6:+ Kg6: 49. Kf3 c4 50. Ke2 (50. Ke3 Td3+) 50. ... Kh5 51. Th1+ Kg4 52. Kf2 d1S+, und Schwarz bleibt siegreich.

45.	**...**	**Te4–c4!!**

Noch eine Feinheit, die Weiß zum Damentausch zwingt, weil 46. Kf3 wegen 46. ... Tc2 nebst 47. ... Tb2: verliert.

46.	**De2×d2**	**e3×d2**
47.	**Te1–d1**	**Tc4–c2**
48.	**Kg2–f3**	**Tc2×b2**
49.	**Kf3–e3**	

Auf 49. Ke2 geschieht 49. ... c4! 50. Td2: c3!, und Schwarz gewinnt.

49.	**...**	**g7–g6!**

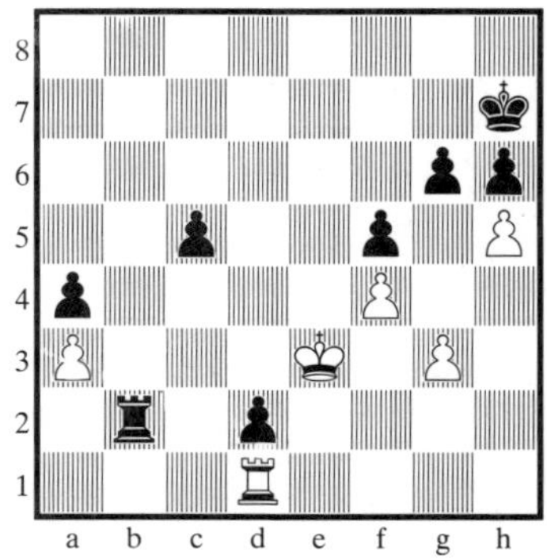

Weiß gab auf. Er erkannte, daß nach 50. Td2: Td2: 51. Kd2: gh5: 52. Kc3 h4! 53. gh4: Kg6 54. Kc4 Kh5 55. Kb5 Kh4: 56. Ka4: Kg3 57. Kb5 h5 nebst h4 und h3 jeglicher Widerstand vergebens ist.

Partie Nr. 19
Karpow – Uhlmann
Madrid 1973

1.	**e2–e4**	**e7–e6**
2.	**d2–d4**	**d7–d5**
3.	**Sb1–d2**	**c7–c5**
4.	**e4×d5**	**e6×d5**
5.	**Sg1–f3**	**Sb8–c6**
6.	**Lf1–b5**	**Lf8–d6**
7.	**d4×c5**	**Ld6×c5**
8.	**0–0**	**Sg8–e7**
9.	**Sd2–b3**	**Lc5–d6**
10.	**Lc1–g5**	

Gemessen an den anderen Fortsetzungen 10. Sbd4, 10. Lc6:+ und 10. Le3 – auch 10. Le3 wurde schon erprobt – dürfte der Partiezug am besten sein. Seine Idee besteht in dem Läufermanöver Lg5–h4–g3, um den starken schwarzen Ld6 abzutauschen.

10.	**...**	**0–0**
11.	**Lg5–h4**	**Lc8–g4**
12.	**Lb5–e2**	

Das ist genauer als sofort 12. Lg3 Lg3: 13. hg3: Db6 14. Ld3 Sf5 mit gleichem Spiel.

12. ... Lg4–h5

Auf 12. ... Db6 ist 13. Le7: Se7: 14. Dd4! sehr stark.

13. Tf1–e1 Dd8–b6

14. Sf3–d4!

Schlecht wäre jetzt 14. c4, worauf Schwarz den Zwischenzug 14. ... Lb4 zur Verfügung hat. Keine Wirkung hätte auch 14. Le7: Se7: 15. Dd4, weil der Läufer auf g4 nicht mehr angegriffen ist und die schwarze Dame sich durch den Rückzug nach c7 dem Tausch entziehen kann.

14. ... Lh5–g6!

Wenn Schwarz auf e2 abtauscht, so käme das den Wünschen des Gegners entgegen.

15. c2–c3 Tf8–e8

16. Le2–f1 Lg6–e4

17. Lh4–g3

Der damit verbundene Läufertausch bedeutet für Weiß einen strategischen Erfolg.

17. ... Ld6×g3

18. h2×g3 a7–a5?

Schwarz schwächt unnötig seinen Damenflügel und besonders das Feld b5. In Betracht kam hier 18. ... Tad8.

18. a2–a4! Sc6×d4

19. Sb3×d4!

Weiß hatte keine Veranlassung, 20. cd4: zu spielen, da sich 20. ... Db2: wegen 21. Lb5 Ted8 22. f3 und Figurengewinn verbietet.

20. ... Se7–c6

21. Lf1–b5 Te8–d8

22. g3–g4!

Ein großartiger Zug, der die strategische Meisterschaft des damals 22jährigen Karpow unterstreicht. Mein weißfeldriger Läufer wird nun abgedrängt und zur Bedeutungslosigkeit verurteilt. Außerdem droht der Bauernvorstoß f2–f4–f5.

22. ... Sc6×d4

Es zeigt sich, daß Weiß in dem nachfolgenden Endspiel eine starke Initiative entfaltet und im Wettstreit um die Besetzung der vorletzten Reihe die Oberhand behält. Angebrachter war deshalb, 22. ... Td6 oder 22. ... h6 zu ziehen.

23. Dd1×d4 Db6×d4

24. c3×d4 Ta8–c8

Schwarz hat es bereits schwer, einen vernünftigen Plan zu finden. So kann auf 24. ... Kf8 25. Te3 nebst Tae1 und f3 folgen, und der Einbruch auf der siebenten Reihe ist auch nicht zu verhindern.

25. f2–f3 Le4–g6

26. Te1–e7 b7–b6

27. Ta1–e1 h7–h6

28. Te7–b7 Td8–d6

Falls Schwarz den Versuch unternimmt, mittels 28. ... Tc2 aktiv zu werden, hat Weiß die unverzügliche Antwort 29. Te1–e7 zur Hand. Nach 29. ... Kf8 (29. ... Tb2: 30. Le8 Tc8 31. Kh2! Tcc2 32. Kg3 Tg2:+ 33. Kf4, und die Einschläge auf f7 und g7 sind vernichtend) 30. Ted7 entsteht ein gefährlicher weißer Freibauer. Außerdem ist der Läufer auf g6 kaltgestellt.

29. Te1–e7 h6–h5

Im höheren Sinne schon Zugzwang. Jetzt könnte auf 29. ... Tc2 unangenehm 30. Tb8+ Kh7 31. Tee8 folgen.

30. g4×h5 Lg6×h5

31. g2–g4! Lh5–g6

32. f3–f4!

Damit erobert Weiß das Schlüsselfeld f7, was partieentscheidend ist.

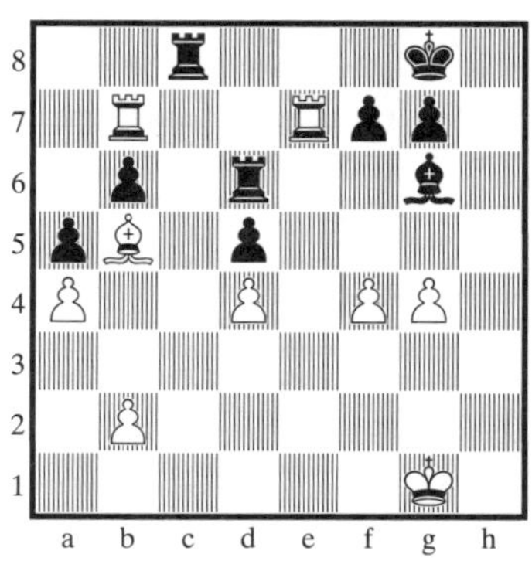

32.	**...**	**Tc8–c1+**
33.	**Kg1–f2**	**Tc1–c2+**
34.	**Kf2–e3**	**Lg6–e4**

Auch 34. ... Te6+ 35. Te6: fe6: 36. Tb6: bot keine Rettung mehr.

35.	**Te7×f7**	**Td6–g6**
36.	**g4–g5**	**Kg8–h7**

Gegen 37. Tfe7 und 38. Le8 ist kein Kraut gewachsen.

37.	**Tf7–e7**	**Tc2×b2**
38.	**Lb5–e8**	**Tb2–b3+**
39.	**Ke3–e2**	**Tb3–b2+**
40.	**Ke2–e1**	**Tg6–d6**
41.	**Te7×g7+**	**Kh7–h8**
42.	**Tg7–e7**	

Schwarz gab auf.
Für die vorzügliche strategische Partieführung wurde Anatoli Karpow der Schönheitspreis im Großmeisterturnier von Madrid zuerkannt.

Partie Nr. 20
Vogt – Uhlmann
Potsdam 1974

1.	**e2–e4**	**e7–e6**
2.	**d2–d4**	**d7–d5**
3.	**Sb1–d2**	**c7–c5**
4.	**e4×d5**	**e6×d5**
5.	**Sg1–f3**	**Sb8–c6**
6.	**Lf1–b5**	**Lf8–d6**
7.	**d4×c5**	**Ld6×c5**
8.	**0–0**	**Sg8–e7**
9.	**Sd2–b3**	**Lc5–d6**
10.	**Lc1–g5**	**0–0**
11.	**Lg5–h4**	**Lc8–g4**
12.	**Lb5–e2**	**Tf8–e8**

Nach meiner Niederlage gegen Karpow setzte eine emsige Analysetätigkeit ein. Da in der Regel gern „nachgewaschen" wird, muß man immer wieder in der Lage sein, eine Verbesserung parat zu haben, und sei es nur eine Nuance. Der Textzug von Schwarz bedeutet Tempogewinn.

13.	**Tf1–e1**	**Dd8–b6!**

Schwarz bietet ein Bauernopfer an, zum Beispiel 14. Le7: Te7: 15. Dd5: Sb4! 16. Dd2 Tad8 mit gefährlichem Angriff oder 16. Dg5 Sc2: 17. Dg4: Sa1: 18. Sa1: Tac8, und er steht auf Gewinn.

14.	**Sf3–d4**	**Se7–g6!**

Ein starker Zwischenzug, der Weiß bereits Sorgen bereitet.

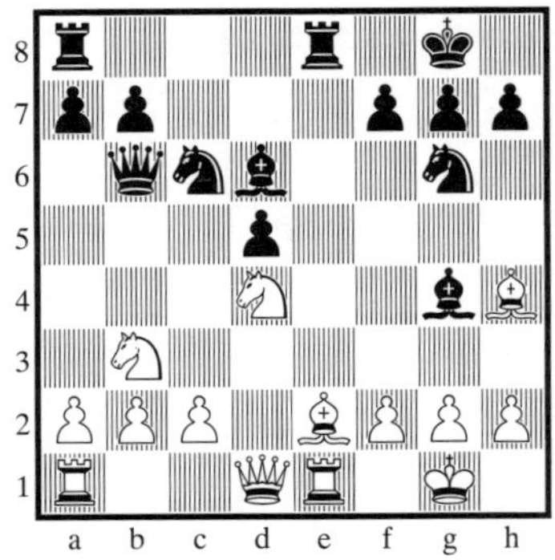

So scheitert 15. Lg4: an 15. ... Te1:+ 16. De1: Sd4: mit Materialgewinn.

15.	**Sd4×c6**	**Te8×e2!**

Wiederum sehr genau gespielt.

16.	**Te1×e2**	**b7×c6**
17.	**Lh4–g3**	**Ld6–e7!**

Auch 17. ... Lg3: 18. hg3: Sf8 nebst 19. ... Se6 ergibt gute Chancen für Schwarz.

18.	**h2–h3**	**Lg4×e2**
19.	**Dd1×e2**	**a7–a5**
20.	**c2–c3**	**h7–h5!**

Spiel an beiden Flügeln ist das richtige Rezept, weil damit Raumgewinn erzielt wird. Das Schlagen auf h5 verbietet sich für Weiß wegen 21. ... a4 22. Sd4 Db2:, und Schwarz steht überlegen.

21.	**Sb3–d4**	**h5–h4**
22.	**Lg3–h2**	**Le7–f6**
23.	**Ta1–d1**	**a5–a4!**

Die Randbauern auf a4 und h4 sorgen für große Unruhe und gestatten Weiß kein aktives Gegenspiel.

24.	**De2–c2**	**Db6–c5**

25. Dc2–d3 Ta8–e8

26. b2–b4!

Damit beseitigt Weiß seine Bauernschwäche b2.

26. ... a4×b3

27. a2×b3 Dc5–b6

28. b3–b4 Te8–e4!

29. Lh2–d6

Genauer war sofort 29. f3.

29. ... Lf6×d4

30. c3×d4 Db6–d8!

Durch den Schwenk der Dame ziehen neue Gefahren am weißen Königsflügel herauf.

31. Ld6–c5 Sg6–f4

32. Dd3–f3 Dd8–g5

33. Td1–a1 Kg8–h7

Besser als 33. ... Se2+ 34. Kh1 Sd4: 35. Ld4: Td4: 36. Ta8+ Kh7 37. Df7:, wonach Weiß noch Chancen hätte.

34. Kg1–h2 Te4–e6!

35. Df3–g4

Möglicherweise war die passive Verteidigung 35. Tg1 am besten.

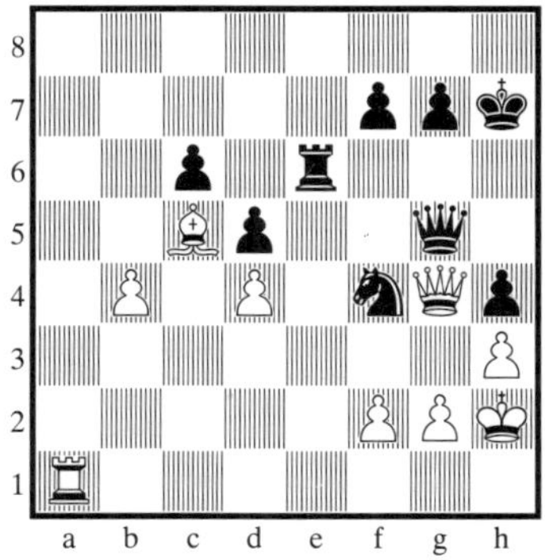

35. ... Dg5×g4

36. h3×g4 Te6–e2!

37. Ta1–f1

Auf 37. Kg1 ist sowohl 37. ... Sd3 als auch 37. ... h3 vorteilhaft für Schwarz.

37. ... Sf4–d3!

Das Thema lautet „guter Springer gegen schlechten Läufer". In einigen Varianten kann ein günstiges Turmendspiel für den Nachziehenden entstehen.

38. f2–f4

Hoffnungslos wäre 38. f3 Sf4 39. Tg1 Td2 nebst Se2.

38. ... Sd3–f2!

Nach 38. ... Sc5: 39. dc5: Tb2 hätte sich ein gutes Turmendspiel für mich ergeben.

39. Tf1–a1 Sf2×g4+

Genauer war zunächst 39. ... Kg6.

40. Kh2–h3 Sg4–e3

41. Ta1–a6 Te2×g2

42. Kh3×h4

Natürlich nicht 42. Tc6: Tg3+ 43. Kh2 (43. Kh4: Sf5+ 44. Kh5 g6+ 45. Tg6: fg6: matt) 45. ... Sg4+ 46. Kh1 h3 nebst 47. ... Sf2+ und 48. ... Tg2 matt.

42. ... Tg2–g4+

43. Kh4–h3 Tg4×f4

44. Ta6×c6 g7–g5!

Ohne Figurenverlust ist der Bauer nicht mehr aufzuhalten.

45. b4–b5

Auf 45. Ld6 gewinnt 45. ... g4+ 46. Kh2 (46. Kg3 oder 46. Kh4 Tf6 läßt Schwarz eine Figur erobern) 46. ... Tf2+ 47. Kg1 g3 48. Lg3: Tg2+ den Läufer.

45. ... g5–g4+

46. Kh3–h4

Oder 46. Kh2 Tf2+ 47. Kg3 Tf3+ 48. Kh4 f6 mit der Mattdrohung 49. ... Th3.

46. ... f7–f6!

47. Lc5–d6

Gegen 47. ... Tf3 gibt es keine Verteidigung.

47. ... Tf4–f3

48. Ld6–g3 Kh7–g6!

Weiß gab auf.

Partie Nr. 21

Nijboer – Uhlmann

Amsterdam 1990

1. e2–e4 e7–e6

2. d2–d4 d7–d5

3. Sb1–d2 c7–c5

4. e4×d5 e6×d5
5. Sg1–f3 Sb8–c6
6. Lf1–e2

Eine neue Idee von Weiß. Gegenüber dem gebräuchlichen Zug 6. Lb5 soll einmal der Tempogewinn a6 ausgeschaltet werden, und zum anderen richtet sich Weiß frühzeitig gegen den Standardzug Lg4 ein.

6. ... c5×d4
7. 0–0 Lf8–e7

Instinktiv findet Schwarz den richtigen Gegenplan. Der schwarzfeldrige Läufer wird jetzt fest auf der Diagonalen a1–h8 postiert. Das Manöver wird durch die Tatsache ermöglicht, daß der weiße Läufer auf e2 vorübergehend die e-Linie verstellt und ein Schach mittels Te1 nicht gestattet. Damit ist auch schon der kleine Nachteil des Zuges 6. Le2 aufgedeckt.

8. Sd2–b3 Le7–f6
9. Sb3×d4 Sg8–e7
10. c2–c3 0–0
11. Lc1–f4

Nicht spielbar ist hier 11. Lg5 wegen 11. ... Sd4:.

11. ... Lc8–g4
12. h2–h3 Lg4–h5
13. Sd4–b5

Ein Zug mit giftigem Hintergedanken: Es droht 14. g4 und 15. g5, um eine Figur zu gewinnen.

13. ... Lh5–g6!
14. Sb5–d6

Der agile Springer zwingt zu größter Aufmerksamkeit. Ein Nachteil des Manövers aber besteht darin, daß die Kontrolle über den Punkt d4 aufgegeben wurde. Gefährlich wäre der Versuch 14. g4 gewesen, den Schwarz durch 14. ... Le4 stark parieren konnte, zum Beispiel 15. g5 Lf3: 16. gf6: Le2:, und der Nachziehende hätte eine vorteilhafte Stellung.

14. ... Dd8–b6
15. Dd1–b3 d5–d4!

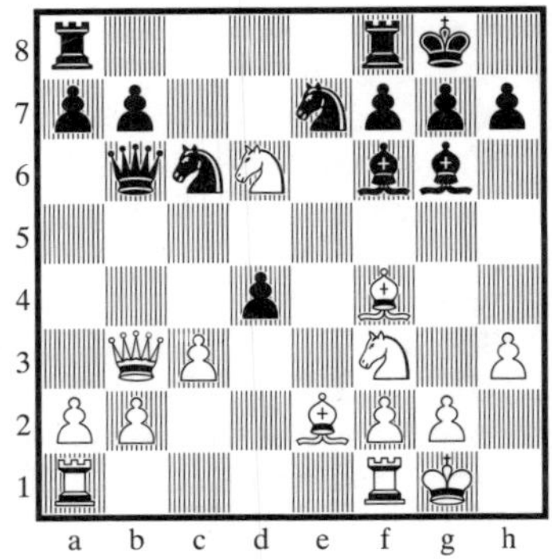

Schwarz hat mit seinem letzten Zug die Bauernschwäche auf d5 beseitigt und übernimmt nun die Initiative. Seine beiden vorzüglich postierten Läufer auf f6 und g6 entfalten dabei ihre größtmögliche Kraft.

16. c3×d4

Auch nach 16. Db6: ab6: 17. cd4: (17. Sb7: dc3: 18. bc3: Sd5! bringt Schwarz Übergewicht) 17. ... Sd4: 18. Sd4: Ld4: hat der Nachziehende das bessere Spiel.

16. ... Sc6×d4
17. Sf3×d4 Db6×d4!

Weiß hatte wahrscheinlich eher mit 17. ... Ld4: gerechnet. Jetzt sind seine Leichtfiguren und der Bauer b2 Angriffsobjekte, die Schwarz Vorteil garantieren.

18. Db3–c4

Noch am besten. Nach 18. Lg3 Db2: wäre sofort ein Bauer ohne jegliches Gegenspiel verloren.

18. ... Se7–d5!
19. Lf4–g3

Auch die passive Fortsetzung 19. Dd4: Ld4: 20. Lc1 (20. Td1? büßt nach 20. ... Sf4: eine Figur ein) 20. ... Sb4! ergibt klaren Vorteil für Schwarz.

19. ... Dd4×b2!
20. Le2–f3

Kaum besser ist 20. Dd5: De2: 21. Tae1 Dd3! 22. Db7: Tab8! 23. Da7: Ld4 24. Da4 (es drohte 24. ... Dg3:) Ta8 25. Dd1 Ta2:, und die Besetzung der zweiten Reihe mit der Drohung 26. ... Td2 sichert Schwarz das bessere Spiel, zumal der Springer d6 gefährdet ist.

20. ... Sd5–c3!

Mit der unangenehmen Drohung, 21. ... Sb1 zu spielen und damit den Turm a1 abzuklemmen.

21. a2–a4

Auf 21. Tae1 kann Schwarz 21. ... b5 oder aber 21. ... Tad8 erwidern und besitzt deutliche Überlegenheit.

21. ... Ta8–d8

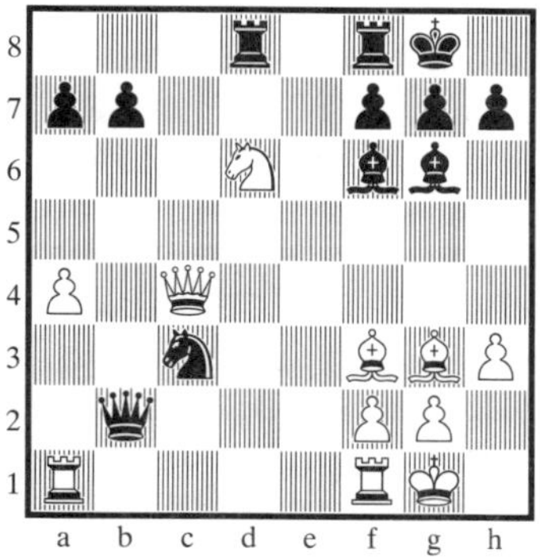

Der Textzug garantiert Schwarz ebenfalls Vorteil, noch stärker aber war 21. ... Lb1!. Weiß müßte daraufhin 22. Tfb1: spielen, weil 22. Tab1: Sb1: schon wieder die Drohung 23. ... Sd2 aufstellen würde. Nach 22. ... Sb1: 23. Ta2 Dc3 24. Lb7: könnte Weiß mit einer Qualität weniger noch etwas im Trüben fischen, da sein Läuferpaar die schwarzen Türme bedroht.

22. Tf1–e1

Nicht aber 22. Sb7: wegen 22. ... Ld3.

22. ... h7–h5
23. h3–h4 b7–b6
24. Ta1–c1 Db2–a3
25. Dc4–c6 Sc3–a2!

Mit der Umgruppierung des Springers tauchen neue Gefahrenmomente auf. Schwarz visiert nun mit Tempogewinn das Feld d3 oder c2 an.

26. Tc1–d1 Sa2–b4
27. Dc6–b5 Sb4–c2!
28. Te1–e4!

Weiß findet den einzigen Zug, um die Stellung noch spielfähig zu halten. Auf jedes andere Turmmanöver wäre 28. ... Sd4 tödlich.

28. ... Da3–c5!

Lebensgefährlich für Schwarz konnte 28. ... Le4: 29. Le4: Sd4 sein, denn Weiß hätte nach 30. Dh5: g6 31. Lg6:!! fg6: 32. Dg6:+ Lg7 33. Le5 einen vernichtenden Angriff. So folgt auf 33. ... Td7 34. Td4:, und auf 33. ... Sf5 geschieht 34. Sf5: Td1:+ 35. Kh2 bzw. auf 33. ... Se2+ 34. Kh2 Td7 35. Sf5, und Weiß gewinnt.

29. Db5×c5 b6×c5
30. Te4–c4 Sc2–d4
31. Tc4×c5 Sd4×f3+

Die Aufregungen des Kampfes sind etwas abgeklungen. Zieht man ein Fazit, so kann festgestellt werden, daß Schwarz ein starkes Läuferpaar und vor allem eine gesunde Bauernstellung besitzt. Weiß hat außerdem große Zeitnot.

32. g2×f3 Td8–d7
33. Td1–e1

Den Vorzug verdiente hier 33. Tdc1, um 34. Tc7 zu spielen.

33. ... Tf8–d8
34. Sd6–e4

Endspielvorteil erhält Schwarz nach 34. Se8 Ld4 und auch nach 34. Te8+ Te8: 35. Se8: Le7.

34. ... Lf6–e7
35. Tc5–c4 f7–f6
36. Se4–c3 Lg6–f7
37. Tc4–c6 Le7–b4!
38. Te1–b1 a7–a5

Damit ist das Schicksal von Weiß besiegelt. Schwarz kann in aller Ruhe an die Eroberung des Bauern f3 oder a4 gehen.

39. Lg3–f4 Td7–d3
40. Lf4–c7 Td8–c8
41. Sc3–b5 Td3×f3
42. Sb5–d4

Es gibt schon keine befriedigende Verteidigung mehr für Weiß. Auf 42. Td1 gewinnt 42. ... Lb3 43. Ta1 Ld5, und auf 42. Sa7 ist 42. ... Ld5! 43. Sc8: Lc6: 44. Tb4: ab4: 45. Se7+ Kh7 46. Sc6: b3, am einfachsten, und der Bauer verwandelt sich in eine Dame.

42. ... Lf7–d5!
43. Tc6–c1 Tf3–h3!
44. Lc7–h2 Tc8–e8!

Das ist genauer als 44. ... Tc1:+ 45. Tc1: Ld6 46. f4 Th2: 47. Tc8+ Kf7 48. Kh2: Lf4:+ 49. Kh3, wonach Weiß noch Schwindelchancen hätte.

45. Sd4–f5 Ld5–e4
46. Tb1×b4

Oder 46. Te1 Le1: 47. Te1: Lc6 mit Gewinn von Schwarz.

46. ... a5×b4
47. Sf5–d6 b4–b3

Noch eine Feinheit, welche die Überlegenheit der schwarzen Stellung demonstriert. Auf 48. Se8: entscheidet 48. ... b2 49. Te1 Ta3! nebst Ta1 und b1D.

48. Tc1–c5 b3–b2
49. Tc5–b5 Le4–c6!

Weiß gab auf.

Aaron Nimzowitsch

Aaron Nimzowitsch, (1886 Riga – 1935 Kopenhagen), zählte von 1925 – 1930 zu den stärksten Spielern der Welt. Als sein größter Erfolg wird der Sieg in Karlsbad 1929 (mit 22 Meistern) bewertet: er siegte mit 1,5 Punkten Vorsprung auf Capablanca und Spielmann.
Ein Beispiel seines Könnens zeigt seine „Unsterbliche Zugzwangpartie“. Unsterblich bleibt N. aber auch mit seinen Eröffnungssystemen: der Nimzo-Indischen Verteidigung und der Nimzowitsch-Variante der Französischen Verteidigung.

Das Nimzowitsch-System

1. e4 e6 2. d4 d5 3. Sc3 Lb4

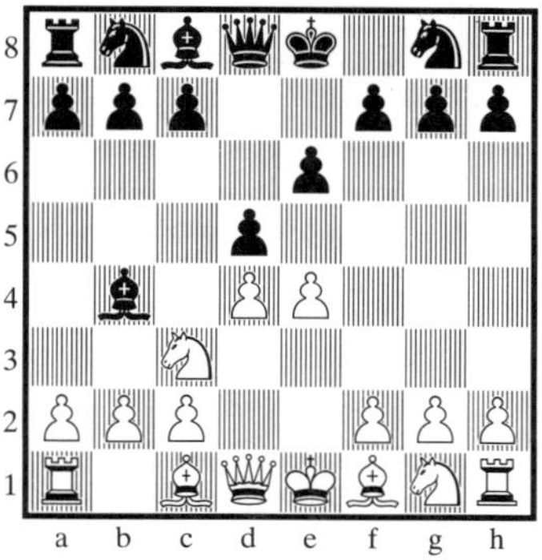

Hier handelt es sich ohne Zweifel um das gefährlichste Abspiel in der Französischen Verteidigung. Es wird durch die Zugfolge 3. Sb1–c3 Lf8–b4 charakterisiert. Mit dem Läufermanöver hat sich als erster Großmeister Aron Nimzowitsch besondere Verdienste erworben. Wegen der Fesselung seines Springers auf c3 muß Weiß auf die Möglichkeit des Schlagens 4. ... d5×e4 reagieren. Neben der Hauptfortsetzung 4. e4–e5 stehen ihm noch die Fortsetzungen 4. Lc1–d2, 4. Lf1–d3, 4. a2–a3, 4. Sg1–e2 und 4. e4×d5 zur Verfügung. Aus der Vielzahl der möglichen Antworten ist schon abzuleiten, daß variiert werden kann und daß bei jedem Zug vollkommen andere Stellungsbilder auf dem Schachbrett entstehen.

Besondere Bedeutung besitzt jedoch der Vorstoß 4. e4–e5, der keinerlei Verflachung zuläßt. Das richtige Rezept für Schwarz ist in der Folge die Erwiderung c7–c5, womit Druck gegen den Bauern d4 ausgelöst wird. Aber auch 4. ... b6 und 4. ... Dd7 sind in der Turnierpraxis anzutreffen. Weiß zwingt den Gegner zunächst durch 5.a2–a3 zum Tausch des Läufers gegen den Springer und erhält dadurch eine stabile Bauernkette. Mit dem Damenausfall 7. Dg4 kann er einen gefährlichen Angriff am Königsflügel inszenieren. Diese Variante ist für beide Teile immer ein Spiel auf Leben oder Tod. Positionelle Fortsetzungen sind 7. Sf3 oder 7. a4, damit der sogenannte schlechte französische Läufer auf c8 lange nicht zur Wirkung kommen soll. Das Gegenspiel von Schwarz liegt am Damenflügel oder bei entgegengesetzten Rochaden am Königsflügel. Häufig muß bedingungslos die Initiative gesucht werden, und Bauern- bzw. Figurenopfer sind keine Seltenheit.

Das Nimzowitsch-System erfreut sich beiderseits großer Beliebtheit und weist eine hohe Siegquote auf. Auch hier möchte ich den Lesern zeigen, welches Potential für Schwarz in der Stellung schlummert.

Partie Nr. 22
Fischer – Uhlmann
Buenos Aires 1960

1.	**e2–e4**	**e7–e6**
2.	**d2–d4**	**d7–d5**
3.	**Sb1–c3**	**Lf8–b4**
4.	**e4–e5**	**Sg8–e7**
5.	**a2–a3**	**Lb4×c3+**
6.	**b2×c3**	**c7–c5**
7.	**a3–a4**	

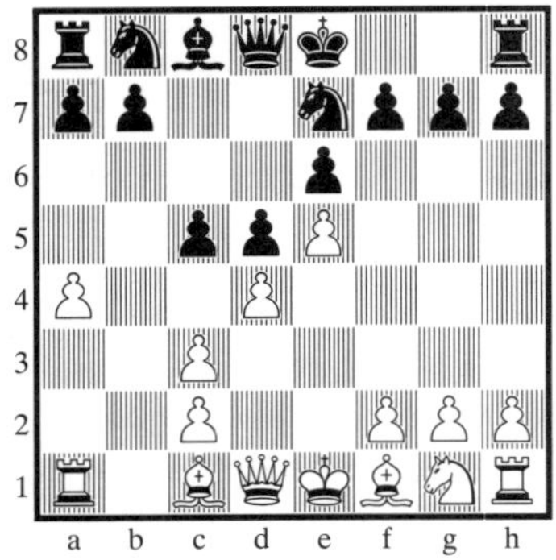

In der modernen Turnierpraxis wird neben dem Textzug häufig 7. Sf3 und 7. Dg4 angewendet. Dabei wechselt der Modetrend ständig. Zur Zeit steht der Damenausfall 7. Dg4 hoch im Kurs.

7. ... Sb8–c6
8. Sg1–f3 Lc8–d7
9. Dd1–d2 Dd8–a5
10. Lf1–d3

Möglich ist auch 10. Le2, was in einer späteren Partie kommentiert wird.

10. ... c5–c4

Dem moderneren Zug 10. ... f6 wird der Leser in meinem nächsten Treffen mit Fischer begegnen.

11. Ld3–e2 f7–f6
12. Lc1–a3 Se7–g6?!

Ein verfrühter Angriff auf den Bauern e5, der im übrigen sowieso nicht zu gewinnen ist. Außerdem beraubte sich Schwarz der Möglichkeit, den zu erwartenden weißen Läuferzug nach d6 zu parieren, was durch das Manöver Se7–f5 geschehen konnte. Richtig an dieser Stelle war es, sofort 12. ... 0–0–0 zu spielen.

13. 0–0 0–0–0

Der vorübergehende Bauerngewinn durch 13. ... fe5:? 14. Se5: Sge5: 15. de5: Se5: wäre nach 16. Dg5! Sg6 17. Lh5! schließlich von Vorteil für Weiß.

14. La3–d6 Sc6–e7
15. Sf3–h4!?

Weiß verhindert 15. ... Sf5 und kann damit seinen starken Läufer auf der Diagonalen h2–b8 behaupten. Als Äquivalent wird die h-Linie geöffnet, was Schwarz zu Angriffsoperationen nutzen kann.

15. ... Td8–e8
16. Sh4×g6

Weiß verfolgt in den nächsten Zügen konsequent seinen Plan.

16. ... h7×g6
17. e5×f6 g7×f6
18. h2–h3!

Fischer hat zwei Ziele im Auge: ein Schlupfloch für seinen Läufer auf h2 zu schaffen, weil 18. ... Sf5 zu erwarten ist und darüber hinaus dem schwarzen Königsangriff auf der h-Linie vorzubeugen.

18. ... Se7–f5
19. Ld6–h2 g6–g5
20. f2–f4?!

Den Vorzug verdiente 20. Tfe1!. Jetzt erhält Schwarz Gelegenheit, die Stellung seines Springers zu verbessern.

20. ... Sf5–d6
21. Le2–f3

Danach kann der sorgsam gehütete Läufer auf h2 endgültig auf lange Sicht aus dem Kampfgeschehen ausgeschaltet werden. Notwendig war 21. fg5: Se4 22. De3 (nicht aber 22. Df4 e5! mit gutem Spiel für Schwarz) 22. ... Dc3: 23. Dc3: Sc3: 24. Lf3 fg5: 25. a5! mit leichter Überlegenheit von Weiß.

21. ... g5–g4!!

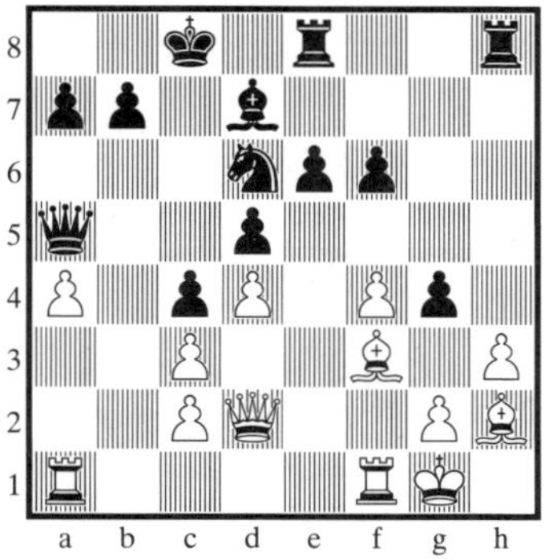

Dieses feine strategische Bauernopfer stellt den Läufer auf h2 endgültig bis zum Partieende kalt und sichert Schwarz dauerhafte Initiative. Jetzt kommen auch meine beiden Türme maximal zur Wirkung, da das Zentrum geschlossen ist.

22. h3×g4

Auch nach 22. Lg4: Se4 23. De3 f5 24. Lf3 Dc3: ist der schwarze Vorteil augenscheinlich.

22. ... f6–f5!

23. g4–g5

Noch schlechter wäre 23. gf5: ef5:, weil dann auch die g-Linie zur Attacke einladen würde.

23. ... Te8–e7

24. Lh2–g3 Ld7–e8

Nun kommt auch noch der bislang passive Läufer zum Einsatz.

25. Dd2–e3 Sd6–e4!

26. Lf3×e4

Der dominierende Springer mußte unbedingt getauscht werden.

26. ... d5×e4

27. Kg1–f2

In Betracht kam 27. d5, um mit dem Bauernrückopfer Spielraum für die weiße Dame zu schaffen.

27. ... Te7–h7

28. Tf1–b1

Auch jetzt sollte Weiß mittels 28. d5 noch für Gegenspiel sorgen.

28. ... Da5–d5!

29. De3–c1?

Erst nach diesem Fehlgriff neigt sich die Waage klar erkennbar zu meinen Gunsten. Richtig war 29. Dd2.

29. ... Th7–h1!

30. Dc1×h1?

Noch ein Lapsus in schwieriger Stellung. Bessere Verteidigungschancen bot 30. De3 Tb1: 31. Tb1 La4: 32. Ta1 Lc2: 33. Ta7: Kb8 34. Ta1 Ld3.

30. ... e4–e3+!

Dieser feine Zwischenzug zwingt den feindlichen König nach g1 und schaltet die weißen Türme auch weiterhin vom aktiven Spiel aus. Von entscheidender Bedeutung ist außerdem, daß der Läufer von e8 über c6 ins Kampfgeschehen eingreifen kann.

31. Kf2–g1

Nicht 31. Ke3: De4+ 32. Kf2 (32. Kd2 Th1: 33. Th1: Dg2:+ mit Figurengewinn für Schwarz) 32. ... Th1: 33. Th1: Lc6 34. Th2 Dc2:+ 35. Kg1 Dc3:, und Weiß büßt eine Figur ein.

31. ... Th8×h1+

32. Kg1×h1 e3–e2!

33. Tb1–b5

Das erleichtert Schwarz die Gewinnführung. Aber auch 33. Tg1 De4 34. Tac1 Kd8 ist chancenlos, da nach Überführung der schwarzen Majestät zum Königsflügel der Läufer auf c6 erscheint und anschließend die Bauern c3, c2 oder d4 verloren gehen.

33. ... Le8×b5

34. a4×b5 Dd5×b5!

Am einfachsten, weil nun auch noch der freie a-Bauer wirksam werden kann.

35. Ta1–e1 a7–a5!

36. Te1×e2 a5–a4

37. Te2×e6 a4–a3

38. g5–g6

Auf 38. Te5 gewinnt 38. ... De5:, und nach 38. Te1 geschieht 38. ... a2 39. g6 Da6 40. g7 Dh6+ nebst Dg7:.

38. ... Db5–d7!

Verfrüht wäre 38. ... a2 gewesen, weil Weiß nach 39. g7 a1D+ 40. Kh2 sogar noch gewinnen würde.

39. Te6–e5 b7–b6!

Dieser Zug beraubt Weiß seiner letzten Chance, da nun 40. Ta5 verhindert ist.

40. Lg3–h4 a3–a2
41. Te5–e1 Dd7–g7
42. Te1–a1 Dg7×g6

Weiß gab auf, da nach 43. Ta2: Dh5 44. g3 Df3+ 45. Kh2 Dc3: 46. Lf6 b5 die Bauernmajorität am Damenflügel schnell die Entscheidung erzwingt.

Partie Nr. 23
Fischer – Uhlmann
Interzonenturnier
Stockholm 1962

1. e2–e4 e7–e6
2. d2–d4 d7–d5
3. Sb1–c3 Lf8–b4
4. e4–e5 Sg8–e7
5. a2–a3 Lb4×c3+
6. b2×c3 c7–c5
7. a3–a4 Sb8–c6
8. Sg1–f3 Dd8–a5
9. Dd1–d2 Lc8–d7
10. Lf1–d3 f7–f6!

Eine Verbesserung gegenüber dem früheren 10. ... c4. Der Textzug ist dynamisch und gestattet Schwarz sowohl die kurze als auch die lange Rochade.

11. 0–0 f6×e5
12. Sf3×e5 Sc6×e5
13. d4×e5 0–0
14. c3–c4

Weiß muß im Zentrum energisch für Unruhe sorgen, um das Manöver Ld7–e8–g6 zu entwerten. Nach dem zu erwartenden Damentausch soll das Läuferpaar des Anziehenden volle Wirksamkeit entfalten.

14. ... Da5×d2
15. Lc1×d2 Ld7–c6
16. a4–a5 Ta8–d8
17. Ld2–e3

Es drohte 17. ... dc4:. Schwarz wird jetzt zu 17. ... d4 gezwungen, wonach im Zentrum Ruhe eintritt.

17. ... d5–d4
18. Le3–d2

Wenig sinnvoll wäre 18. Lg5 wegen 18. ... Td7.

18. ... Se7–g6

Ein guter Zug, der Weiß zu einer wesentlichen Erklärung zwingt. Nach 19. Lg6: hg6: wäre auf Grund der ungleichfarbigen Läufer ein schnelles Remis wahrscheinlich. Das war aber bei einem Gegner wie Robert Fischer nie zu erwarten. Der Amerikaner suchte stets den Kampf auf dem Schachbrett.

19. f2–f4 Sg6–h4
20. Tf1–f2 Td8–d7

Nicht aber 20. ... g5? wegen 21. f5!

21. Tf2–e2 Td7–f7
22. Ta1–b1 g7–g5!

Im rechten Moment folgt nun dieser Zug, um das weiße Bauernzentrum zu sprengen. Er wurde durch die ideale Postierung der schwarzen Figuren möglich. Die Diagonale h1–a8 spielt dabei eine wesentliche Rolle.

23. f4×g5

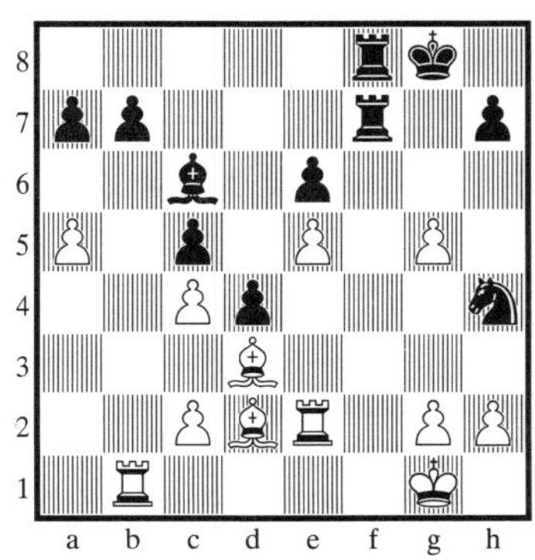

Das ist die richtige Antwort. Verfehlt wäre jetzt 23. f5 wegen ef5:! 24. Lg5: Sg2:! 25. Lh6 Se3! 26. Lf8: Kf8:, und Schwarz hätte klaren Vorteil, da der Bauer e5 noch verloren gehen würde.

23. ... Lc6×g2!

Die Pointe des Zuges 22. ... g5. Weiß muß nun die Qualität opfern, um eine aktive Stellung einnehmen zu können.

24. Te2×g2 Sh4×g2
25. Kg1×g2 Tf7–f2+
26. Kg2–g3 Tf2×d2
27. Tb1×b7 Tf8–f7
28. Tb7–b8+

Lebensgefährlich für Weiß wäre 28. a6? Tdf2, und Schwarz droht Turmtausch, weil dann der freie a-Bauer gewinnen würde.

28. ... Kg8–g7
29. Tb8–e8! Td2–f2

Schwarz kann seine Stellung nicht verstärken, und beendet deshalb die Begegnung durch Dauerschach.

29. Te8×e6 Tf7–f3+
30. Kg3–g4 Tf3–f4+
31. Kg4–g3

Remis, aber eine ausgekämpfte Partie in der letzten Runde des Interzonenturniers von Stockholm. Fischer stand bereits vorher als klarer Sieger des Wettbewerbs fest.

Partie Nr. 24
Smyslow – Uhlmann
Havanna 1964

1. e2–e4 e7–e6
2. d2–d4 d7–d5
3. Sb1–c3 Lf8–b4
4. e4–e5 Sg8–e7
5. a2–a3 Lb4×c3+
6. b2×c3 c7–c5
7. a3–a4 Sb8–c6
8. Sg1–f3 Dd8–a5
9. Dd1–d2 Lc8–d7
10. Lf1–d3 f7–f6
11. 0–0 f6×e5
12. d4×e5

Bei der Auswertung meiner Partie gegen Fischer in Stockholm hatte Exweltmeister Wassili Smyslow sicherlich keinen Schwachpunkt entdeckt. Er ändert nun um eine Nuance die Züge, wodurch vollkommen neue Stellungsbilder entstehen.

12. ... 0–0
13. Tf1–e1 h7–h6

Ein vorbeugender Zug, denn das sofortige 13. ... Le8 verbietet sich wegen 14. Sg5.

14. Lc1–a3 Ld7–e8!

Für die Französische Verteidigung ist dieses Manöver typisch. Der sogenannte schlechte Läufer soll gegen seinen weißen Kollegen auf d3 getauscht werden. In manchen Abspielen ist auch das Postieren des Läufers auf h5 sehr stark, um Druck gegen den Punkt f3 auszuüben.

15. Dd2–e3 b7–b6
16. Sf3–d2!

Weiß will nicht in Nachteil geraten, was nach 16. ... Lg6 garantiert geschehen wäre. Deshalb bedrängt er die schwarze Dame. Jetzt folgt eine Reihe von Zügen, die beiderseits erzwungen sind, und am Ende ist das Gleichgewicht der Stellung hergestellt.

16. ... Se7–f5
17. De3–h3! Da5×c3!

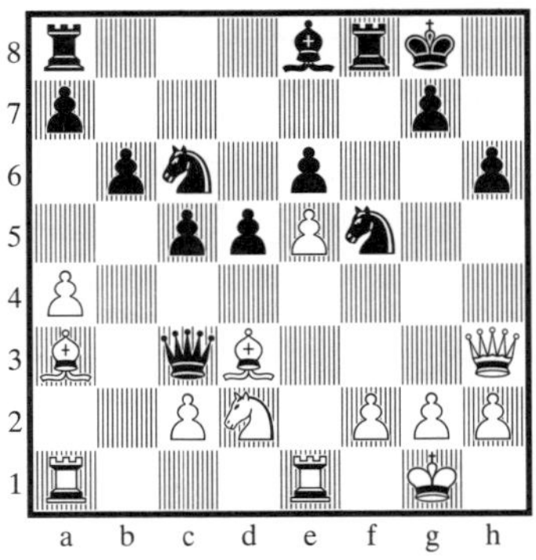

Der Seiltanz zwischen beiden Parteien kann beginnen.

18. Ld3×f5 Dc3×d2
19. Ta1–d1!

Ein feiner Zwischenzug, der das Manöver 19. ... Dc2: ausschaltet.

19. ... Dd2–f4
20. Lf5×e6+ Le8–f7
21. f2–f3!

Nicht sofort 21. Lf7:+ Tf7: wegen der Drohung 22. ... Df2:+. Schwarz muß seinerseits den stillen Zug Lc1 beachten.

21. ... Df4×a4
22. Le6–d7! Lf7–e8!

Dies ist erzwungen, um den Vorstoß des weißen Bauern nach e6 abzuschwächen.

23. Td1×d5 Le8×d7
24. Td5×d7 Ta8–e8!

Schwarz bedroht den Bauern e5 und kann in einigen Abspielen die Blockade mittels Te7 errichten. Nach dem Textzug wäre 25. Lb2 wegen 25. ... Db4 26. Dg3 Te7 zweifelhaft.

25. Le3–c1! Sc6×e5
26. Td7×g7+!

Danach lösen sich alle Probleme in Wohlgefallen auf. Beide Seiten haben die Stellung äußerst risikofreudig ausgereizt.

26. ... Kg8×g7
27. Dh3×h6+ Kg7–g8
28. Dh6–g5+ Kg8–h7

Schwarz hat keine Zeit zu 28. ... Kf7 wegen 29. Dh5+ Ke6 30. Lb2! mit gefährlichem Angriff des Gegners auf seine unsichere Königsstellung. Auf 29. Dh5+ folgt 29. ... Sg6 30. Dh7+ Kf6 31. Lb2+ Kg5 31. h4+! Dh4: 32. Lc1+ Kf6 (32. ... Kf5 33. Dd7+ würde Weiß den Gewinn eines Turmes einbringen) 33. Lb2 und Dauerschach.

29. Dg5–h6+

Auch nach 29. Te4 Sf3:+ 30. gf3: Te4: 31. Dh6+ lautet das Ergebnis des Kampfes unentschieden.

29. ... Kh7–g8
30. Dh6–g5 Remis

Partie Nr. 25
Hartston – Uhlmann
Hastings 1972/73

1. e2–e4 e7–e6
2. Sb1–c3 d7–d5
3. d2–d4 Lf8–b4
4. e4–e5 Sg8–e7
5. a2–a3 Lb4×c3+
6. b2×c3 c7–c5
7. Sg1–f3 Lc8–d7
8. a3–a4 Dd8–a5
9. Dd1–d2 Sb8–c6
10. Lf1–e2

Der Textzug stellt eine weitere Variationsmöglichkeit des weißen Spiels dar und verlangt eine andere Bekämpfungsweise. Der Anziehende möchte kein Tempo verlieren, falls Schwarz gelegentlich mit seinem Bauern nach c4 zieht.

10. ... Ta8–c8
11. d4×c5

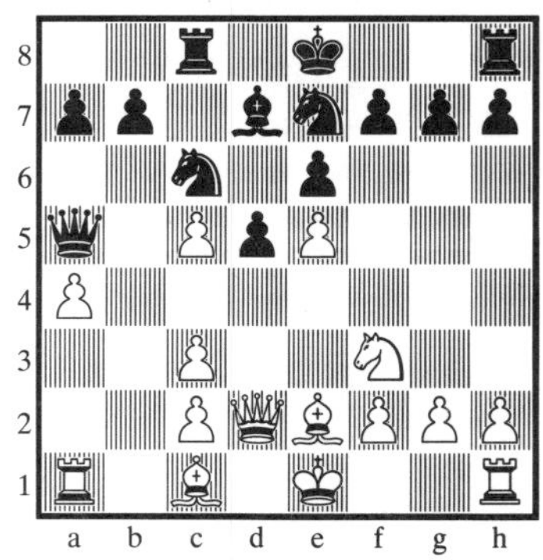

Das frühzeitige Schlagen auf c5 verhindert den nach 11. ... cd4: möglichen Damentausch. Weiß erhält für die Inkaufnahme der schlechteren Bauernstruktur Angriffsmöglichkeiten. Eine wesentliche Idee verkörpert dabei das Springermanöver Sf3–d4–b5.
Eine andere bewährte Fortsetzung an dieser Stelle ist 11. La3! cd4: 12. cd4: Dd2:+ 13. Kd2: Sf5 14. c3 Sa5 15. Thb1!?,

die in der Bewertung noch immer unklar ist. Schwarz kann durch 15. ... La4: 16. Lb4 Sb3+ 17. Tb3: Lb3: 18. Lb5+ Kd8 19. Sg5 Sh6 20. Ta7: Verwicklungen herbeiführen oder auch 15. ... f6 bzw. 15. ... Se7 wählen, was beides brauchbare Abspiele sind.

11. ... Se7–g6

12. 0–0

Die Verstärkung 12. De3 ergibt nur in dem Falle gute Chancen für Weiß, wenn Schwarz 12. ... Dc7 zieht, weil danach 13. Sd4 mit der schon erwähnten Idee Sb5 sehr kräftig ist.

In der Begegnung Wittmann – Uhlmann, die 1990 im Länderkampf zwischen der DDR und Österreich bei der Teleschach-Olympiade erfolgte, zeigte Schwarz, daß auf 12. De3 die Folge 12. ... d4! 13. Sd4: Sd4: 14. Dd4: Dc5: gutes Spiel für ihn ergibt.

12. ... Sg6×e5!

Schlecht wäre 12. ... Sce5: 13. Sd4! 0–0 14. La3 Tfd8 15. Lb4 Dc7 16. Sb5 Lb5: 17. ab5: Sd7 18. Ta7: Db8 19. Tfa1 Se5: 20. De3, und Weiß besitzt Vorteil (Kaplan – Tukmakow, Puerto Rico 1971).

13. Sf3×e5?!

Danach bekommt Schwarz das bessere Spiel. Notwendig war auch hier 13. Sd4 a6 mit unklaren Aussichten.

13. ... Sc6×e5

14. Dd2–e3

Falls sich Weiß für 14. Dd4 entscheidet, braucht Schwarz die Verwicklungen nach 14. ... f6 15. f4 Sc6 16. Lh5+ g6 17. Df6: Tf8! 18. Lg6:+ hg6: 19. Dg6: Kd8 nicht zu fürchten.

14. ... Se5–g6

15. Lc1–a3 Ld7–c6

16. f2–f4 0–0

Damit sind alle Gefahren gebannt, und Schwarz kann auf Grund seiner gesunden Bauernstruktur daran gehen, den Vorteil systematisch auszudehnen.

17. De3–h3 Tc8–d8

18. La3–b4 Da5–c7

19. Le2–d3 f7–f5

Verhindert den Vorstoß f5, der den weißen Angriff beleben würde. Dafür wird der Bauer e6 zum Angriffsobjekt von Weiß.

20. Dh3–g3 Tf8–f6

21. Dg3–e3

Etwas besser war 21. a5.

21. ... a7–a5!?

Jetzt gewinnt Schwarz den Bauern a4, was für das Endspiel von Bedeutung sein kann. Aber es sind nicht nur Vorteile damit verbunden. Weiß kann nun seinen schwarzfeldrigen Läufer aktivieren und gefährliche Initiative auf der Diagonalen a1–h8 entwickeln.

22. Lb4–a3 Lc6×a4

23. La3–b2 La4–c6

24. c3–c4 Tf6–f7!

25. g2–g3

Schlecht wäre jetzt 25. De6: wegen 25. ... Sf4: nebst Sd3:. Weiß mußte also erst den Sicherungszug 25. g3 einschalten.

25. ... Tf7–e7

26. Ta1–e1 Dc7–d7

27. De3–d4 a5–a4

28. h2–h4

Weiß inszeniert einen gefährlichen Flügelangriff, der Schwarz zu energischem Handeln zwingt. Ansonsten hätte der weitere Vormarsch des h-Bauern (h5 nebst h6) verheerende Wirkung.

28. ... d5×c4!

29. Dd4×d7

Auf 29. Dc4: hätte Schwarz Zeit für h5 und könnte den Angriff am Königsflügel abblocken. Keine Drohung wäre 30. Lf5: wegen des Zwischenzuges 30. ... Ld5 mit Figurengewinn.

29. ... Td8×d7

30. Ld3×c4 Td7–d2!

Erzwingt 31. Tf2, da 31. Te6: wegen 31. ... Tg2+ 32. Kh1 Te6: 33. Le6:+ Kf8 34. Ld7 Tf2+ scheitert. Auch nach

31. Le6: Te6:! 32. Te6: Tg2+ 33. Kh1 Tc2:+ 34. Tc6: bc6: gewinnt Schwarz.

31. Tf1–f2 Td2×f2

32. Kg1×f2 Kg8–f7

Sicherer war 32. ... Sf8 33. g4 (oder 33. Le5 h5! 34. Ld6 Te8 35. Lf8: Kf8: mit reellen Siegesaussichten für Schwarz) 33. ... fg4: 34. f5 Kf7 mit der Idee 35. ... Ld5.

33. h4–h5 Sg6–f8

34. Lb2–e5 Te7–e8

35. Le5–d6 Sf8–d7!?

Riskant, aber gut. Vorsichtiger wäre 35. ... g6 gewesen, was den Vorstoß 36. g4 ausgeschaltet hätte. Nach 36. Lf8: entstünde dann wieder das bessere Endspiel für Schwarz mit dem entfernten Freibauern auf a4.

36. g3–g4!?

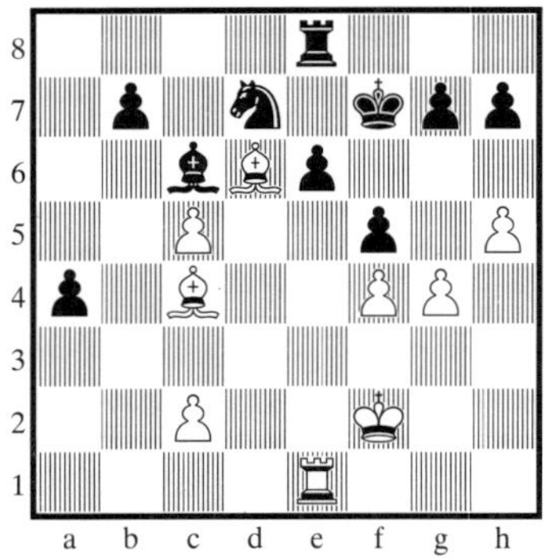

In beiderseitig hochgradiger Zeitnot nutzt Weiß geschickt seine Gegenchancen aus. Schwarz, der nicht die beste Erwiderung findet, muß jetzt sogar noch um seinen Sieg bangen. Richtig wäre diese Fortsetzung gewesen: 36. ... b5! 37. La2 (oder 37. cb6: Sb6: 38. La2 Ld5! 39. Tb1 Sc8! 40. Ld5: Sd6: mit klarem schwarzen Endspielvorteil) 37. ... Sf6! 38. gf5: Ld5! 39. fe6:+ Te6: und Schwarz dürfte im Endspiel vorzügliche Gewinnaussichten haben.

36. ... f5×g4

Sicherer war immer noch 36. ... g6, was nicht die Fesselung 37. f5 zuläßt.

37. f4–f5 Sd7–f8

38. Kf2–g3 Kf7–f6

Ein riskantes Manöver. Genauer war 38. ... Lf3! (nicht aber 38. ... Ld5? 39. fe6:+ Le6: 40. Tf1+ Kg8 41. Tf8:+ Tf8: 42. Le6:, und Weiß gewinnt) 39. fe6:+ (oder 39. Kf4 Ld5! 40. Lb5 Ta8 mit schwarzem Übergewicht) 39. ... Se6:, und Schwarz dominiert.

Falls Weiß auf 39. ... Lf3! 39. Lf8: zieht, hat Schwarz nach 39. ... Kf8: 40. fe6: ebenfalls vorzügliche Siegchancen.

39. Ld6–e5+?

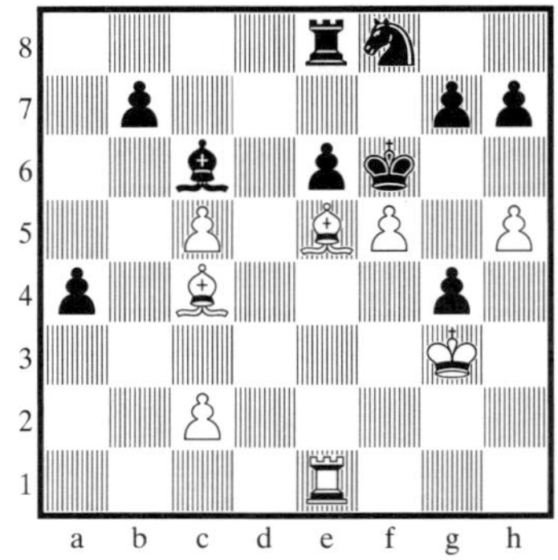

Dadurch neigt sich die Waage endgültig zur Seite von Schwarz. Weiß mußte unbedingt 39. fe6: spielen. Nach 39. ... Se6: 40. Kg4: hätte Schwarz unter anderem den studienartigen Rettungszug 40. ... Lf3+!! finden müssen. Das Spiel konnte dann zum Beispiel so weitergehen: 41. Kf3: (falls 41. Kh4, so g5+ 42. hg6: hg6: 43. Tf1 g5+ nebst g4 oder 41. Kg3 Lh5:, und Schwarz besitzt Vorteil) 41. ... Sg5+ 42. Kf2 Se4+ 43. Te4:! (nicht aber 43. Kf1 Sd2+ nebst Te1: und Lc4: oder 43. Kg2 Sd6: 44. Tf1+ Sf5 mit schwarzer Überlegenheit) 43. ... Te4: 44. La2 (44. Ld5 a3! 45. c6 bc6: würde Weiß ebenfalls zum Nachteil gereichen), und auf 44. Lg8 antwortet Schwarz 44. ... h6

mit der Idee Th4 und Th5:) 44. ... Th4!, und nur Schwarz hat Siegchancen.
Nach dem Verteidigungszug 40. ... g5 bekäme der Nachziehende wegen der Folge 41. hg6: hg6: 42. Tf1+ Kg7 43. Tf2! (mit der Drohung Le5+ und Th2) große Probleme.

39.	**...**	**Kf6×f5**
40.	**Le5×g7**	

Nichts ergibt 40. Ld3+ Kg5 41. Lf4+ Kf6! (Vorsicht vor 41. ... Kh5:?? 42. Te2! nebst Matt auf h2), und Schwarz behauptet seinen Mehrbauern.

40.	**...**	**Sf8–d7**
41.	**Lc4–d3+**	**Kf6–g5**
42.	**Ld3×h7**	

Falls 42. h6 erfolgt, so geschieht darauf 42. ... e5! 43. Lh7: Sf6! 44. Lf6:+ (44. Ld3 Sb5+ 45. Kh2 Sg7: 46. hg7: Kf6 nebst Kg7: sieht Schwarz als Sieger) 44. ... Kf6: 45. Le4 (45. Ld3 e4!) 45. ... Th8 mit guten Gewinnaussichten für Schwarz im Turmendspiel.

42.	**...**	**Kg5×h5**
43.	**Te1–e2**	**Kh5–g5**
44.	**Lg7–d4**	**Lc6–f3!**
45.	**Te2–d2**	**Sd7–f8**
46.	**Lh7–d3**	**Sf8–g6**

Zug für Zug kommen die schwarzen Figuren besser ins Spiel, so daß die beiden Freibauern nun letztendlich schnell den Sieg bringen.

47.	**Td2–h2**	**e6–e5**
48.	**Ld4–e3+**	**Sg6–f4**
49.	**Th2–h7**	**a4–a3**
50.	**Ld3–c4**	**Kg5–g6!**
51.	**Th7–h2**	**Te8–a8**
52.	**c2–c3**	**Lf3–d5!**

Weiß gab auf.

Eine aufregende Kampfpartie! In ihr hing der Gewinn im wahrsten Sinne des Wortes am seidenen Faden.

Partie Nr. 26
Bogdanović – Uhlmann
Sarajevo 1965

1.	**e2–e4**	**e7–e6**
2.	**d2–d4**	**d7–d5**
3.	**Sb1–c3**	**Lf8–b4**
4.	e4–e5	Sg8–e7
5.	a2–a3	Lb4×c3+
6.	b2×c3	c7–c5
7.	a3–a4	Sb8–c6
8.	**Sg1–f3**	**Dd8–a5**
9.	**Dd1–d2**	**Lc8–d7**
10.	**Lf1–e2**	**f7–f6**

Auch dieser Zug hat seine Daseinsberechtigung. Er sprengt sofort das Zentrum und orientiert auf die lange Rochade. Danach ist ein Spiel auf Leben und Tod unvermeidlich.

11.	**e5×f6**	**g7×f6**
12.	**d4×c5**	

Nur so kann Weiß auf Vorteil hoffen. Nach 12. 0–0 erhält Schwarz mittels 12. ... cd4: 13. cd4: Dd2: 14. Ld2: Sf5 gutes Spiel, da sein Springer später über d6 die Felder c4 und e4 anpeilen kann.

12.	**...**	**0–0–0**
13.	**0–0**	**e6–e5!**

Schwarz verfügt über ein starkes Zentrum und hat die Möglichkeit, auf der halboffenen g-Linie für Bewegung zu sorgen. Das Problem von Weiß liegt im Einsatz seiner Läufer. Der zeitweilige Mehrbauer und die halboffene b-Linie sind seine Trümpfe.

14.	**c3–c4**	**d5–d4!**

Der Textzug sichert Schwarz Raumvorteil und beläßt den Tripelbauern auf der c-Linie. Ein Damentausch ist nicht zu befürchten, weil das Endspiel dann auf jeden Fall günstig für Schwarz wäre.

15.	**Dd2–h6**	**Se7–g6**
16.	**Sf3–d2**	

Es ist nicht leicht für Weiß, einen besseren Plan zu finden. Mit dem Springerzug soll e4 verhindert werden.

16.	**...**	**f6–f5**

Schwarz muß konsequent seine Chance im Zentrum wahrnehmen und die Aktionen der weißen Leichtfiguren behindern.

17. Sd2–b3 Da5–c7
18. f2–f4!?

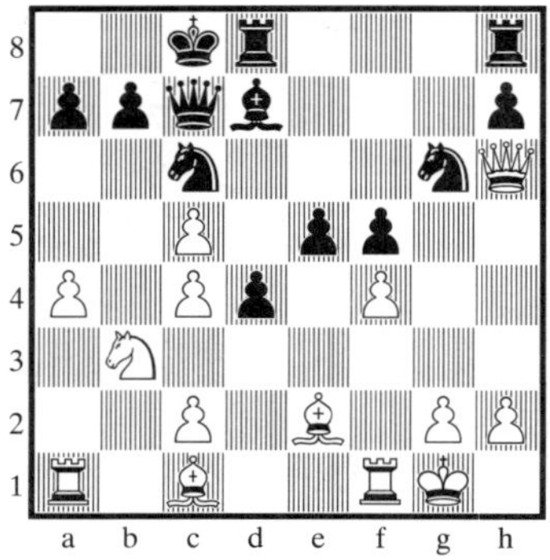

Das richtige Rezept, um die schwarze Bauernwalze aufzuhalten. Da 18. ... e4 an 19. Lb2 scheitert, muß ein anderer Plan her. Er wird durch die auf h6 abseits stehende Dame ermöglicht.

18. ... Sc6–b4!

Ein agiler Springer, der Weiß sogleich zu weiterer Passivität verurteilt.

19. Le2–d1

In Betracht kam 19. fe5: Sc2: 20. Tb1 (20. Ta2 Sb4 mit Vorteil) 20. ... Lc6!? 21. Tf5: Le4! mit starkem schwarzem Angriff.

19. ... d4–d3!

Wiederum ein kräftiger Zug. Er erkämpft für den Rappen das Idealfeld d3.

20. c2×d3 Sb4×d3
21. f4×e5

Das ist erzwungen, denn auf 21. Lc2 würde 21. ... Sdf4: folgen.

21. ... Dc7×e5
22. Ld1–f3

Endlich hat der eine Läufer von Weiß eine gute Position eingenommen, während sein Kollege noch immer ein Schattendasein führt. Möglicherweise war deshalb 22. Lg5 besser.

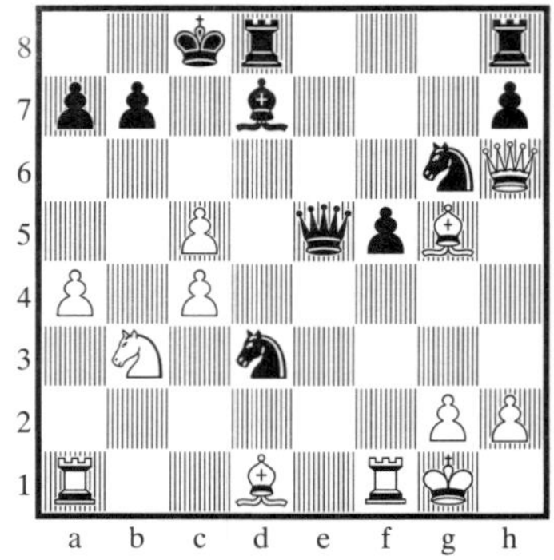

Schwarz hätte auf 22. Lg5 allerdings eine Kombination in petto, zum Beispiel 22. ... Lc6! 23. Ld8: Sgf4! 24. Lf3 (die einzige Parade gegen die Drohung De3+ nebst Lg2: matt) 24. ... De3+ 25. Kh1 Lf3: 26. Tf3: (oder 26. gf3:! Tg8!! 27. Ta2! – wieder die einzige Verteidigung, da 27. Lh4 an 27. ... Tg1+ 28. Tg1: Df3:+ nebst Matt scheitert und sich 27. Lg5 ebenso wegen 27. ... De2 verbietet – 27. ... Tg1+!! 28. Tg1: Df3:+ 29. Tgg2 – nicht 28. Tag2 wegen 28. ... Sf2 matt – 29. ... Df1+ 30. Tg1 Df3+ mit Dauerschach) 26. ... Sf2+ 27. Tf2: (falls 27. Kg1, so geschieht 27. ... Sh3+, und Schwarz gewinnt die Dame auf h6) 27. ... Df2: 28. Dg5 Td8: 29. Df5:+ Kb8, und der Nachziehende dürfte auf Grund seiner vielen Drohungen wie Dg2:+, Db2 oder – falls 30. Tg2 geschehen sollte – Sd3 das bessere Spiel haben.

22. ... f5–f4

Damit wird 23. Lg5 verhindert.

23. Lc1–d2 Ld7–c6

Der weißfeldrige Läufer muß getauscht werden, um den Druck auf den Punkt b7 abzuschwächen. Zusätzlich wird noch die Reichweite des Turms d8 erhöht.

24. Lf3×c6 b7×c6
25. Ta1–b1 Td8–d7!
26. Dh6–h3 Th8–e8
27. Dh3–f3

Jetzt scheitert 27. Sa5 an 27. ... Dc5:+ 28. Kh1 Sf2+ 29. Tf2: Df2:, wonach Schwarz klare Überlegenheit besitzt.

27. ... De5–e4!

Aufgrund seines dominierenden Springers kann Schwarz ohne Sorgen ein Endspiel ohne Damen anstreben.

28. Sb3–a5

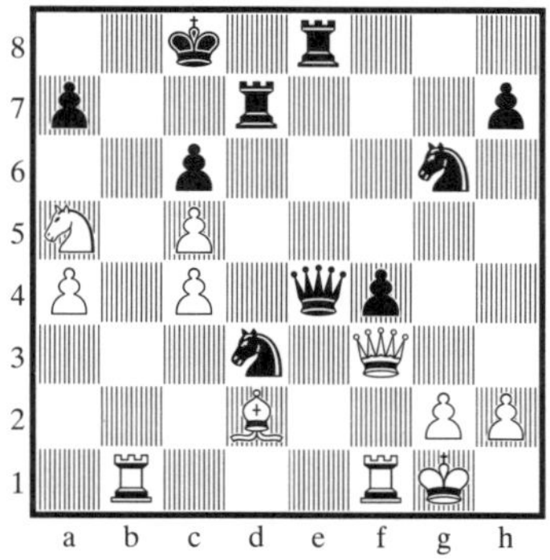

Sofort verlieren würde 28. Tfe1 Se1: 29. Te1: De1:+!! 30. Le1: Te1:+ 31. Kf2 Se5!!, da 32. Df4: an 32. ... Sd3+ scheitert.

28. ... De4×f3
29. Tf1×f3 Te8–e2!
30. Ld2–c1

Es gibt keine Verteidigung mehr, weil 30. ... Sh4 in jedem Falle die Entscheidung erzwingt.

30. ... Sg6–h4!
31. Tf3×f4

Oder 31. Th3 Tg2:+ 32. Kf1 Tf2+ 33. Kg1 Tg7+ 34. Kh1 Tf1 matt.

31. ... Te2×g2+
32. Kg1–f1 Sd3×f4
33. Lc1×f4 Td7–d3!

Weiß gab auf.

Partie Nr. 27
August – Uhlmann
Erfurt 1976

1. e2–e4 e7–e6
2. d2–d4 d7–d5
3. Sb1–c3 Lf8–b4
4. e4–e5 Sg8–e7
5. a2–a3 Lb4×c3+
6. b2×c3 c7–c5
7. Sg1–f3 Lc8–d7
8. a3–a4 Dd8–a5
9. Dd1–d2 Sb8–c6
10. Lf1–d3

Besser ist hier 10. Le2 oder 10. La3.

10. ... f7–f6
11. 0–0

Jetzt wäre der Tausch 11. ef6: günstig für Schwarz, weil durch c4 und Sf5 ein wertvolles Tempo gewonnen werden könnte.

11. ... f6×e5
12. Sf3×e5 Sc6×e5
13. d4×e5 0–0
14. c3–c4

Der Doppelbauer kann damit aufgelöst werden. Auf jeden Fall aber erreicht Schwarz ein gutes Spiel, weil sein Läufer auf der langen Diagonalen h1–a8 große Wirkung bekommt.

14. ... Da5–c7
15. Dd2–g5

Weiß bekundet mit dem Textzug, daß er mit der Dame und dem Läuferpaar einen Angriff auf den Königsflügel inszenieren möchte. Ein riskantes Unterfangen, da nun seine Dame von Verteidigungsaufgaben im Zentrum abgezogen wird. Solider war deshalb 15. f4.

15. ... Se7–f5!

Ein guter Zug, der vorübergehend die Diagonale b1–h7 schließt und den Bauern e5 bedroht.

16. f2–f4

Selbstmord wäre natürlich 16. g4 Sd4 17. Dh5 Sf3+ 18. Kh1 g6! 19. Lg6: Lc6!, und Weiß steht der Drohung 20. ... dc4: und gleichzeitig 20. ... hg6: wehrlos gegenüber.

16. ... Ld7–c6

17. g2–g4

Nachdem die Dame auf Abwege geraten ist, muß Weiß bedingungslos auf Angriff spielen.

17. ... Sf5–d4

18. Ta1–a3

Ein interessanter Zug, der auf den ersten Blick Respekt einflößt. Der Turm soll zum Königsflügel überführt werden, um von h3 aus den Angriff zu verstärken. Der Läufer steht aber auf d3 im Wege. Das Ziel von Weiß kann nur schnell durch ein Läuferopfer auf h7 erreicht werden. Der zweite Gedanke des Turmzuges war, c3 zu spielen, um den Springer auf d4 zu vertreiben, ohne durch Sb3 gestört zu werden. Bei genauer Betrachtung liegt hier der entscheidende Fehler in der weißen Stellungsbeurteilung. Durch den Zug c3 wird die dritte Reihe geschlossen, und der Turm kann zunächst nicht zum Königsflügel schwenken. Schwarz kann also seine Position in Ruhe verstärken und Weiß zu einer Fehlentscheidung animieren.

18. ... Ta8–d8

19. c2–c3 d5×c4!

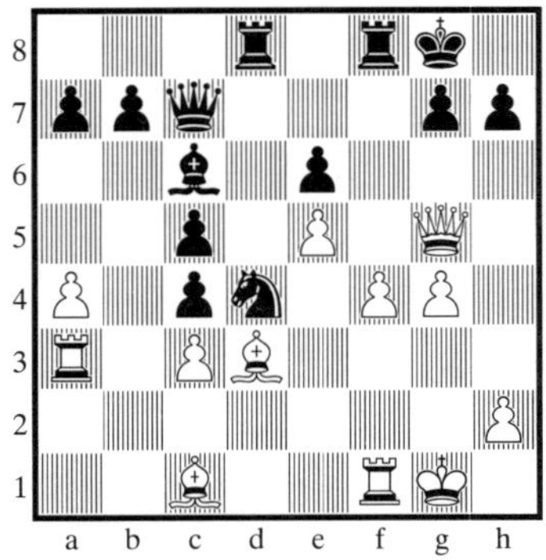

Zur richtigen Zeit erfolgt der Schlagabtausch im Zentrum. Weiß kommt nicht dazu, 20. Lc4: zu spielen, weil er nach 20. ... Sf3+ 21. Tf3: Lf3: 22. Le6:+ Kh8 die Qualität verliert. Noch schwerwiegender ist aber die Schwäche der Grundreihe. Der Textzug ist somit erzwungen. Überraschenderweise steht nach der Öffnung des Zentrums der weiße König entblößter als die schwarze Majestät da. Er ist hochgradig gefährdet, weil der Läufer auf c6 eine dominierende Rolle spielt. Der weiße Läufer auf c1 dagegen ist nur ein Statist.

20. Ld3×h7+ Kg8×h7

21. c3×d4 Dc7–d7!

Dieser stille, sehr feine Zug mit der Drohung 22. ... Dd4:+ und Dd5 sichert erst den Vorteil von Schwarz.

22. Ta3–h3+ Kh7–g8

23. Lc1–e3

Auch nach 23. Dh5 Dd4:+ 24. Le3 De4 25. Dh8+ Kf7 26. Dh5+ Ke7! verpuffen die weißen Schachgebote, und der Gegenangriff auf der Diagonalen h1–a8 ist tödlich.

23. ... c5×d4!

24. Dg5–h5 Dd7–d5!

25. Tf1–f3

Nichts bringt Weiß 25. Dh7+ Kf7 26. Dh5+ Ke7 27. Dg5+ Kd7, wonach Schwarz die Oberhand behält.

25. ... d4×e3

26. f4–f5

Reine Verzweiflung.

26. ... e3–e2!

27. Dh5–h7+ Kg8–f7

28. Dh7–g6+

Oder 28. fe6:+ Ke6:, und Schwarz gewinnt.

28. ... Kf7–e7

29. Dg6×g7+ Ke7–e8

30. Kg1–f2

Falls 30. Dg6+, so Kd7 und Kc8.

30. ... e2–e1D+

31. Kf2×e1 Dd5–d1+

32.	Ke1–f2	Td8–d2+
33.	Kf2–g3	Dd1×f3+
34.	Kg3–h4	Df3–f2+
35.	Kh4–g5	Tf8×f5+
36.	g4×f5	Df2×f5+

Weiß gab auf.

Partie Nr. 28
Pelitow – Uhlmann
Szombathely 1966

1.	e2–e4	e7–e6
2.	d2–d4	d7–d5
3.	Sb1–c3	Lf8–b4
4.	e4–e5	Sg8–e7
5.	a2–a3	Lb4×c3+
6.	b2×c3	c7–c5
7.	a3–a4	Dd8–a5
8.	Dd1–d2	

Diese Antwort auf den frühen Damenausfall von Schwarz ist ungeeignet, weil der Nachziehende nun den guten Zug 8. ... b6! zur Verfügung hat. Damit kann sofort das Problem des Läufers c8 gelöst werden. Es mußte 8. Ld2 geschehen. Gegen Spezialisten, die permanent Dd2 bevorzugen, trägt dieser psychologische Gedankengang der Zugumstellung überraschend Früchte.

8.	...	b7–b6!
9.	Sg1–f3	Lc8–a6
10.	Lf1×a6	Da5×a6

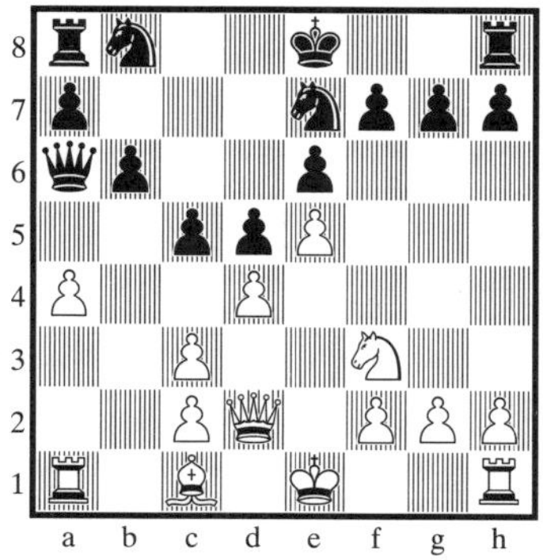

Damit hat Schwarz nach wenigen Zügen schon die bessere Stellung erreicht. Um seinen König in Sicherheit zu bringen, muß Weiß mittels De2 auch noch die Dame tauschen. Das entstehende Endspiel ist hoffnungsvoll für Schwarz, weil er die bessere Bauernstruktur besitzt und nun ohne Hast auf der c-Linie Druck entwickeln kann.

11.	Dd1–e2	Da6×e2+
12.	Ke1×e2	Sb8–d7
13.	a4–a5	

Es ist bereits schwer, einen guten Plan für Weiß zu finden. Mit dem Textzug möchte er das Manöver Sc6 nebst Sa5 verhindern, wonach die Verdoppelung auf der c-Linie zementiert würde.

13.	...	b6–b5
14.	Lc1–a3?	

Noch eine kleine Ungenauigkeit, die im höheren Sinne schon spielentscheidend ist. Notwendig war 14. a6, um wenigstens den schwarzen Bauern auf b5 als Angriffsobjekt zu haben. Jetzt stabilisiere ich durch 14. ... a6 auch noch meinen Damenflügel, und Weiß behält nur Bauernschwächen zurück.

14.	...	a7–a6
15.	Ke2–d2	0–0
16.	Th1–e1	Tf8–c8
17.	Te1–e2	Se7–c6!

Weil sein Bauer a5 bedroht ist, wird Weiß zum Schlagen auf c5 gezwungen.

18.	La3×c5	Sd7×c5
19.	d4×c5	Sc6–d8!

Von Schwarz genau gespielt, denn dieser Springer kann demnächst vom Feld b7 aus den Bauern auf a5 bedrohen oder aber über den Punkt c5 Traumfelder auf e4 oder a4 anpeilen.

20.	Sf3–d4	Tc8×c5
21.	Ta1–b1	Sd8–b7
22.	Tb1–a1	Ta8–c8
23.	Te2–e3	Tc5–c4!

Weiß befindet sich in völliger Agonie. Jetzt droht auch noch b4, wonach der Springer auf d4 entwurzelt wird.

24. Sd4–b3 Tc4–a4!

Schwarz kann seine Stellung kontinuierlich verstärken. Das alles sind Auswirkungen des schwachen Zuges 14. La3.

25. Te3–e1

Natürlich nicht 25. Ta4: ba4: 26. Sd4 Sa5: nebst Sc4+, und Schwarz besitzt großen Vorteil.

25. ... Kg8–f8
26. g2–g3 g7–g5!

Auch in guten Stellungen ist es wertvoll, wenn man jede Nuance nutzt, den Vorteil zu vergrößern. Durch 26. ... g5 wird unterbunden, daß Weiß mittels 27. f4 den Bauern e5 stützt.

27. Te1–b1 Ta4–c4
28. Sb3–d4 Sb7–c5!

Schwarz hat es gar nicht nötig, den Bauern c3 hastig zu verspeisen. Für Weiß bestünden nach 28. ... Tc3: 29. Sb5:!! ab5: 30. a6 noch Schwindelchancen.

29. f2–f3 Sc5–a4!

Danach bricht die Zeit der Ernte an, und die Partie ist für Weiß aufgabereif.

30. Tb1–b4 Sa4×c3
31. Tb4×c4 Tc8×c4
32. Kd2–d3 Sc3–a4
33. Ta1–a3 Sa4–b2+
34. Kd3–e3 Tc4–c7
35. Ke3–e2 Kf8–e7
36. f3–f4 Tc7–c4
37. Ke2–e3 Sb2–d1+

Jetzt kann der muntere Springer zusätzlich auch noch am Königsflügel für Unruhe sorgen.

38. Ke3–d3 Sd1–f2+
39. Kd3–e3 Sf2–g4+
40. Ke3–d3 g5×f4
41. g3×f4 Sg4×h2
42. Ta3–a1 Sh2–g4
43. Ta1–g1 h7–h5

Weiß gab auf.

Partie Nr. 29
Becker – Uhlmann
Halle 1982

1. e2–e4 e7–e6
2. d2–d4 d7–d5
3. Sb1–c3 Lf8–b4
4. e4–e5 Sg8–e7
5. a2–a3 Lb4×c3+
6. b2×c3 c7–c5
7. a3–a4 Sb8–c6
8. Sg1–f3 Dd8–a5
10. Lc1–d2

Neben 9. Dd2 ist der Textzug eine weitere Hauptfortsetzung an dieser Stelle. Er schaltet den Tausch 9. ... cd4: aus, weil daraufhin sofort die Dame auf a5 angegriffen wäre. Der Nachteil für Weiß besteht darin, daß das Läufermanöver nach a3 nun nicht mehr möglich ist.

9. ... Lc8–d7
10. Lf1–e2

Früher wurde häufig 10. Ld3 gespielt. Die Praxis aber hat gezeigt, daß der Zug 10. ... c4 in einigen Abspielen einen Tempogewinn für Schwarz darstellt.

10. ... f7–f6!

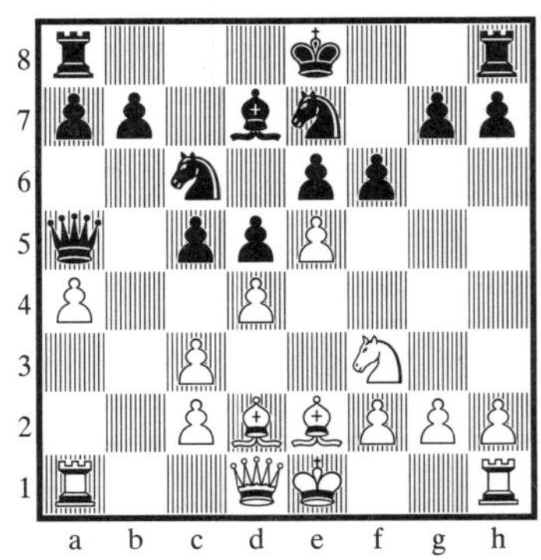

Das frühzeitige Attackieren des weißen Zentrums durch den Bauernzug f6 wurde in der Turnierpraxis geboren. Besondere Verdienste darum erwarb sich Viktor Kortschnoi. Es hatte sich gezeigt, daß die alte Fortsetzung 10. ... c4 doch

mit ernsthaften Nachteilen verbunden ist, und zwar wegen 11. Sg5! h6 12. Sh3 0–0–0 13. Sf4!, und der Springer droht, gefährlich nach h5 zu gehen.
Damit wäre eine Lähmung des schwarzen Königsflügels verbunden, und Weiß könnte in aller Ruhe seine Angriffsoperationen vorbereiten. Falls auf 13. Sf4 g6 geschieht, so würden dadurch die schwarzen Felder des Nachziehenden empfindlich geschwächt.

11. e5×f6

Hier verdienen noch zwei andere Fortsetzungen Beachtung, die Schwarz aber ebenfalls nicht zu fürchten braucht:
1) 11. c4 Dc7 12. ef6: gf6: 13. cd5: Sd5: 14. c3 (oder 14. c4 Sdc7 15. dc5: 0–0–0 16. Lc3 e5 – 16. ... Le8!? – 17. Dd6 Sf5 18. Dc7: Kc7:, und der Nachziehende hat etwas Endspielvorteil, Timman – Kortschnoi, Leenwerden 1976) 14. ... 0–0–0 15. 0–0 Thg8 16. Tc1 e5 17. c4 Lh3 18. Lf1 Sb6 19. d5 Sc4:! 20. dc6: Dc6: 21. g3 Lf1: 22. Tf1: e4 23. Db3 (23. De2 Dd5!) Dd5 24. Tac1 Sd2: 25. Sd2: Dd2: mit ausgeglichener Stellung (Spasski – Kortschnoi, Belgrad 1977/78).
2) 11. Tb1 Dc7 12. Lf4 Sg6 13. Lg3 fe5: 14. 0–0 cd4: 15. cd4: 0–0 16. Lb5 Sf4! 17. Lc6: Lc6: 18. Se5: La4: mit unklarem, verwickeltem Spiel.

11. ... g7×f6

12. 0–0 c5–c4

Gut ist auch sofort 12. ... 0–0–0.

13. Sf3–h4!?

Ein interessanter Zug, der 13. ... Sf5 unterbindet und Aktionen der weißen Leichtfiguren am Königsflügel organisiert.

13. ... 0–0–0

In Betracht kam 13. ... Sg6!! 14. Lh5 Sce7 15. Dc1! 0–0–0 16. Da3 The8, und die Stellung ist unklar.

14. Le2–h5 Th8–g8

15. g2–g3!

Gefährlich wäre 15. Df3 Sd4:! 16. Df6: Sdc6 17. Dh6 (17. Lf7 Tgf8 18. Dg7 – auf 18. Lh6? folgt 18. ... Sg8! – 18. ... d4!, und Schwarz ist im Vorteil) 17. ... e5, und beide Seiten haben ihre Chancen.

15. ... e6–e5

Auf 15. ... Sg6 wäre 16. Sg2 gut.

16. f2–f4 e5–e4

17. f4–f5!

Nur so kann Weiß auf Initiative hoffen. Der Läufer d2 droht, im richtigen Moment bei Bedarf auf der Diagonalen h2–b8 zum Einsatz zu kommen.

17. ... Kc8–b8

Schwarz will mittels Ka8, Sc8 und Sb6 am Damenflügel aktiv werden.

18. Dd1–e1 Kb8–a8

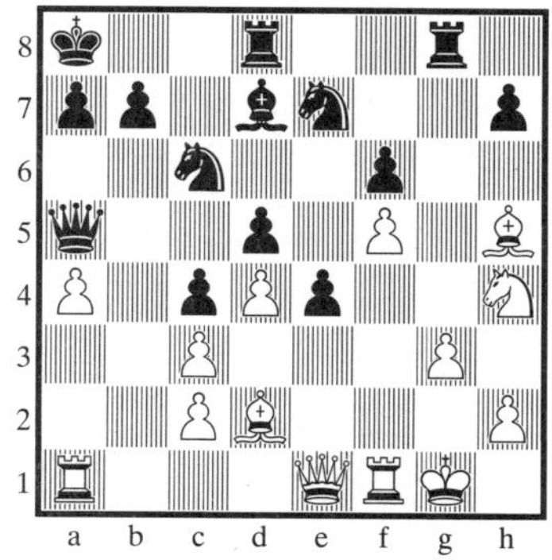

19. Ld2–h6

Dieser Plan kann nicht schnell genug verwirklicht werden. Besser war deshalb 19. Kh1 mit der Idee, g4 und Sg2 nebst Sf4 zu spielen.

19. ... Ld7–e8!

Schwarz verhindert damit 20. Lf7 und stellt den Gegner vor die schwierige Entscheidung, den Läufer zu tauschen oder nicht. Auf 20. Le2 könnte der Nachziehende sein Spiel mittels 20. ... Td7 nebst Sd8 und Sf7 verstärken.

20. Lh5×e8 Td8×e8

21. Sh4–g2 Sc6–d8!

Dieses kluge Manöver führt zu neuem Raumgewinn für Schwarz. Der Blockadeläufer auf h6 wird vertrieben, und damit kommt auch der schwarze Königsangriff wieder ins Rollen. Von diesem Moment an neigt sich die Waage zugunsten des Nachziehenden.

22. Sg2–e3 Sd8–f7
23. Lh6–f4 h7–h5
24. Ta1–b1 Sf7–g5!

Die Einladung, den Bauern a4 zu verspeisen, lehnt Schwarz natürlich dankend ab. Nach 24. ... Da4: 25. Ta1 Dc6 wäre bereits der taktische Einschlag 26. Ta7:+!! möglich, denn 26. ... Ka7: 27. Da1+ Da6 28. Db2 Sc6 29. Ta1 Sa5 30. Sd5:! läßt den weißen Angriff durchschlagen.

25. Tb1–b5 Da5×a4
26. De1–b1 Sg5–h3+!

Der gefährliche Läufer auf f4 muß unbedingt getauscht werden. Ein Fehler wäre 26. ... Sf3+ gewesen, weil nach 27. Tf3:! ef3: 28. Tb7: der weiße Ansturm in der b-Linie vernichtend wirken würde.

27. Kg1–h1 Sh3×f4
28. Tf1×f4 Da4–a3!?
29. Se3×d5?

In dieser komplizierten Situation beurteilt Weiß seine Stellung zu optimistisch. Notwendig war 29. Tb7: Tb8! 30. Tb8:+ Tb8: 31. De1 mit gleichen Chancen.

29. ... Se7×d5
30. Tb5×d5 e4–e3!
31. Db1–e1 e3–e2
32. Kh1–g2!

Richtig gespielt. Fehlerhaft wäre 32. Tf2 gewesen. Nach 32. ... De7 nebst h4!! hätte Weiß keine ausreichende Verteidigung mehr gefunden.

32. ... Te8–e3?!

Eine Ungenauigkeit, die ein wertvolles Tempo kostet. Richtig war 32. ... Te7!, aber nicht 32. ... Tg7? wegen 33. Te4, und Weiß erhält Vorteil, da sich 33. ... Te4: wegen 34. Td8 matt verbietet.

33. Kg2–f2! Te3–e7!

Die schnelle Korrektur des vorangegangenen Zuges ist am besten. Auch jetzt konnte Schwarz noch fehlgreifen, wenn er schablonenhaft 33. ... Tge8 gezogen hätte. Nach 34. Td8+ Td8: 35. Ke3: besäße Weiß die besseren Karten.

34. Td5–b5

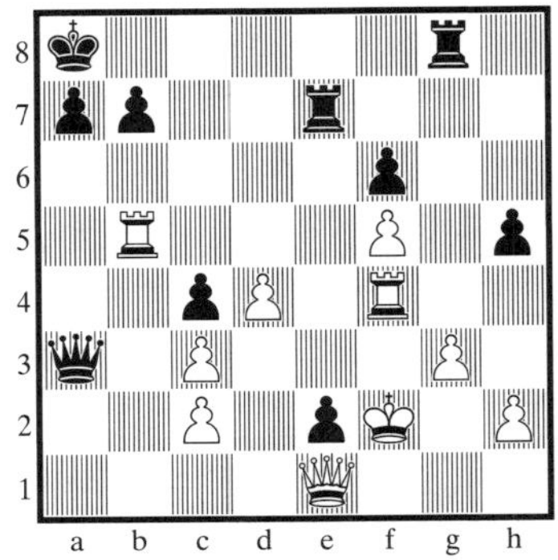

Nichts ist schwerer zu behandeln als ein reines Endspiel mit Schwerfiguren, zumal die Partie durch den Freibauern e2 auf des Messers Schneide steht.
Jetzt war 34. Th4 für Weiß noch aussichtsreicher, wonach der Kampf so weitergehen konnte: 34. ... Da6 35. Th5: Dc6 36. Tc5 De8 37. Th6 (oder 37. Th4 b6! 38. Tc4: Db5 39. Tb4 Df5: 40. Tf4 De6 41. Tf3 De4 42. Tf6: Th8 43. Kg1 Th2:!! 44. Kh2: Th7+ 45. Kg1 Dh1+ 46. Kf2 Th2+, und Schwarz gewinnt die Dame) 37. ... b6 38. Td5 (nicht aber 38. Tc4: Db5 39. Tb4 Df5:!) 38. ... Th8 39. Th8: Dh8: 40. Kg1 (40. Kg2 Dc8 mit der heimtückischen Idee 41. ... Dc7 zu spielen und anschließend mit dem Manöver Kb7 und Kc6 den Turm auf d5 zu erobern) 40. ... Dh6!, und Schwarz kommt schließlich doch in Vorteil, da De3+ nicht zu verhindern ist. Danach fällt der Bauer f5, und der weiße Turm kommt in Bedrängnis.

34. ... Tg8–e8

35. Tf4–h4 Da3–a4!
36. Tb5–c5

In großer Zeitnot begeht Weiß noch diesen Fehler, der Schwarz den Sieg erleichtert. Aber auch nach 36. Td5 Dc2: 37. Th5: De4 38. Td6 Dg4 39. Th4 Df5:+ 40. Tf4 Dh7! dürfte der Gewinn nur eine Frage der Zeit sein.

36. ... b7–b6

Weiß gab auf. Bei vollem Brett geht nach 37. Td5 Dc6 sein Turm verloren. Ein hochinteressantes Endspiel, in dem die beiden Türme und die Dame von Schwarz maximale Wirkung erzielten.

Partie Nr. 30
Suetin – Uhlmann
Berlin 1967

1. e2–e4 e7–e6
2. d2–d4 d7–d5
3. Sb1–c3 Lf8–b4
4. e4–e5 Sg8–e7
5. a2–a3 Lb4×c3+
6. b2×c3 c7–c5
7. a3–a4 Dd8–a5
8. Lc1–d2 Sb8–c6
9. Sg1–f3 Lc8–d7
10. Lf1–e2 c5–c4

Besser ist 10. ... f6, womit der mögliche Springerausfall Sg5 verhindert wird.

11. 0–0 f7–f6
12. e5×f6 g7×f6
13. Tf1–e1

Neben der Möglichkeit 13. Sh4, die wir in der vorigen Partie erlebt haben, ist der Textzug die logische Antwort.

13. ... 0–0–0
14. Le2–f1 Se7–f5
15. Dd1–c1

Weiß möchte auf der halboffenen b-Linie einen Angriff aufbauen. Er nutzt dazu die schwarzen Felder auf der Diagonalen h2–b8 und a3–f8. Die Chancen von Schwarz liegen in der g-Linie und der eventuallen Einnahme des Feldes e4 durch einen Springer.

15. ... h7–h5
16. Dc1–a3 Td8–g8
17. Ta1–b1 Sc6–d8

Dieser Zug verhindert 18. Tb5 mit Verdoppelung der Türme und schützt den Punkt b7.

18. Tb1–b4 Th8–h7
19. h2–h3 Th7–g7
20. Ld2–f4 Ld7–c6
21. Kg1–h2 Kc8–d7!

Ein interessantes Königsmanöver, das jeglicher Schablone entbehrt. Die Majestät übernimmt Verteidigungsaufgaben in bezug auf den Punkt e6 und bereitet die Zugfolge Sd8–f7–d6 vor.

22. g2–g3?!

Weiß verhält sich zu passiv und kommt dadurch ins Straucheln. Unbedingt notwendig war an dieser Stelle 22. Teb1.

22. ... Sd8–f7
23. Da3–c1

Die ursprünglich geplante Idee 23. h4 und Lh3 scheitert an 23. ... S7h6 nebst Sg4+ mit gutem Spiel für Schwarz.

23. ... Sf7–d6
24. Lf4×d6?!

Auch dieser Zug ist zu tadeln. Mit dem Abtausch des schwarzfeldrigen Läufers steigen die Angriffschancen des Nachziehenden auf der g-Linie.

24. ... Sf5×d6
25. Dc1–e3

Der Versuch 25. Dh6 bringt Weiß nichts ein, da ja 25. ... Dd8 folgen kann, und der Bauer h5 ist wegen Th8 tabu.

25. ... Sd6–e4!

Ein dominierender Springer, der größte Gefahren im weißen Lager auslöst. Gleichzeitig wird die e-Linie geschlossen, so daß Schwarz sich völlig seiner Attacke in der g-Linie widmen kann.

26. Sf3–d2 Da5–c7!

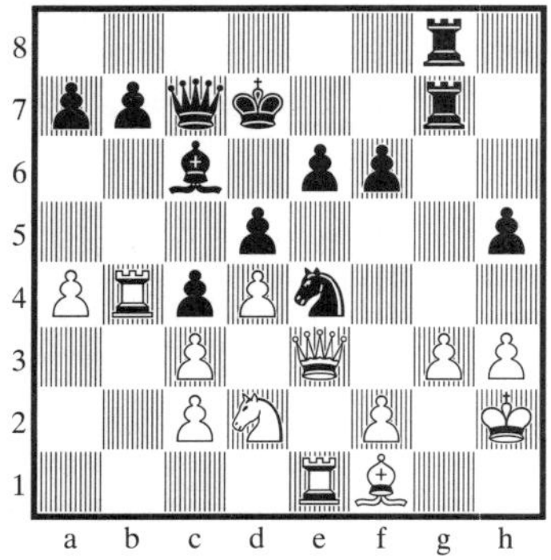

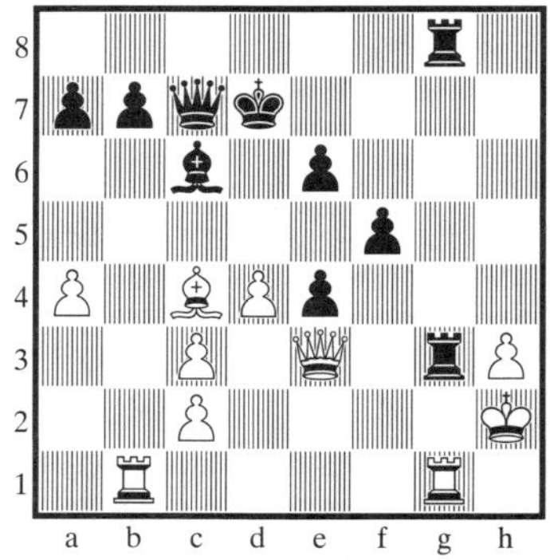

Nach diesem starken Zug nimmt das Schicksal seinen Lauf. Wegen der Drohung 27. ... Tg3: 28. fg3: Tg3: muß Weiß wohl oder übel auf e4 tauschen. Danach steht er der Drohung h4 wehrlos gegenüber.

27.	**Sd2×e4**	**d5×e4**
28.	**Lf1×c4**	

Was sonst? Der Vorstoß 28. ... h4 soll durch 29. Tg1 pariert werden. Verlieren würde zum Beispiel 28. Kh1 wegen 28. ... Tg3:! 29. fg3: Tg3:, und wenn die weiße Dame zieht, entscheidet das Abzugssschach e3. Am meisten Widerstand leistete noch der Versuch, selbst 28. h4 zu spielen, aber nach 28. ... Ld5 nebst f5 steht Schwarz in Anbetracht der ständigen Drohung f4 ebenfalls besser.

28.	**...**	**h5–h4**
29.	**Te1–g1**	**f6–f5**
30.	**Tb4–b1**	

Verderblich wäre jetzt 30. Lb5 f4! 31. De4: fg3:+ 32. fg3: Tg3: mit Gewinn für Schwarz.

30.	**...**	**h4×g3+**
31.	**f2×g3**	**Tg7×g3!**

Mit dieser schönen Schlußkombination krönt Schwarz seine Spielführung. Die g-Linie ist aus weißer Sicht überbelastet, und in allen Abspielen droht vernichtendes Abzugsschach. Von wesentlicher Bedeutung ist auch die Tatsache, daß nun die Verbindung der weißen Türme gestört wird.

32.	**Tg1×g3**	**f5–f4!**
33.	**Tg3×g8**	**f4×e3+**
34.	**Kh2–g2**	**Kd7–d6!**

Erst dieser stille Zug garantiert den Sieg. Auf 34. ... Df4 hätte Weiß noch die Antwort 35. Tf1 zur Verfügung.

35. Lc4–e2?

Das beschleunigt den Untergang von Weiß. Die zahlreichen Drohungen waren auch nicht mehr zu parieren, zum Beispiel 35. Tf1 La4: 36. Le2 Dc3: nebst Dd2 mit Gewinn oder 35. Lf1 Df7! nebst Df2+ und e2 bzw. 35. Tg6 Ld7 ebenfalls mit vernichtendem Einbruch von Schwarz in der c-Linie.

35.	**...**	**Dc7–f7**

Weiß gab auf.

Er verliert eine Figur.

Partie Nr. 31
Hazai – Uhlmann
Halle 1981

1. e2–e4 e7–e6
2. d2–d4 d7–d5
3. Sb1–c3 Lf8–b4
4. e4–e5 Sg8–e7
5. a2–a3 Lb4×c3+
6. b2×c3 c7–c5
7. Sg1–f3 Lc8–d7
8. a3–a4 Dd8–a5
9. Lc1–d2 Sb8–c6
10. Lf1–b5

Ein ungewöhnlicher Zug, der als Überraschungseffekt gedacht ist. Weiß möchte 10. ... a6 provozieren, um nach 11. Le2 in die Hauptvariante einzulenken. Das geschwächte Feld b6 könnte dann Bedeutung erlangen.

10. ... c5–c4

Die logische Erwiderung auf den Läuferausflug nach b5. Jetzt muß Weiß über kurz oder lang den Tausch auf c6 vornehmen.

11. Dd1–c1 f7–f6!

Auch jetzt ist dieser Sprengungszug das richtige Rezept. Weiß wird gezwungen, auf f6 zu tauschen, wonach Angriffsaktionen in der offenen g-Linie möglich sind.

12. e5×f6 g7×f6
13. 0–0 Th8–g8
14. Tf1–e1 Ke8–f7!

Durch die Aussperrung des Läufers auf b5 drohen keine Gefahren auf den weißen Feldern. Der schwarze König kann somit unkonventionell den Bauern e6 schützen. Gleichzeitig ermöglicht er die Verbindung der Türme, womit ihre Verdoppelung auf der g-Linie vorbereitet werden kann.

15. Kg1–f1

Weiß richtet sich schon auf den Angriff ein. Er möchte 16. Lf4 spielen. Sofort war dies nicht möglich, da nach 15. Lf4? Dc3: 16. Ld2 Sf3: eine Figur verlorengeht.

15. ... Se7–f5
16. Ld2–f4 h7–h5
17. h2–h3 Tg8–g6
18. Dc1–a3 h5–h4!

Schwarz bereitet ein Qualitätsopfer vor. Das sofortige 18. ... Tag8 würde wegen 19. g3 nichts einbringen, denn danach ist die g-Linie nur schwer aufzubrechen.

19. Sf3–h2 Ta8–g8
20. Sh2–g4 Tg6×g4!

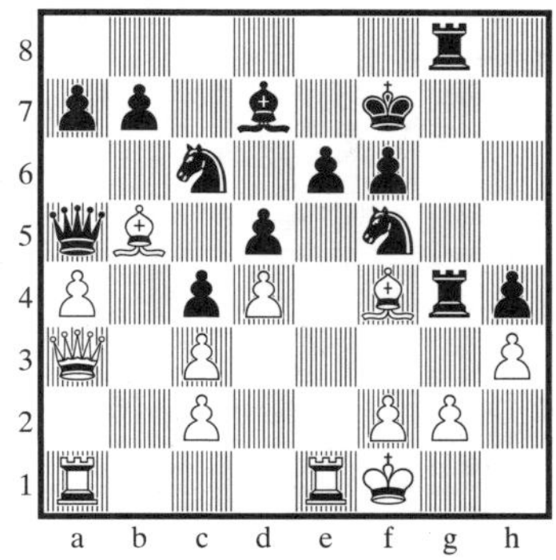

Dieses feine strategische Qualitätsopfer ist auf lange Sicht angelegt. Die schwarze Dame wird über d8 nach g8 zum Angriff beordert. Der h-Bauer droht, im rechten Moment nach vorn zu stoßen, um Einbruchsfelder zu sichern. Weiß hat keinerlei Gegenspiel, da seine Türme und das Läuferpaar keine Angriffspunkte im schwarzen Lager besitzen.

21. h3×g4 Tg8×g4
22. Lf4–h2 Da5–d8!
33. f2–f3

Weiß kommt um diese Schwächung nicht herum, weil die zweite Reihe nicht anders verteidigt werden kann.

23. ... Tg4–g6
24. Da3–c1 Dd8–g8
25. Dc1–d2 Sf5–g3+

Schwarz erzwingt den Tausch des Läufers. 26. Kf2 scheitert an 26. ... Se4+ nebst Tg2:+, und 26. Kg1 ermöglicht

26. ... h3, wonach ebenfalls der Einbruch auf der g-Linie erfolgt.

26. Lh2×g3 Tg6×g3
27. Lb5×c6 b7×c6

Der Läufer d7 muß den Punkt e6 überdeckt halten.

28. Te1–e2 h4–h3!

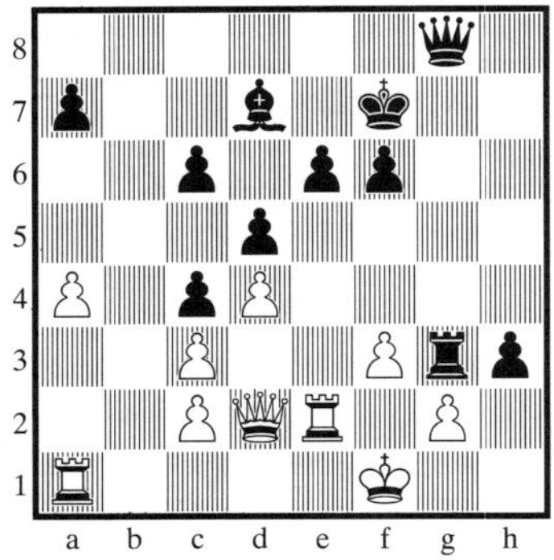

Jetzt ist der Augenblick gekommen, wo sich das Qualitätsopfer auszahlt. Weiß kann weiteren Bauernverlust nicht vermeiden, zum Beispiel 29. Kg1 Tf3: 30. Tf2 (30. Tf1 h2+ bringt Schwarz Turmgewinn ein) 30. ... Tg3 31. Te1 a5 32. Te3 Tg2:+ 33. Tg2: Dg2:+ 34. Dg2: hg2: 35. Th3 c5!, und gegen 36. ... La4 nebst Lc2: mit gewonnenem Endspiel ist kein Kraut gewachsen.

29. Ta1–b1?! h3–h2!
30. Dd2–h6

Darauf hatte sich Weiß verlassen. Schwarz rechnete jedoch einige Züge weiter...

30. ... Tg3×f3+
31. Te2–f2

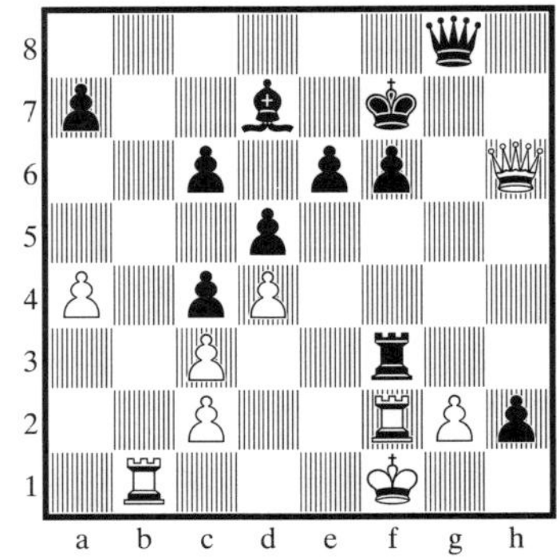

31. gf3: verbot sich wegen 31. ... Dg1 matt. Spielbar war aber 31. Ke1!. Danach hätte Schwarz die schwierige Entscheidung zwischen folgenden beiden Fortsetzungen:
31. ... Dg3+ 32. Kd2 Td3+! 33. cd3: Dd3:+ 34. Kc1 Dc3:+ 35. Tc2 De1+ 36. Kb2 Db4+ 37. Ka1 Da3+ 38. Ta2 Dc3+ 39. T1b2 De1+ und Dauerschach oder
31. ... Tc3: 32. Dh2: Ke7 33. Tb7 a5 34. Dc7 Dg3+ 35. Dg3: Tg3: 36. Ta7 Kd6 37. Ta5: e5, und die Stellung ist äußerst unklar.

31. ... Dg8–g6!!

Diesen stillen und giftigen Zwischenzug kann man durchaus übersehen.

32. Dh6×g6+

Jetzt scheitert 32. Dh2: an 32. ... Tf2:+ 33. Kf2: Dc2:+ mit Turmgewinn.

32. ... Kf7×g6
33. Kf1–e2 Tf3×c3
34. Ke2–d2 Tc3–g3!

Ungenau wäre 34. ... Ta3 35. Tf3! Ta4: 36. Th3, und Weiß besäße noch Gegenspiel.

35. Tb1–h1 c4–c3+
36. Kd2–c1 Tg3–g4!

Dieser Zug sichert endgültig entscheidenden Vorteil. Die schwarze Bauernwalze ist nun nicht mehr aufzuhalten. Außerdem wird mein Läufer noch quicklebendig.

37. Th1×h2 Tg4×d4

38. Tf2–f3 e6–e5!

Bis zum Schluß ist Präzision vonnöten. Nach dem überhasteten 38. ... Ta4:? 39. Tg3+ könnten die weißen Türme noch großes Unheil anrichten.

39. Tf3×c3

Jetzt wäre auf 39. Tg3+ die Antwort 39. ... Lg4 möglich.

39. ... Td4×a4
40. Tc3–g3+ Ld7–g4!
41. Tg3–c3 e5–e4!
42. Th2–h8

Falls 42. Tc6: geschieht, so folgt darauf 42. ... e3, und der Bauer ist nicht mehr aufzuhalten.

42. ... Ta4–a1+!
43. Kc1–b2

Dieser Königszug ist erzwungen, da 43. Kd2 Td1+ 44. Ke3 d4+ Turmgewinn für Schwarz bedeuten würde.

43. ... Ta1–g1
44. g2–g3 Lg4–f3!
45. Th8–d8

Auch jetzt verliert 45. Tc6: wegen 45. ... e3 46. Te8 e2 47. Tce6 Le4.

45. ... Tg1–d1
46. Tc3×c6 e4–e3
47. Td8–f8 Lf3–e4!

Der starke Läufer garantiert den weiteren Vormarsch des e-Bauern und schaltet auch Dauerschach von Weiß aus, weil er das Feld g6 kontrolliert.

48. Tc6×f6+ Kg6–g5
49. Tf6–f7

Auf 49. Tf1 gewinnt 49. ... e2.

49. ... Kg5–g4!

Damit vermeidet Schwarz ein mögliches Dauerschach. Der Bauer g3 wird als Schutzschild genutzt, um auf g2 ein sicheres Fluchtfeld für den König zu finden.

50. Tf7–f4+ Kg4–h3!
51. Tf4–h4+ Kh3–g2
52. Th4–f4 Td1–d2

Weiß gab auf, da Schwarz nach 53. Tf1 leicht gewinnt (53. ... Tc2:+ 54. Kb3 Tf2).

Partie Nr. 32
Ghinda – Uhlmann
Zinnowitz 1976

1. e2–e4 e7–e6
2. d2–d4 d7–d5
3. Sb1–c3 Lf8–b4
4. e4–e5 Sg8–e7
5. a2–a3 Lb4×c3+
6. b2×c3 c7–c5
7. Sg1–f3 Lc8–d7
8. Lf1–d3

Zumeist wird 8. a4 gespielt, um den folgenden Läuferausflug von Schwarz zu verhindern.

8. ... Ld7–a4
9. Sf3–g5

Eine Neuerung des rumänischen Spielers, die er gegen den Französisch-Spezialisten im Analysierstübchen vorbereitet hatte. Die Hauptfortsetzung an dieser Stelle ist 9. 0–0. Da Schwarz aber mit allen möglichen Abspielen in der Regel gut vertraut ist, findet er auch hier die beste Erwiderung.

9. ... h7–h6
10. Dd1–h5 g7–g6
11. Dh5–h4! Se7–f5!

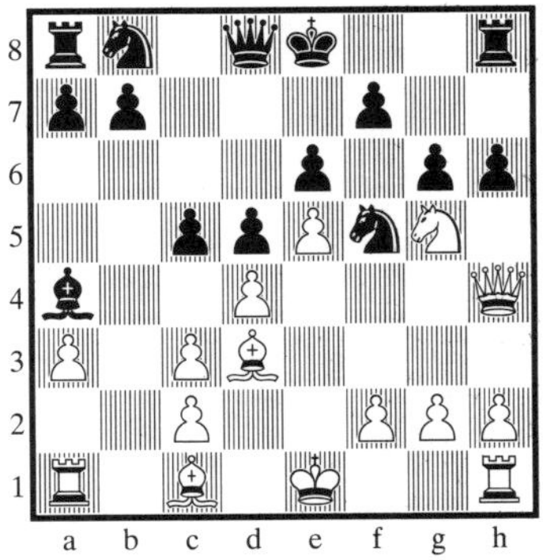

Der Zug ist stark, aber auch notwendig. Ein Reinfall wäre jetzt 11. ... c4 wegen der Opfermöglichkeit 12. Sf7:!, worauf die Partie so weitergehen könnte: 12. ... Kf7: 13. Df6+ Kg8 14. De6:+ Kg7

15. Df6+ Kg8 16. Lg6:, und Weiß besitzt bei fortdauerndem Angriff drei Bauern für die Figur.

12. Ld3×f5 g6×f5

13. Dh4–h5 Dd8–e7!

Der richtige Damenzug entscheidet wesentlich über den weiteren Fortgang der Partie. Schwarz mußte die Abwicklung mindestens bis zum 18. Zug im Auge haben. Auf 13. ... Dd7 hätte Weiß nach 14. Sf3 Lc2: 15. 0–0 nebst Lg5 starken Angriff erhalten, da der schwarze König nicht mehr zur Rochade kommt.

14. Sg5–h3 Sb8–d7

15. Lc1–g5 De7–f8

16. Lg5–h4 c5×d4!

Damit löst Schwarz seine Eröffnungsprobleme.

17. c3×d4

Falls 17. Sf4, so 17. ... Dc5 18. 0–0 Sf8 19. Lf6 Tg8, und Schwarz hat genügend Gegenspiel im Zentrum. Er kann aber auch wie in der Partie 17. ... Dg7 ziehen.

17. ... Df8–g7!

18. Sh3–f4?!

Weiß erkennt nicht die Tücke des vorangegangenen Damenmanövers. Den Vorzug verdiente hier 18. 0–0 Dg4 19. Dg4: fg4: 20. Sf4 Tc8 mit geringem Vorteil von Schwarz aufgrund der Bauernschwäche c2. Ein Angriffsspieler wie Ghinda sucht aber die Entscheidung in der Taktik.

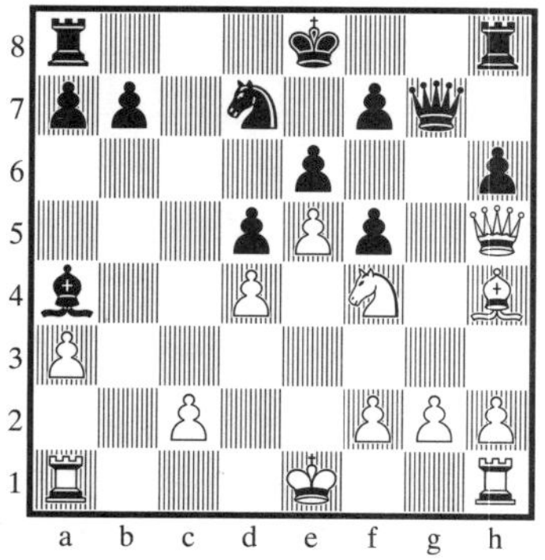

18. ... Sd7×e5

Die Pointe der schwarzen Verteidigung. Jetzt scheitert 19. de5: an 19. ... De5:+. Andererseits folgt auf 19. 0–0 Sg6, und Schwarz behauptet bei sicherer Stellung seinen Mehrbauern. Weiß hatte wahrscheinlich nur mit 18. ... Dg4 gerechnet, wonach 19. Se6:! Vorteil für ihn ergeben hätte, da 19. ... Dh5: an 20. Sg7+ scheitert.

19. Sf4×e6!

Weiß hat keine Wahl und muß sich auf die folgenden Verwicklungen einlassen.

19. ... Dg7×g2

20. 0–0–0!

Die einzige Verteidigung. Auf 20. Kd2 entscheidet 20. ... Df3! 21. The1 (21. Df5: Sc4+ 22. Ke1 Dh1+, und Schwarz triumphiert) 21. ... Dh5: 22. Sg7+ Kf8 23. Sh5: Sf3+ nebst Sh4: mit Figurengewinn. Oder 20. Ke2 De4+ 21. Kd2 Sc4+ 22. Kc3 Dc2:+ 23. Kb4 Db2+ 24. Kc5 Db5 matt.

20. ... Dg2–e4!!

Schwarz hat keine Zeit, seinen Angriff mittels 20. ... Tc8 zu verstärken. Nach 21. de5: De4 22. Df5:!! könnte Weiß in der Folge 22. ... Tc2:+ 23. Kb1 Dc4 24. Sg7+ Kf8 25. Se6+ noch ewiges Schach geben.

21. Dh5×f5!!

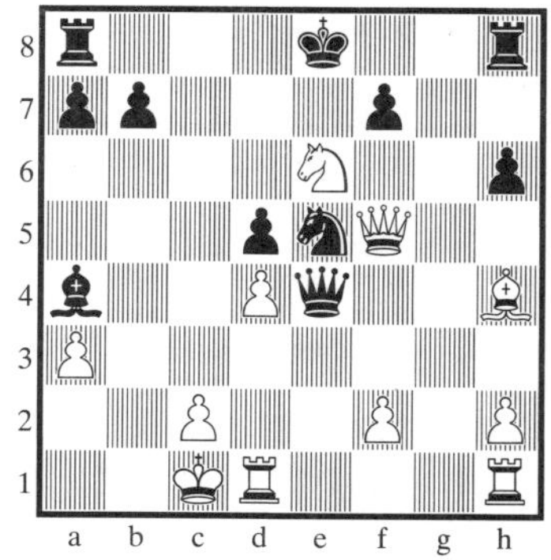

Mit diesem studienartigen Zug findet auch Weiß die einzig richtige Erwiderung.

21. ... De4×f5

22. Se6–g7+ Ke8–d7

23. Sg7×f5

Nach spannendem Schlagabtausch ist ein Endspiel mit geringem Vorteil für Schwarz entstanden. Die weitere Phase wird aber ebenfalls zur Delikatesse, weil es darum geht, den Minivorteil in einen Sieg umzumünzen.

23. ... Se5–f3!

24. Td1–d3!

Falsch wäre 24. Lg3 Tac8 25. Se3 Tc6 nebst Thc8 mit Eroberung des Bauern c2.

24. ... Sf3×h4

25. Sf5×h4 Ta8–c8

26. c2–c3 Th8–e8!

27. Kc1–d2

Weiß verteidigt sich sehr aufmerksam. Nach 27. Tf3 wäre 27. ... Te4! 28. Sf5 Tc6 günstig für Schwarz.

27. ... La4–b5!

28. Td3–e3 Te8×e3

29. f2×e3 Tc8–g8!

Es ist immer wertvoll, eine Linie als erster zu besetzen. Jetzt droht 30. ... Tg4, und der Turm dringt anschließend auf der zweiten Reihe ein. Weiß muß daher eine weitere Schwächung am Königsflügel in Kauf nehmen.

20. h2–h3 Tg8–g3!

Durch den gleichzeitigen Angriff auf die Bauern e3 und h3 wird das entlastende Manöver 31. Ke1 und Kf2 unterbunden.

31. Th1–h2 Lb5–c4

32. Sh4–g2

Falls Weiß aktiv 32. Tf2 spielt, folgt 32. ... Th3: 33. Tf7:+ Ke6 34. Tf4 Th2+ 35. Kc1 Ld3! 36. Sf3 Tc2+ 37. Kd1 Tc3: mit klarem Vorteil von Schwarz.

32. ... Tg3–g6!

Im Hinblick auf das drohende Ta6 muß der weiße Springer weiterhin passiv bleiben.

33. Sg2–e1 Kd7–e7

34. Th2–f2 Tg6–g3

35. Tf2–f3 Tg3–g1

36. Tf3–f2 Tg1–h1

37. Se1–f3

Damit hat Schwarz ein weiteres Teilziel erreicht, denn Weiß muß seine Klammerstellung aufgeben. Er durfte nicht 37. Tf3 ziehen, weil nach 37. ... Th2+ 38. Kc1 Te2 39. Sc2 Ld3 nebst Le4 Material verloren geht.

37. ... f7–f6!

Dem weißen Springer soll das ideale Feld e5 verwehrt werden.

38. Sf3–h4

Auf 38. h4 gewinnt 38. ... Ta1.

38. ... Th1×h3

39. Sh4–g6+ Ke7–f7

40. Sg6–e5+ Kf7–e6

41. Se5–g6

Der Abgabezug meines Gegners. Hoffnunglos wäre der Tausch auf c4 mit Übergang ins Turmendspiel, in dem Schwarz die Oberhand hätte.

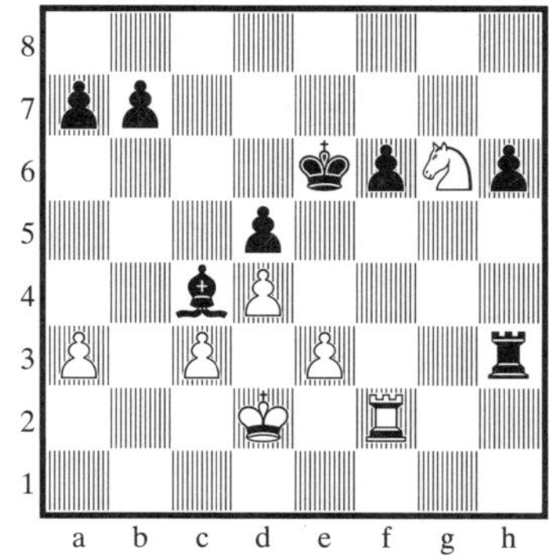

Nach 41. Sc4: dc4: würde der schwarze h-Bauer unaufhaltsam laufen. In Frage kam aber 41. Sg4 f5 42. Se5 h5 43. Tg2 h4 44. Tg6+ Ke7 45. Tg7+ Kd6 46. Tb7: Th2+ 47. Kd1 (47. Kc1 Te2 48. Th7 Te3: 49. Th4: Tc3:+ 50. Kb2 Tb3+ nebst Ta3: bringt Schwarz den Sieg) 47. ... h3 48. Th7 Le2+ 49. Ke1 Lg4! 50. Kf1

(50. Ta7: Tg2! 51. Kf1 Le2+ mit Gewinn für Schwarz oder 51. Sg4: fg4: 52. Kf1 g3, und der Nachziehende dominiert ebenfalls) 50. ... Ta2, wonach der a-Bauer erobert wird.

41. ... Th3–h1
42. Sg6–f8+ Ke6–e7!
43. Sf8–g6+

Weiß darf nicht 43. Sh7 ziehen, weil nach 43. ... Tf1! 44. Th2 Kg7 45. Th6: Kg7 sein Springer gefangen ist.

43. ... Ke7–f7
44. Sg6–e5+ Kf7–e6
45. Se5–g4

Auch jetzt wäre das Turmendspiel nach 45. Sc4: wieder leicht gewonnen für Schwarz.

45. ... f6–f5
46. Sg4–e5 Th1–a1!
47. Tf2–f3 Ta1–a2+
48. Kd2–e1

Auch 48. Kc1 Ta3: 49. Kb2 Ta2+ bringt keine Erleichterung.

48. ... Ta2×a3
49. Tf3–h3 Ta3×c3
50. Th3×h6+ Ke6–e7
51. Th6–h7+ Ke7–f6
52. Ke1–f2

Aussichtslos ist ebenso 52. Tb7: Te3:+ 53. Kd2 Ta3.

52. ... Tc3–b3
53. Kf2–f3 Tb3–b1
54. Se5–d7+ Kf6–g5
55. Th7–g7+ Kg5–h6
56. Tg7–g3 Tb1–f1+
57. Kf3–g2 f5–f4!

Die einfachste Art, den Gewinn zu sichern. Schwarz muß lediglich in einigen Abspielen noch darauf achten, daß durch die Randstellung seines Königs kein Dauerschach möglich ist.

58. e3×f4 Tf1×f4
59. Sd7–e5 Tf4×d4
60. Se5–f7+

Oder 60. Sg4+ Kg5, und Schwarz entscheidet die Partie für sich.

60. ... Kh6–h5

Weiß gab auf. Eine begeisternde Kampfpartie! In ihr waren alle Phasen – Eröffnung, Mittelspiel und Endspiel – hochinteressant.

Partie Nr. 33
Pähtz – Uhlmann
Fürstenwalde 1981

1. e2–e4 e7–e6
2. d2–d4 d7–d5
3. Sb1–c3 Lf8–b4
4. e4–e5 c7–c5
5. Dd1–g4?!

Weiß hat es unterlassen, den an dieser Stelle üblichen Zug 5. a3 einzuschalten. Durch den frühzeitigen Damenausfall ergeben sich vollkommen neue Bekämpfungsmethoden der Stellung für Schwarz.

5. ... Sg8–e7
6. a2–a3 Dd8–a5!?

Dieses Manöver ist jetzt möglich, weil die weiße Dame nicht mehr auf d1 steht. Sonst würde dieser Zug immer an 7. ab4: Da1: 8. Sb5 mit klarem weißen Vorteil scheitern.

7. Lc1–d2

Überlegenheit für Schwarz bringt die Folge 7. ab4: Da1: 8. Kd1 cd4: 9. Sb5 0–0 10. Sc7 Ld7! 11. Sa8: Sa6!, und der Springer auf a8 geht verloren.

7. ... c5×d4
8. a3×b4

Nur so ist Nachteil für Weiß zu vermeiden. Auf 8. Dd4: Sbc6 hätte Schwarz das bessere Spiel.

8. ... Da5×a1+
9. Sc3–d1 Sb8–c6

Möglicherweise geht auch 9. ... 0–0 10. Ld3 (auf 10. Sf3 folgt f5!) 10. ... Sbc6 11. Sf3 f5!, und Weiß müßte erst beweisen, ob sein Angriff verheißungsvoll ist.

Nach 12. Dh3 ergibt 12. ... Da4 mit der Drohung 13. ... Sb4: schwarze Überlegenheit.

10. Sg1–f3 Lc8–d7

Jetzt wäre 10. ... 0–0 gefährlich, denn Weiß kann nach 11. b5! Sa5 12. Ld3! zur entscheidenden Attacke übergehen.

11. Dg4×g7 0–0–0
12. b4–b5 Se7–f5
13. Dg7–f6!

Nicht 13. Df7: Tdf8 14. Dh5 Sce7 15. g4 Se3! mit schwarzem Vorteil.

13. ... Sc6–a5
14. g2–g4 Sa5–c4!

Ein erzwungenes, aber starkes Figurenopfer.

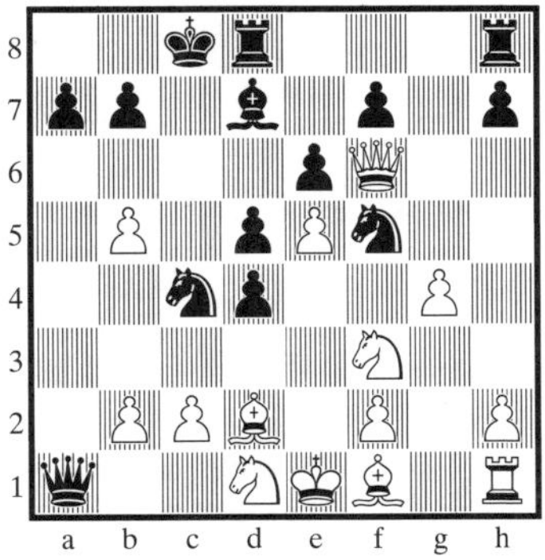

15. g4×f5

Nach 15. Lc4: hätten sich tolle Komplikationen ergeben, zum Beispiel 15. ... dc4: 16. gf5: Lb5: 17. Sd4:! Td4:!! 18. Dh8:+ Td8 19. Dh7: c3!! 20. bc3: Da2, und jetzt hätte Weiß den studienartigen Zug 21. c4! finden müssen, um ein Remis zu erzielen. Anderenfalls wäre die Drohung Dc2:, Dd5 oder Dc4 tödlich gewesen. 21. ... Dc4: 22. Sc3! Td2:!! 23. Kd2: Dd4+ 24. Kc1 Df4+ 25. Kb2 (25. Kd1 wird mit 25. ... Dd4+ beantwortet) 25. ... Db4+ 26. Ka2 Dc4+, und Schwarz gibt Dauerschach.

15. ... Sc4×b2
16. Lf1–e2 Ld7×b5!
17. Sf3×d4?

Danach sitzt Schwarz am längeren Hebel und gewinnt die geopferte Figur zurück. Besser war deshalb 17. Df7: ef5:, und die schwarze Angriffsstellung dürfte den Vorzug verdienen. Es drohen 18. ... Le2: nebst 19. ... Da6+ oder auch gelegentlich der Vorstoß mit dem Bauern nach d3.

17. ... Lb5×e2
18. Ke1×e2 Sb2×d1
19. Ld2–e3

Chancenlos für Weiß wäre 19. Sb5 Da6! 20. c4 Sb2, und gegen 21. ... Sc4: gibt es keine Parade. Oder auch 19. Td1: Dd4: 20. fe6: Dg4+ sieht Schwarz als Sieger.

19. ... Sd1–c3+
20. Ke2–d3 Da1×h1
21. Kd3×c3

Weiß versucht, noch etwas im Trüben zu fischen. Der materielle Nachteil ist aber auf die Dauer nicht aufzuwiegen.

21. ... Dh1–e1+
22. Kc3–b2 De1–b4+
23. Sd4–b3 Kc8–b8!
24. Le3–c5 Db4–b5
25. Df6×f7 e6×f5
26. e5–e6 a7–a5!
27. e6–e7 Td8–c8
28. Lc5–d4

Falls 28. Dd5:, so 28. ... Tc5:! 29. Dc5: Dc5: 30. Sc5: Te8 mit leichtem Gewinn von Schwarz im Endspiel.

28. ... Th8–e8
29. Kb2–a3

... und Weiß gab gleichzeitig auf.

Partie Nr. 34
Unzicker – Uhlmann
Warna 1962

1. e2–e4 e7–e6
2. d2–d4 d7–d5
3. Sb1–c3 Lf8–b4

4. e4–e5 Sg8–e7
5. a2–a3 Lb4×c3+
6. b2×c3 c7–c5
7. Dd1–g4

Neben den positionellen Zügen 7. Sf3 und 7. a4 ist der Textzug die schärfste Fortsetzung. In der Regel entwickelt sich ein Spiel auf Tod oder Leben. Bauernopfer sind hier etwas alltägliches, da der Angriff auf den König das Entscheidende ist. Häufig verbleiben beide Könige in der Grundstellung und kommen nicht zur Rochade.

7. ... Dd8–c7

Die Praxis hat gezeigt, daß 7. ... Sf5 günstig für Weiß ist. Nach 8. Ld3 h5 9. Dh3 ist immer der Zug g4 lebensgefährlich für Schwarz. Die zweite Möglichkeit 7. ... 0–0 können wir in einer späteren Partie betrachten.

8. Lf1–d3

Neben dem Schlagen auf g7 beinhaltet der Textzug viel Gift. Er ist vor allem im letzten Jahr mit neuen Ideen bereichert und spielfähig geworden. Eine endgültige Wertung steht noch aus.

8. ... c5×d4
9. Sg1–e2

Das ist die Idee des frühzeitigen Läuferzuges. Auf Kosten eines Bauerns soll der weiße König doch zur Rochade kommen. Außerdem sollen beide Läufer zur größten Kraftentfaltung kommen.

9. ... d4×c3

Gefährlich ist 9. ... De5: 10. Lf4 nebst cd4: und Weiß hat für den geopferten Bauern großen Entwicklungsvorsprung.

10. Dg4×g7 Th8–g8
11. Dg7×h7

Nach neuesten Erkenntnissen ist 11. Dh6! besser. Es dürfte die kritische Variante dieses Abspiels sein. In der Partie Gazik – Uhlmann, Budapest 1987, erreichte Weiß nach 11. ... Sbc6 12. Lh7: Th8 13. Lf4! Sf5 14. Dg5! Sce7 15. Lf5: Sf5: 16. 0–0 Ld7 17. Sg3! Vorteil.

11. ... Sb8–c6

Falls 11. ... Sd7 geschieht, kann Weiß später auf d4 seinen Springer vorzüglich postieren.

12. Lc1–f4!

Das ist immer wieder ein Hauptzug dieser Variante. Weiß will mit Lg3 die Gefahren auf der g-Linie bannen und gleichzeitig den Bauern e5 unterstützen.

12. ... Lc8–d7
13. 0–0 0–0–0
14. Dh7–h5

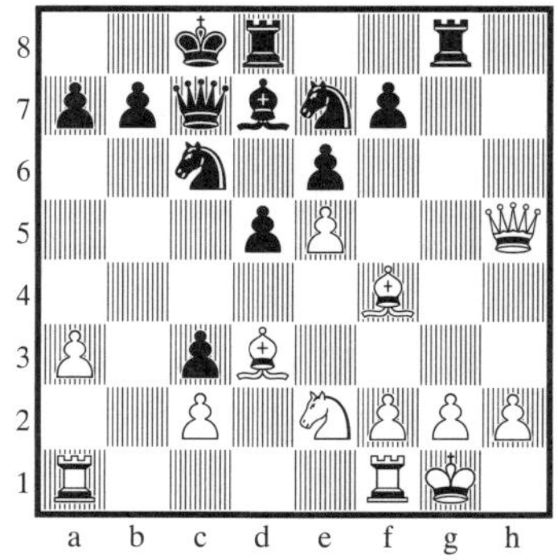

Den Vorzug verdient 14. Lg3 Se5: 15. Tfe1 und jetzt nicht Sf5 16. Lf5: ef5: 17. Dh4 mit Vorteil wie in der Partie Szalanczy – Uhlmann, Budapest 1989, sondern 15. ... Sec6 16. Sc3: (16. Sd4? Sd4: 17. Le5: Sf3+ mit Figurengewinn) 16. ... Da5 17. Sb5 Tgh8 18. Dg7 (18. Sd6+ Kc7 19. Dg7 Thg8 20. Df6? Tg3: 21. Sb5+ Kb8 22. hg3: Sd3:! mit Figurengewinn) 18. ... Thg8 und Weiß muß Zugwiederholung durch 19. Dh7 anstreben. Jetzt wäre 19. ... Tg3: schlecht wegen 20. hg3: Sd3: 21. Dd3: und Weiß hat aufgrund des Qualitätsgewinns das bessere Endspiel.

14. ... d5–d4
15. Lf4–g3 Ld7–e8!

Ein feiner Zwischenzug, der die Drohung f5 aufstellt und zugleich den

Bauern d4 nochmals überdeckt. Auf 16. Le4 würde stark Sa5! folgen mit den Drohungen Sc4 und Sd2 sowie auch f5.

16. Dh5–f3

Weiß opfert den Be5 in der Hoffnung, auf den schwarzen Feldern genügend Gegenspiel zu erlangen.

16. ... Sc6×e5

17. Df3–f6 Le8–c6!

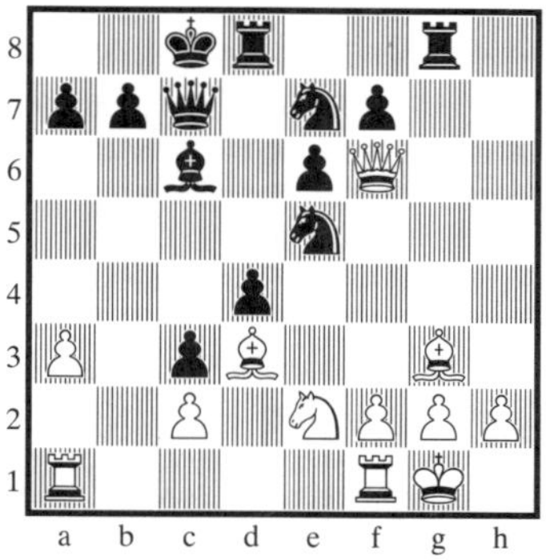

Die Pointe der schwarzen Verteidigung. 18. Le5: verbietet sich nun wegen Tg2:+ 19. Kh1 Tf2:+ 20. Kg1 Tg2+ 21. Kh1 Te2:+ mit leichtem Gewinn.

18. Tf1–e1! Tg8×g3!

Ein erzwungenes, aber auch sehr starkes Qualitätsopfer, das die stärkste Figur von Weiß beseitigt.

19. Se2×g3

Sicherlich das beste. Bei 19. hg3: beraubt sich Weiß seines freien h-Bauern und damit seiner einzigen Gegenchance, und bei 19. fg3: Sd5 20. Dame beliebig Sd3: 21. cd3: dringt der Springer entscheidend auf e3 ein.

19. ... Se5×d3

20. c2×d3 Se7–g6

21. Sg3–e2

Notwendig, um Sf4 zu verhindern.

21. ... Dc7–d7

22. h2–h4 e6–e5

23. h4–h5 Dd7–g4

24. Se2–g3 Sg6–f4!

25. h5–h6

Auf 25. Te5: wäre Sd3: sehr stark gewesen. Gegen c2 und ein c1D gäbe es keine Verteidigung. Somit setzt Weiß seine Hoffnungen auf den Freibauern auf der h-Linie.

25. ... Sf4×g2

Gut und weniger aufregend wäre 25. ... Dg6 mit der Abwicklung in ein gewonnenes Endspiel.

26. h6–h7 Dg4–h3

27. Te1×e5?!

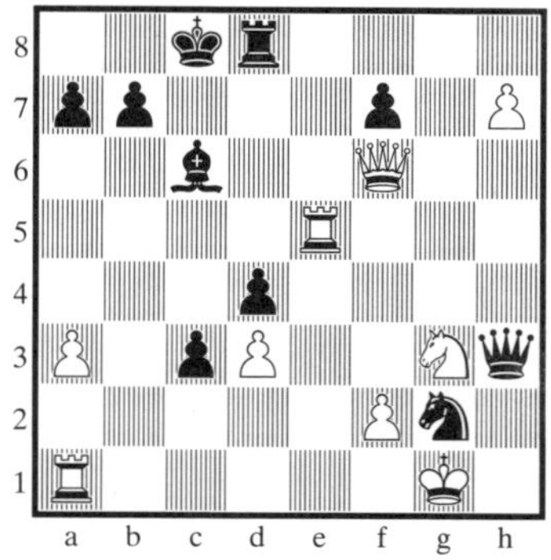

Danach gewinnt Schwarz sofort. In Zeitnot hätte Weiß unbedingt 27. Df5+ versuchen müssen. Schwarz hätte folgenden problemhaften Gewinnweg finden müssen: 27. ... Df5: 28. Sf5: Se1:!! (ignoriert die Drohung) 29. Se7+ Kb8 30. Sg8 Sf3+ 31. Kf1 (31. Kh1? Sg5+ mit Gewinn) 31. ... e4!! 32. h8D (32. de4:? Lb5+ 33. Kg2 Sh4+ nebst Sg6 mit Gewinn. Weiß hat eine Dame für den Läufer und ist doch verloren.) 32. ... ed3:! und es ist nicht zu sehen, wie Weiß den Verlust abwenden kann, z.B. 33. Dh7 d2 34. Sf6 c2! 35. Dc2: Lb5+ 36. Kg2 Se1+ mit Damengewinn.

27. ... Sg2–e3!

Weiß gab auf, das Matt auf g2 ist nicht mehr zu verhindern.

Partie Nr. 35
Enders – Uhlmann
Erfurt 1985

1. e2–e4 e7–e6
2. d2–d4 d7–d5
3. Sb1–c3 Lf8–b4
4. e4–e5 Sg8–e7
5. a2–a3 Lb4×c3+
6. b2×c3 c7–c5
7. Dd1–g4 Dd8–c7
8. Ke1–d1

Eine Neuerung, die erstmals in der Partie Tosic – Waiser zur Anwendung kam. Die Idee besteht darin, daß Weiß nach 8. ... cd4: mittels 9. cd4: das Zentrum erhalten kann. Der Partieverlauf war 8. .... cd4: 9. cd4: Sf5 10. Sf3 Sc6 11. Ld3 h5 12. Df4 Sce7 13. h4? Ld7 14. a4 Tc8 15. g4?! hg4: 16. Dg4: Dc3! mit Vorteil.

8. ... 0–0

Dieser Zug dürfte noch besser sein und den Königszug für fragwürdig erscheinen lassen.

9. Sg1–f3 f7–f5!
10. e5×f6 e.p. Tf8×f6
11. Lf1–d3

Besser dürfte 11. Lg5 Tf8 12. Ld3 sein. Nach Sbc6 mit der Idee c4 und eventuell e5 verdient aber auch hier die schwarze Position den Vorzug.

11. ... e6–e5!

Ein starker Zug, wobei die Konsequenzen aus der anschließenden Fesselung auf der Diagonale h2–b8 berechnet werden mußten. Falsch wäre 11. ... c4 gewesen. Nach 12. Lh7:+ Kh7: 13. Dh5+ Kg8 14. Sg5 Ld7 (oder 14. ... Sg6 15. Dh7+ Kf8 16. h4! und Schwarz hat gegen h5 keine Verteidigung.) 15. Dh7+ Kf8 16. Dh8+ Sg8 17. Sh7+ Kf7 18. Sg5+ mit Dauerschach.

12. Dg4–g3 c5–c4!
13. Ld3–e2

Jetzt wäre der Zwischenzug 13. de5: verdächtig wegen Tf3:! 14. Lh7:+ Kh7: 15. Df3: Kg8 mit Vorteil, oder 13. De5: De5: 14. de5: Tf3: 15. gf3: cd3: 16. cd3: Lf5 ebenfalls mit besserem Spiel für Schwarz.

13. ... Sb8–c6!
14. h2–h4

Schwarz braucht weder 14. Se5: Sf5 15. Df4 Sfd4: noch 14. de5: Tg6 15. Df4 (15. Dh4 Tg4 16. Dh3 Td4+ mit Damengewinn) 15. ... Tg2: zu fürchten. Beide Abspiele wären vorteilhaft für ihn.

14. ... Tf6–g6
15. Dg3–h2 Dc7–a5!

Im richtigen Moment entfesselt sich Schwarz aus der Diagonale b2–h8, wonach Bewegung ins Zentrum kommt. Durch die Drohung Dc3: hat Weiß keine Zeit auf e5 zu schlagen.

16. h4–h5 Tg6–g4
17. Lc1–d2

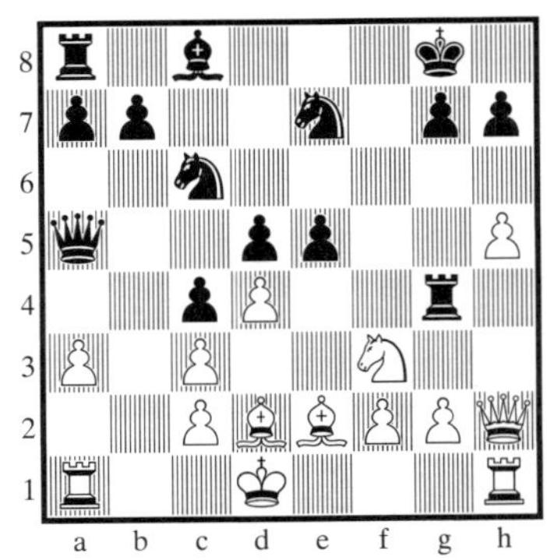

Die kritische Stellung, in der es lebenswichtig ist, den richtigen Plan zu finden. Einmal ist bedingungsloser Angriff gefragt, zum anderen muß verteidigt werden. Hier ist die zweite Möglichkeit fehl am Platze. Es mußte unbedingt 17. de5: geschehen (nicht 17. Se5: wegen Dc3: nebst Dd4:+ und Da1:) 17. ... Dc3: 18. Ta2! Da5!, um wenigstens Verwicklungen herbeizuführen, obwohl auch hier Schwarz besser steht.

17. ... e5×d4

18. c3×d4

Natürlich nicht 18. Sd4: Sd4: 19. Lg4: Lg4:+ 20. f3 Sf3: mit Gewinn.

18. ... Da5–a4!

Damit wird eine weitere Schwäche auf c2 anvisiert. Der weiße König kommt nicht mehr zur Ruhe.

19. Ld2–c3 Lc8–f5

20. Ta1–a2 b7–b5!

Und schon wieder taucht durch b4 eine Drohung auf, die Weiß keine Zeit läßt, die Verteidigung zu stabilisieren. Jetzt wäre 21. Se5: schlecht wegen Td4:+ 22. Ld4: Sd4: und der Bauer c2 ist anschließend nicht mehr zu verteidigen.

21. Sf3–e1 Tg4–e4

22. g2–g4

Weiß sucht sein Heil in Verwicklungen. Falls 22. f3 Te3! 23. Kd2 Tc3: 24. Kc3: b4+ mit Gewinn.

22. ... Sc6×d4!

23. Lc3×d4 Te4×d4+

24. Kd1–c1 Da4–a5!

25. f2–f3

Weiß hat keine Zeit zu 25. gf5: wegen dem Mattspiel Dd2+ 26. Kb2 c3+ 27. Kb3 Sc6! 28. Dc7 Tb4+!! 29. ab4: Sd4+ 30. Ka3 Dc1+ 31. Tb2 Db2: matt.

25. ... Da5–d2+

26. Kc1–b1 c4–c3!

27. Se1–d3

Oder 27. gf5:? Dd1+!! 28. Ld1: Td1: matt.

27. ... Lf5×d3

28. Le2×d3

Hoffnungslos wäre 28. cd3: De3 und Weiß stünde der Drohung b4 und auch Tc8 wehrlos gegenüber.

28. ... Dd2×h2

29. Th1×h2 Ta8–f8!

30. Th2–e2

Es gibt keine Verteidigung mehr. So verliert 30. Tf2 wegen Tg4:.

30. ... Tf8×f3!

Durch den Stachel auf c3 geht alles. Jetzt scheitert 31. Te7: an Tf1+ 32. Lf1: Td1 matt.

31. Ta2–a1 Kg8–f7

32. Kb1–a2 Td4×g4

33. Ta1–e1 Se7–f5

34. Te2–e5

Auch die Abwicklung 34. Lf5: Tf5: 35. Te7+ Kg8! 36. Ta7: h6! bringt keine Erleichterung.

34. ... Sf5–d4!

35. Te5×d5?

In Zeitnot versäumt Weiß noch eine kleine Minichance, die in 35. Lh7: bestand, nach Tf2 36. Td5: Sc2: 37. Td7+ Kf6 38. Td6+ Kg5 39. Tg6+ Kh5: 40. Th1+ Th4 wäre aber ebenfalls das Endspiel verloren.

35. ... Tf3×d3!!

Danach zappelt Weiß unweigerlich im Mattnetz.

36. c2×d3 Tg4–g2+

37. Ka2–b1

Oder 37. Ka1 Sb3+ 38. Kb1 Tb2 matt.

37. ... Tg2–b2+

Weiß gab auf, ohne sich das Matt nach 38. Kc1 Sb3+ 39. Kd1 Td2 zeigen zu lassen.

Partie Nr. 36
Bronstein – Uhlmann
Tallinn 1977

1. e2–e4 e7–e6

2. d2–d4 d7–d5

3. Sb1–c3 Lf8–b4

4. e4–e5 Sg8–e7

5. a2–a3 Lb4×c3+

6. b2×c3 c7–c5

7. Dd1–g4 Dd8–c7

8. Dg4×g7 Th8–g8

9. Dg7×h7 c5×d4

10. Sg1–e2

Nicht ungefährlich ist die Variante 10. Kd1 Sbc6 11. Sf3 dc3: 12. Sg5 Se5: 13. f4 (13. Lf4 Db6!) Tg5: 14. fg5: Seg6 mit Verwicklungen, die theoretisch immer noch nicht hundertprozentig geklärt sind.

10. ... Sb8–c6

11. f2–f4

Ein Fehler wäre 11. cd4: wegen Sd4:! 12. Sd4: Dc3+ mit Gewinnposition.

11. ... Lc8–d7

12. Dh7–d3 d4×c3

13. h2–h4

Neben dem Textzug stehen Weiß mehrere Züge zur Verfügung, so z.B. 13. Le3, 13. g3, 13. Sc3: und 13. Dc3:. Die Varianten 13. Sc3: und 13. Dc3: genießen zur Zeit einen guten Ruf und sind mehrmals von Karpow angewandt worden.

13. ... 0–0–0

14. h4–h5

Durch den Flügellauf des h-Bauern wäre jetzt die normale Zugfolge 14. Sc3: schon unklar, weil Schwarz nicht mehr das Tempo a6 einschalten müßte. Z.B. 14. ... Sf5 15. Sb5 Db8 und Weiß hat bereits Sorgen, da sowohl 16. ... Tg3 als auch 16. ... Se5: droht.

14. ... Se7–f5

15. h5–h6

Der Amoklauf des h-Bauern ist ohne Beteiligung der Leichtfiguren nicht aussichtsreich. Er wird jetzt mit Tempogewinn von den schwarzen Türmen angegriffen und droht verloren zu gehen.
Die Strategie, daß der freie h-Bauer für genügend Unruhe sorgt, ist damit gescheitert.

15. ... Tg8–g6

16. h6–h7 Td8–h8

17. Th1–h3 d5–d4!

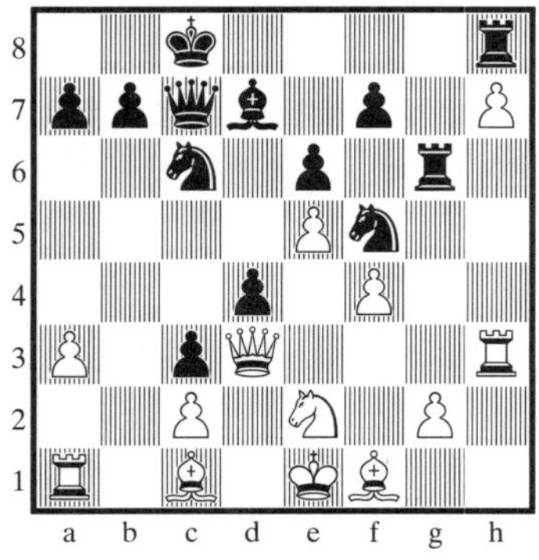

Bis zu dieser Stellung folgte Bronstein einer unlängst gespielten Fernpartie, in der Schwarz schwächer 17. ... Tg7 spielte und nach 18. Tb1 Le8 19. Sc3: a6 20. Sd5: ed5: 21. Df5: in Nachteil geriet. Als Fazit wäre zu ziehen, daß eine Wiederholung immer kritisch betrachtet werden muß, da ja niemand gern schachlichen Selbstmord begehen will.

18. Ta1–b1 Ld7–e8!

Danach muß sich Weiß etwas einfallen lassen, da sonst f6 folgt und der Bauer h7 kostenlos verloren geht.

19. Dd3–f3 Dc7–d8!

Dieser feine Zug pariert die Drohung g4 und bereitet durch das Manöver Sh4 den Gewinn des h-Bauern vor.

20. g2–g4 Sf5–h4

21. Df3–h1

Auf 21. Dg3 folgt Th7: und jetzt würde 22. Dg5 an Sf5 scheitern.

21. ... Tg6×g4

22. Se2–g3 Th8×h7

23. Sg3–e4

Darauf hatte Weiß seine Hoffnung gesetzt. Es droht sowohl tödlich Sd6+ als auch Sf6.

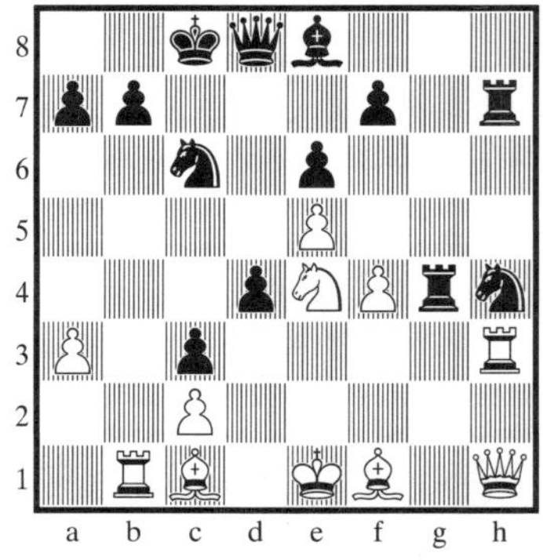

23. ... Sc6×e5!!

Dieses feine Figurenopfer beseitigt die erwähnten Drohungen und bringt entscheidend den Läufer e8 ins Spiel.

24. f4×e5

Auf 24. Sd6+ gewinnt Dd6: 25. Db7:+ Kd8 26. Da8+ Ke7 und der schwarze König ist in Sicherheit.

24. ... Le8–c6!

Damit gerät Weiß in eine unheilvolle Fesselung.

25. Lf1–d3

Hoffnungslos wäre ebenfalls 25. Sd6+ Dd6: 26. ed6: Lh1: 27. Th1: Sf3+ 28. Kf2 Th1: 29. Kf3: T4g1 und ein Läufer geht verloren.

25. ... Kc8–c7!

Ein starker Zug, der das Schach auf d6 ausschaltet und Weiß in einen Agoniezustand versetzt.

26. Ke1–f2 Th7–h5!

Die Schlinge wird zugezogen. Gegen 27. ... Tf5+ gibt es keine Verteidigung mehr.

27. Th3–f3 Dd8–g8!
28. Lc1–f4 Sh4×f3
29. Dh1×h5

Oder 29. Df3: Tf4:! 30. Df4: Tf5 mit Damengewinn.

29. ... Tg4×f4
30. Dh5–h6 Sf3–g5+
Weiß gab auf.

Partie Nr. 37
Lanc – Uhlmann
Bukarest 1979

1. e2–e4 e7–e6
2. d2–d4 d7–d5
3. Sb1–c3 Lf8–b4
4. e4–e5 Sg8–e7
5. a2–a3 Lb4×c3+
6. b2×c3 c7–c5
7. Dd1–g4 Dd8–c7
8. Dg4×g7 Th8–g8
9. Dg7×h7 c5×d4
10. Sg1–e2 Sb8–c6
11. f2–f4 Lc8–d7
12. Dh7–d3 d4×c3

13. Ta1–b1

Auch dieser Zug ist inhaltsvoll. Er richtet sich vorrangig gegen die lange Rochade und verhindert auch in einigen Abspielen den Zug Db6.

13. ... Se7–f5

Von Partie zu Partie gewinnt man neue Erkenntnisse. Früher spielte ich ausschließlich 13. ... 0–0–0. Mit dem frühzeitigen Sf5 sind einige neue Ideen verknüpft.

14. g2–g4

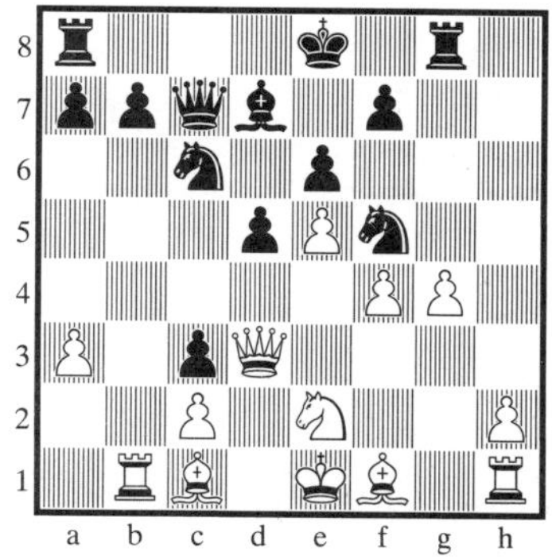

Hier liegt das Problem der Stellung. Bisher galt dieser Zug als vorteilhaft für Weiß. Nach dieser Partie wird man wohl neue Überlegungen anstellen müssen.

14. ... Tg8×g4
15. Lf1–h3 Tg4–g6
16. Lh3×f5 e6×f5
17. Se2×c3 Sc6–e7!

Dieser Zug wurde bisher nicht richtig gewürdigt. Er verteidigt den Bauern d5 und aktiviert den Läufer d7, der auf der Diagonale h1–a8 gute Einsatzmöglichkeiten hat. Von Bedeutung ist auch, daß der Zug 18. Sb5 nicht zu fürchten ist. Es kann sowohl 18. ... Lb5: 19. Db5:+ Tc6 20. Db7: Db7: 21. Tb7: Tc2: mit Initiative für Schwarz als auch 18. ... Da5+ 19. Ld2 Lb5: 20. Tb5: Da6 nebst 0–0–0 mit gutem Spiel für Schwarz erfolgen.

18. a3–a4

Eine Empfehlung aus der Schach-Enzyklopädie, die durch die folgende theoretische Verbesserung zu den Akten gelegt werden kann.

18. ... Dc7–c4!

19. Dd3×c4

Es scheitert 19. Tb7: an Dd3: 20. cd3: Lc6! 21. Tc7 d4! 22. Tc6: Tc6: mit klarem Vorteil. Günstig ist für Schwarz auch 19. La3 Tc8! 20. Le7: Dc3:+ 21. Dc3: Tc3:, da die schwarzen Figuren aktiv in das Kampfgeschehen eingreifen können.

19. ... d5×c4

20. Th1–f1

Auch auf 20. Sb5 stünde Schwarz das starke Manöver 20. ... Lc6 21. Tf1 Kd7! zur Verfügung.

20. ... Ld7–c6

21. Sc3–b5 Ke8–d7!

Dieser feine stille Zug gestattet Weiß nicht, mit Springerschach auf d6 einzudringen und aktiviert den Turm auf a8. Hier zeigt sich wieder einmal, daß keine Stellung schablonenhaft betrachtet werden darf.

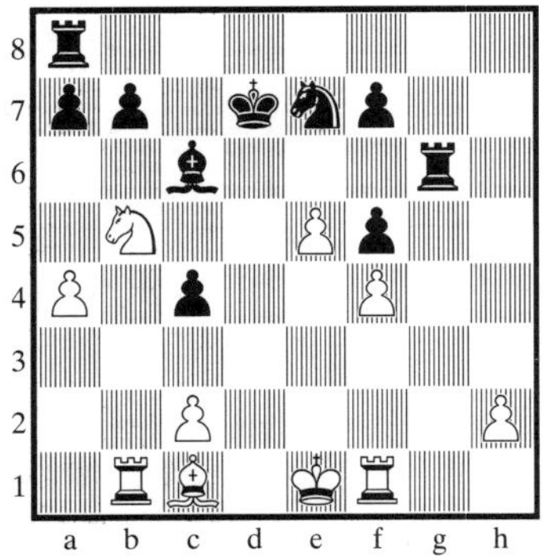

22. Lc1–a3

Auf 22. Sd6 folgt Th8 und Schwarz dringt mit seinen Türmen entscheidend ein.

22. ... Se7–d5

23. Tb1–d1

Es drohte Se3 mit sofortigem Gewinn.

23. ... Ta8–h8!

Mit jedem Zug eine Drohung aufzustellen, ist immer noch ein bewährtes Rezept. Es ist auffällig, daß jede schwarze Figur maximale Wirkung erzielt. Der Zusammenbruch ist somit vorprogrammiert.

24. Sb5–c3 Kd7–e6

Selbst der schwarze König fügt sich nahtlos in das Spielgeschehen ein.

25. Sc3×d5 Lc6×d5

26. Tf1–f2 Th8–h3

27. La3–b4 c4–c3

Verwehrt dem weißen König die Flucht über d2 und ermöglicht den Einsatz des Läufers auf c4, wobei Mattspiele auftauchen. Im Hintergrund ist auch noch der Gedanke vorhanden, die weißen Bauern auf die Farbe des schwarzen Läufers festzulegen, was bei Endspielen von Bedeutung sein kann.

28. Td1–d3

Noch am besten. 28. Td4 verliert wegen Tg1+ 29. Ke2 Tc1

28. ... Tg6–g1+

29. Tf2–f1

Nicht 29. Ke2 Lc4 mit Qualitätsgewinn.

29. ... Tg1×f1+

30. Ke1×f1 Th3×h2

Bedauerlicherweise geht nicht 30. ... Lc4 wegen 31. Kg2! Td3: 32. cd3: c2 33. Ld2 Ld3: und Weiß hätte aufgrund der ungleichfarbigen Läufer Remischancen.

31. Lb4×c3

Auf 31. Tc3: gewinnt Th4 nebst Tf4: und Ta4:.

31. ... Th2×c2

32. Kf1–e1 b7–b6

33. Lc3–d2 Tc2–c4!

34. Td3–a3 a7–a5!

Die Schwäche a4 und der aktive schwarze König besiegeln schnell die Niederlage.

35. Ld2–e3

Auf 35. Tb3 gewinnt Te4+.

35. ... Tc4–b4
36. Le3–d2 Tb4–b1+
37. Ke1–f2 Ld5–c4!
38. Ld2–e3 Ke6–d5
39. Le3–d2 Lc4–b3!

Danach ist der Turm eingeklemmt und Weiß kommt in eine Zugzwangstellung.

40. Kf2–e3 Kd5–c4
41. Ke3–e2 Kc4–d4!

Jetzt ist der tödliche Zugzwang eingetreten. Auf 42. Le1 gewinnt Te1:+! 43. Ke1: Kc3 44. Ta1 und Kb2.

Weiß gab auf, da entweder Kb4 oder Kb2 den Turm gewinnt.

Partie Nr. 38
Bogdanović – Uhlmann
Sarajewo 1963

1. e2–e4 e7–e6
2. d2–d4 d7–d5
3. Sb1–c3 Lf8–b4
4. e4–e5 Sg8–e7
5. a2–a3 Lb4×c3+
6. b2×c3 c7–c5
7. Dd1–g4 Dd8–c7
8. Dg4×g7 Th8–g8
9. Dg7×h7 c5×d4
10. Sg1–e2 d4×c3
11. f2–f4 Sb8–c6
12. Dh7–d3 Lc8–d7
13. Dd3×c3 Se7–f5
14. Lc1–d2?!

Ein zweifelhafter Zug, der sofort Schwarz die Initiative überläßt. Die moderne Theorie empfiehlt 14. Tb1 d4 (in der Partie Karpow – Farago, Wijk aan Zee 1988, geschah 14. ... Tc8 15. Ld2 b6 – besser 15. ... a6! 16. g3 b5 17. Lh3 Db6! 18. Dd3 Sce7 mit gleichen Chancen, Tal – Farago 1988 – 16. g3 Db7 17. Dd3 Sce7 18. Tg1 Tc4 19. g4 Sh4 20. Tg3 Dc8 21. Tb2 Shg6 22. Tf3! und Weiß kam in Vorteil.) 15. Dc4 Da5+ 16. Ld2 Da3: 17. Tb7: Se3 18. Le3: de3: 19. Dc3 Dc3: 20. Sc3: Sd4 21. Se4 Lc6 mit gleichen Chancen.

14. ... Dc7–b6!
15. a3–a4 Ta8–c8
16. a4–a5 Db6–d8

Mit seinem Bauernmanöver auf der a-Linie ist Weiß in Entwicklungsrückstand geraten. Alle schwarzen Figuren stehen vorzüglich und ordnen sich in den Angriffsprozeß ein.

17. Dc3–d3 a7–a6

Nicht nur ein Blockadezug, sondern vielmehr soll Sa7 und eventuell Lb5 oder Sb5 geschehen. Diesem Plan ist nur schwer etwas entgegenzusetzen. Mit dem nächsten Zug hofft Weiß, zumindest den Druck von der c-Linie abzuwenden. Zu groß ist aber der Zeitverlust, um den schwarzen Angriff aufzuhalten.

18. Ta1–a3 Sc6–a7!
19. Ta3–c3 Ld7–b5!
20. Tc3×c8 Dd8×c8
21. Dd3–c3 Lb5–c4!

Natürlich darf auf keinen Fall die Dame getauscht werden. Im Verbund mit den Leichtfiguren wird sie für den Angriff benötigt.

22. g2–g3 Sa7–b5
23. Dc3–b2 Dc8–c6

Mit jedem Zug eine Drohung aufzustellen, ist ein bewährtes Rezept. Jetzt scheitert 24. Lg2 an Sh4!. Andererseits ist die Drohung d4 mit der Besetzung der Diagonale h1–a8 zu beachten.

24. Th1–g1 Tg8–h8!

Ein feiner Zug, der wiederum eine Drohung aufstellt und Weiß nicht zur Ruhe kommen läßt.

25. Tg1–g2 d5–d4

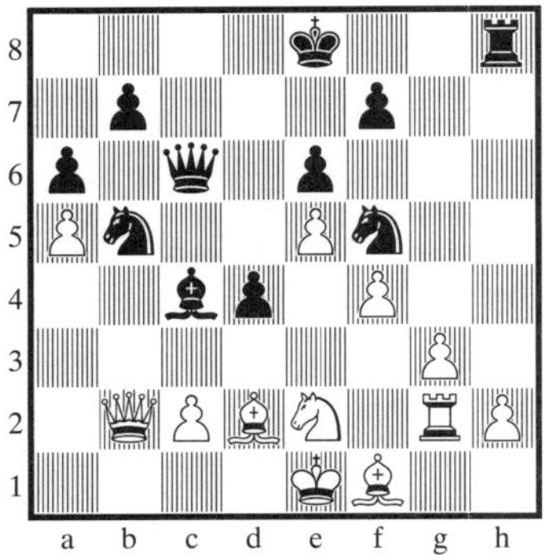

Der Raumvorteil des Schwarzen wird immer größer, und die weißen Figuren nähern sich einer Pattsituation. Kein Wunder, daß der Zusammenbruch unmittelbar bevorsteht.

26. Tg2–f2 Dc6–h1!
27. g3–g4

Wegen der Drohung 27. ... Th2: erzwungen. Jetzt ist aber die Zeit reif, daß die Taktik zur Anwendung kommt.

27. ... Th8×h2!

Ein Figurenopfer, welches in allen Abspielen klaren Vorteil für Schwarz ergibt.

28. g4×f5

Oder 28. Th2: Dh2: 29. gf5: Dh4+ und gleicher Verlauf wie im Text.

28. ... Th2×f2
29. Ke1×f2 Dh1–h2+
30. Kf2–e1

Auf 30. Lg2 gewinnt Ld5.

30. ... Dh2–h4+
31. Ke1–d1 Dh4–f2

Das Damenmanöver ist einfach und stark und garantiert den schnellen Gewinn.

32. Ld2–e1 Df2×f1
33. Se2–g3

Eine Figur verliert 33. Sd4: Sd4: 34. Dd4: De2+ nebst De1:+

33. ... Df1–f3+
34. Kd1–c1 Df3–e3+
35. Kc1–d1 Sb5–c3+
36. Le1×c3 d4×c3
37. Db2–b6 De3–d2 matt.

Partie Nr. 39
Hartman – Uhlmann
Budapest 1986

1. e2–e4 e7–e6
2. d2–d4 d7–d5
3. Sb1–c3 Lf8–b4
4. e4–e5 Sg8–e7
5. a2–a3 Lb4×c3+
6. b2×c3 c7–c5
7. Dd1–g4 Dd8–c7
8. Dg4×g7 Th8–g8
9. Dg7×h7 c5×d4
10. Sg1–e2 Sb8–c6
11. f2–f4 Lc8–d7
12. Dh7–d3 d4×c3
13. Dd3×c3 Se7–f5
14. Lc1–d2

Nach 23 Jahren kommt erneut dieser Zug zur Anwendung und bewährt sich wiederum nicht. Die logische Fortsetzung ist 14. Tb1.

14. ... Dc7–b6!

Schwarz macht sofort Gebrauch von dem kleinen Lapsus: es wird Tb1 verhindert und es droht stark Tc8 nebst Scd4. Nicht zu fürchten ist auf den Textzug 15. Db3, da nach Db3: 16. cb3: Scd4 Schwarz den geopferten Bauern bei gutem Spiel zurückgewinnt.

15. Ta1–c1 Ta8–c8
16. Dc3–b3 Db6–c7!

Jetzt weicht Schwarz natürlich dem Damentausch aus und versucht, Druck in der c-Linie auszuüben.

17. Db3–d3

Weiß gefällt die Drohung Sa5 und Sc4 nicht. Insofern flüchtet er sofort mit seiner Dame. Ein gefährliches Unterfangen, da er auch auf d3 in Zukunft Angriffsobjekt ist.

17. ... a7–a6!
18. Th1–g1

Riskant wäre 18. c4 dc4: 19. Dc4: (nicht 19. Tc4: Se5: mit Gewinn.) 19. ... Db6 mit der Absicht 20. ... Sce7 und Sd5. Beide Rappen würden im Zentrum das Geschehen bestimmen. Im Remissinne wäre in dieser Variante nach 19. Dc4: Se5: möglich mit der Idee 20. Dc7: Sd3+ 21. Kd1 Sf2+ und Dauerschach.

18. ... Sc6–e7
19. g2–g4 Ld7–b5
20. Dd3–h3 Dc7–b6!

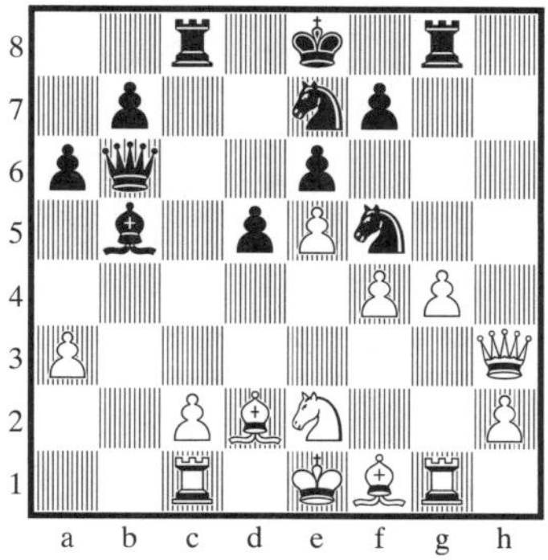

Zum zweiten Mal erscheint die Dame auf b6 und nimmt diesmal günstig mit Tempogewinn Besitz von der Diagonale g1–a7. Die Drohung 21. gf5: wird entschärft, da nach Tg1: 22. Sg1: Dg1: 23. fe6: fe6: 24. Le3 Df1:+ 25. Df1: Lf1: 26. Kf1: Tc3 bei Vorteil der geopferte Bauer zurückgewonnen wird.

21. Tg1–g2 Sf5–d4
22. Se2×d4

Gutes Spiel erzielt Schwarz nach 22. Le3 Tc2:! 23. Ld4: Tc1:+ 24. Kd2 (24. Kf2 Tf1:+ 25. Kf1: Dd4: mit Gewinn) 24. ... Dc6! 25. Sc1: Lf1: mit klarem Vorteil. Oder 22. De3 Le2: 23. Le2: Tc2: und Schwarz hat ebenfalls Vorteil. So scheitert 24. Kf2 an Td2:! 25. Dd2: Sb3+ mit Gewinn.

22. ... Lb5×f1
23. Ke1×f1 Db6×d4

Die Aufregungen sind etwas abgeklungen. Schwarz hat zwar immer noch einen Bauern weniger, besitzt jedoch das bessere Spiel, da beide Türme auf den halboffenen Linien gewaltige Kraft entfalten. Auch fehlt dem weißen König ein schützendes Plätzchen.

24. Dh3–d3 Dd4–a4
25. Tc1–b1 b7–b5
26. Ld2–b4

Zwar ist die schwarze Dame zeitweilig abgeklemmt, jedoch tauchen jetzt die Sorgen auf der 4. Reihe auf.

26. ... Tc8–c4!
27. f4–f5

Es ist bereits schwer, den Bauern f4 zu verteidigen. Auf 27. De3 kommt Schwarz nach a5! 28. Le7: Tf4:+ 29. Kg1 (29. Ke1 Te4 mit Damengewinn) 29. ... Tfg4: zu klarem Vorteil.

27. ... Tc4–f4+!

Dieses Zwischenschach garantiert erst einmal, daß der Bauer zurückgewonnen wird. Wesentlich bedeutender ist aber, daß der König in die Schußlinie kommt. So verbietet sich 28. Tf2 wegen Tfg4: und 28. Kg1 ebenfalls wegen Tfg4: 29. Tg4: Tg4:+ 30. Kh1 Sf5: mit klarem Vorteil, da anschließend die schwarze Dame durch a5 wieder ins Spiel kommt.

28. Kf1–e2 Se7×f5!

Das ist des Pudels Kern.

29. Tb1–g1 Tf4–e4+
30. Ke2–f2 Sf5–e3
31. Tg1–e1!

Weiß wehrt sich noch erfindungsreich.

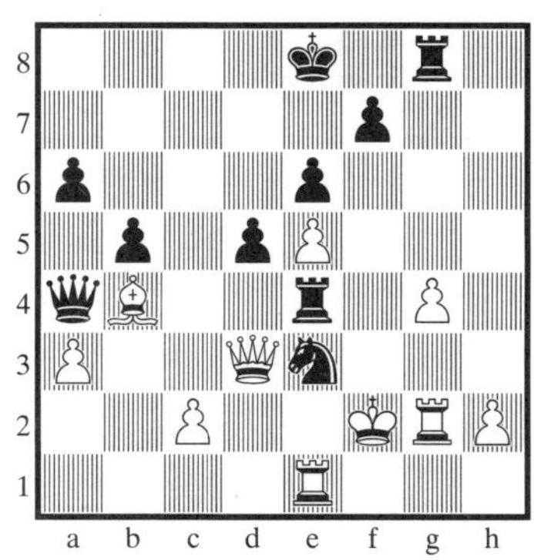

Hoffnungslos wäre das Damenopfer 31. De4: de4: 32. Ke3: a5 33. Ld6 Th8 mit der tödlichen Drohung Th3+.

31. ... Da4×c2+

Nach langem Überlegen die sicherste Abwicklung. Man hätte durchaus noch fehlgreifen können, wenn man 31. ... Sg2: 32. Te4: de4: gespielt hätte. Nach 33. Dc3! wäre das Dauerschach nicht vermeidbar. Stark in Betracht kam aber 31. ... Teg4: 32. Tg4: Sg4:+ 33. Kf1 Sh2:+ 34. Kf2 Sg4+ 35. Kf1 Kd7 36. Dh7 Sh6! 37. Dh6: Dc2: und Dame und Turm bzw. drei Mehrbauern für die Figur dürften bei der geschwächten Königsstellung reelle Gewinnchancen ergeben.

32. Dd3×c2 Se3×c2
33. Te1×e4 d5×e4
34. Kf2–g3

Oder 34. Ld6 Kd7 35. h4 Sd4 mit Vorteil, weil 36. Ke3 an Sf5+ scheitert.

34. ... Sc2–e3
35. Tg2–e2 Se3×g4
36. Kg3–f4 f7–f6!

Die einfachste Lösung. Auf sofortiges 36. ... f5 erhält Weiß mit 37. Tc2 Schwindelchancen.

37. e5×f6 Sg4×f6
38. Te2–c2

Nach 38. Ke5 Kf7 39. h4 Td8! droht verheerend 40. ... Td5+.

38. ... Tg8–g4+
39. Kf4–e5 Ke8–f7
40. Tc2–c7+ Kf7–g6
41. Lb4–f8

Falls 41. Ke6:, so e3 nebst Te4+.

41. ... e4–e3!

Noch ein präziser Zug, da Schwarz den Springer f6 bereits entbehren kann.

42. Tc7–g7+ Kg6–h5!
43. Ke5×f6 Tg5×g7
44. Kf6×g7 a6–a5!!

Weiß gab auf, da nach 45. Lc5 e2 46. Lf2 b4 der Bauer unaufhaltsam zur neuen Dame schreitet.

Partie Nr. 40
Psachis – Uhlmann
Tallinn 1987

1. e2–e4 e7–e6
2. d2–d4 d7–d5
3. Sb1–c3 Lf8–b4
4. e4–e5 Sg8–e7
5. a2–a3 Lb4×c3+
6. b2×c3 c7–c5
7. Dd1–g4 Dd8–c7
8. Dg4×g7 Th8–g8
9. Dg7×h7 c5×d4
10. Sg1–e2 Sb8–c6
11. f2–f4 d4×c3
12. Dh7–d3 Lc8–d7

Wenig praktische Erfahrungen liegen über den Zug 12. ... d4 vor. Weiß dürfte aber nach 13. Sd4: Sd4: 14. Dd4: Ld7 15. Df2!? in Vorteil kommen. Als weniger gut erwies sich 15. a4 Sf5 16. Df2 Dc6 17. Tg1 De4+ 18. De2 Db4 Sokolow – Hulak, Portoroz 1987, mit unklaren Verwicklungen.

13. Se2×c3 a7–a6

Ein Zug, ohne den Schwarz nicht auskommt. Die Drohung Sb5 und Sd6+ muß verhindert werden.

14. Ta1–b1 Ta8–c8

Ein grober Fehler wäre bereits 14. ... 0–0–0 wegen Da6:, da ba6: an La6:+ scheitert. In Betracht kommt aber noch immer die alte Fortsetzung 14. ... Sa5 15. h4 Sf5 16. Th3 0–0–0 17. h5 Sc4 (17. ... Tg4 18. h6 Th8 19. h7 Tg7 20. Tb4 Sc4 mit gutem Spiel für Schwarz, Dueball – Uhlmann 1970) 18. Tb4 Lc6 19. Se2 Lb5 20. a4 Se5: 21. Dc3 Le2: 22. fe5: Lf1: 23. Dc7: Kc7: 24. Kf1 d4 mit beiderseitigen Chancen, Hort – Uhlmann, Hastings 1971.

15. h2–h4!

Die frühzeitige Attacke des h-Bauern ist vor allem deshalb sinnvoll, weil Weiß durch das Manöver Th3 viele Gefahren durch die schwarzen Springer im Zentrum abwenden kann.

15. ... Se7–f5

Fehlerhaft wäre 15. ... Se5: 16. fe5: Dc3:+ 17. Dc3: Tc3: 18. Tb7: Tc2: 19. Lg5! mit Vorteil.

16. Th1–h3 Sc6–e7!

Eine neue Idee, die beinhaltet, daß die Königsflügelbauern in ihrem Amoklauf gestoppt werden. Außerdem soll durch den Textzug Unruhe auf der c-Linie entstehen und der Läufer auf d7 soll auf der Diagonale h1–a8 zum Einsatz kommen.

17. Lc1–d2

Falls 17. h5, so Sh6 nebst Sef5 mit gutem Spiel.

17. ... Ld7–c6
18. h4–h5 Sf5–h6
19. Th3–g3!

Ein interessanter Zug, der den Druck von der g-Linie abwenden soll und den Vormarsch des g-Bauern vorbereitet.

19. ... Tg8×g3
20. Dd3×g3 Se7–f5
21. Dg3–h3!

Falsch wäre 21. Dg5, weil Schwarz stark Kd7 spielen könnte, und Weiß hätte durch die Drohung Tg8 bereits ernste Sorgen.

21. ... d5–d4
22. Sc3–d1

Nicht gut wäre 22. Se2 Dd8! 23. g4 Se3! mit Vorteil.

22. ... Dc7–d8!

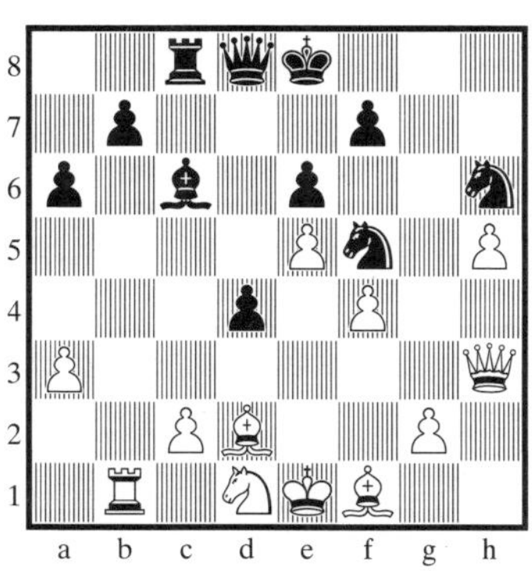

Die kritische Stellung. Schwarz muß sich etwas einfallen lassen, um den zu erwartenden Bauernvorstoß g4 zu entkräften. Der Damenzug nach d8 ist dazu das geeignete Mittel, weil er einen neuen Stützpunkt auf h4 schafft.

23. Sd1–f2

Weiß setzt nicht konsequent fort und kommt dadurch in Bedrängnis. Richtig war 23. g4, wonach komplizierte Abspiele entstanden wären, die im Endeffekt etwas günstiger für Weiß zu bewerten sind. Z.B. 23. g4 Sh4 24. Tb3! Ld5!? (24. ... Le4 25. Sf2 Lc2: 26. Tb2 b5 27. f5 Dd5!? 28. Dh4: – 28. Lh6: Sf3+ 29. Ke2 d3+ 30. Ke3 Se5: mit Gewinn – 28. ... De5:+ 29. Le3 d3 30. Sd3: Ld3: 31. Lh6: Db2: 32. Ld3: mit Vorteil) 25. Td3 (25. f5 Tc2:! 26. Td3 ef5: 27. Lh6: Da5+ 28. Sc3 Tc3: 29. Ld2 Sf3+ 30. Tf3: Tc1+ 31. Ke2 Lf3:+ 32. Df3: Db5+ 33. Dd3 Dd3: 34. Kd3: Tf1: mit Gewinn oder 27. g5 Td2:! 28. Dh4: Td3: 29. Ld3: Sg4 30. h6 De7! mit Vorteil) 25. ... Tc2: 26. Td4: Sf3+ 27. Df3: Lf3: 28. Td8:+ Kd8: 29. Se3 Tc8 (29. ... Ta2 30. g5 Sg4 31. Sg4: Lg4: 32. g6! Lf5 33. g7 Lh7 34. Ld3 Lg8 35. h6 Ta1+ 36. Ke2 Th1 37. f5! mit Gewinn) 30. Le2 Le2: 31. Ke2: Kd7 32. g5 Sf5 33. Sf5: ef5: 34. Kf3 Th8 35. h6 Ke6 36. Kg3 Td8 37. Lb4 mit Vorteil.

23. ... Sf5–e3!

Ein weiteres Bauernopfer, das den schwarzen Angriff ankurbelt.

24. Ld2×e3 d4×e3
25. Dh3×e3 Sh6–f5
26. De3–d3?!

In dieser komplizierten Stellung bot mein Gegner mir Remis an, was ich nach längerem Nachdenken akzeptierte. Zu Unrecht, wie die Analysen bewiesen. Nach 26. ... Dh4! wäre es sehr schwer gewesen, eine sinnvolle Parade zu finden. Z.B. 27. Tb4 Td8! 28. Dh3 Td1+! 29. Kd1: (29. Ke2 Dh3: 30. Sh3:

Tc1 mit der Drohung Sg3+ und Tc2:+) 29. ... Df2: und Weiß steht nach 30. Ld3 Lg2: auf Verlust. Oder 27. g4 Sg3 28. Tb3 (28. De3 Dh2! 29. Tb3 Sf1: 30. Kf1: Lg2+ 31. Ke2 Tc2:+ 32. Kd3 Ta2 mit der vernichtenden Drohung Ld5) 28. ... Se4+ 29. De3 Ld5! 30. c4 Lc4: 31. Lc4: (nicht 31. Tb7: Lf1: 32. Kf1: Sf2: und 33. Df2: scheitert an Tc1+ nebst Tc2+ mit Damengewinn) 31. ... Tc4: 32. Tb7: Tc1+! 33. Ke2 (33. Dc1: Df2:+ 34. Kd1 Df3+ 35. Kc2 Dc3+ 36. Kd1 Sf2+ mit Damengewinn) 33. ... Tc2+ 34. Kd3 Tc3+ 35. Ke4: Te3:+ 36. Ke3: Dg3+ 37. Ke2 Df4: mit gewonnenem Endspiel. Kleine Fehler haben manchmal große Ursachen. Die Gewinnchance ergab sich aus dem letzten fehlerhaften Zug von Weiß. 26. Dd3, statt dessen konnte Weiß stärker 26. Dd2 spielen. Nach 26. ... Dh4 27. Tb3 Sg3 28. h6! Td8 (nicht 28. ... Dh2 29. h7! Sf1: 30. Th3 mit Gewinn) 29. De3 (oder nach 29. Td3 Td3: 30. Dd3: Sf1: 31. Kf1: Dh6: wäre ein Unentschieden wahrscheinlich) 29. ... Sf1: 30. Kf1: Dh6: mit Ausgleich.

Partie Nr. 41
Short – Uhlmann
Saloniki 1988

1.	**e2–e4**	**e7–e6**
2.	**d2–d4**	**d7–d5**
3.	**Sb1–c3**	**Lf8–b4**
4.	**e4–e5**	**c7–c5**
5.	**a2–a3**	**Lb4×c3+**
6.	**b2×c3**	**Sg8–e7**
7.	**Dd1–g4**	**0–0**

Durch den Textzug ergeben sich grundsätzlich andere Stellungsbilder. Schwarz verhindert mit der Rochade den Einschlag auf g7, muß sich aber in der Regel eines gefährlichen Königsangriffes erwehren. Die theoretische Wertung des letzten Zuges ist noch nicht abgeschlossen.

8. Lf1–d3 Sb8–c6?!

Bis zu dieser Partie galt dieser Zug als spielbar. Er wurde erstmals widerlegt in der Begegnung Maus – Hübner, Lugano 1989. Besser ist deshalb 8. ... f5 9. ef6:e.p. Tf6: 10. Lg5 Tf7 11. Dh4 (oder 11. Dh5 h6 12. Lg6 Tf8 13. Sf3 Sbc6 14. 0–0 Dc7 15. Le7: De7: 16. Tae1! Df6? – besser 16. ... Ld7! 17. Te3 Le8 18. Tfe1 Lg6: 19. Dg6: Tf6 mit gleichen Chancen – 17. Se5 cd4: 18. f4 dc3: 19. g4 mit siegreichem Angriff, J. Polgar – Uhlmann, Amsterdam 1990) 11. ... h6 12. Le7: De7: 13. Dg3 c4 14. Lg6 Tf6 15. Sf3 Sc6 16. 0–0 Ld7 17. Tfe1 Le8 18. Le8: Te8: 19. Se5 Se5: 20. Te5: Tf5 21. a4 Te5: 22. De5: Df6 23. Dc7 Remis Oll – Uhlmann, Debreczen 1989.

9. Dg4–h5! h7–h6?!
10. g2–g4?!

Hier entscheidet das Läuferopfer 10. Lh6:! zugunsten von Weiß. Interessant, daß innerhalb von kurzer Zeit infolge von fehlender Information dreimal die weißspielende Partei siegreich war. Zunächst als Erster Maus gegen Hübner. Es geschah 10. ... gh6: 11. Dh6: Sf5 12. Lf5: ef5: 13. 0–0–0 (Die Pointe des Opfers, es droht vernichtend Td3) 13. ... f4 14. Sh3 Se7 15. Sg5 Lf5 16. g4! Le4 17. The1 Db6 18. e6! Lg6 19. Td3!! 1:0. Oder 13. ... c4 14. Sh3 f6 15. Dg6+ Kh8 16. The1 fe5: 17. de5: ebenfalls mit siegreichem Angriff, Vogt – Uhlmann, Berlin 1989.

10.	**...**	**c5–c4!**
11.	**Ld3–e2**	**Dd8–a5**
12.	**Lc1–d2**	**f7–f6!**

Notwendig, um g5 zu erschweren und gegebenenfalls auf der f-Linie ein Gegenspiel zu ermöglichen.

13.	**e5×f6**	**Tf8×f6**
14.	**Sg1–f3**	**Lc8–d7**

15. g4–g5 Tf6–f5
16. Dh5–h3

Die kritische Stellung. Weiß droht gh6: mit Entscheidung. Deshalb muß Schwarz kompromißlos Verwicklungen anstreben.

16. ... h6×g5
17. Sf3×g5 Tf5×g5!!

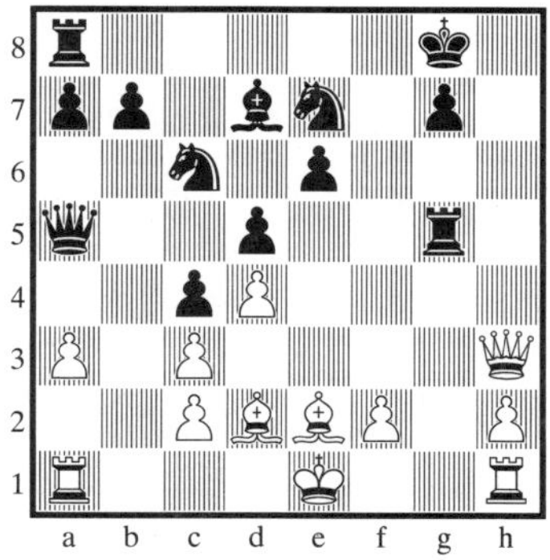

Mit diesem Qualitätsopfer gefolgt von dem Opfer des Ld7 bekommt die Partie herausragenden Inhalt. Es mußten 8 Züge konkret berechnet werden. Ermöglicht wird alles, da mit Tempogewinn sowohl der Läufer als auch die Dame von der Verteidigung des Punktes c3 abgelenkt werden.

18. Ld2×g5 e6–e5!
19. Dh3×d7

Schlecht wäre 19. Dg3 wegen Sf5 und 19. De3 scheitert an ed4:.

19. ... Da5×c3+
20. Ke1–f1 Dc3×a1+
21. Kf1–g2 Da1×d4
22. Lg5×e7

Nicht 22. Db7: Tb8 (oder Tf8) 23. Dd7 De4+ 24. Lf3 Dg6 mit Vorteil.

22. ... Sc6×e7
23. Dd7×e7 Ta8–f8!

Der Angriff auf f2 gestattet Weiß keine Atempause.

24. De7–e6+

Natürlich nicht 24. Tf1 wegen De4+ mit Figurengewinn.

24. ... Tf8–f7
25. f2–f4!

Die beste Verteidigung, die noch präzises Spiel von Schwarz verlangt. Gefährlich wäre 25. f3 De3! 26. Te1 e4! 27. Kf1 Dg5! und Schwarz droht mehrfach 28. ... ef3:, Dh4 oder b5 mit starkem Angriff.

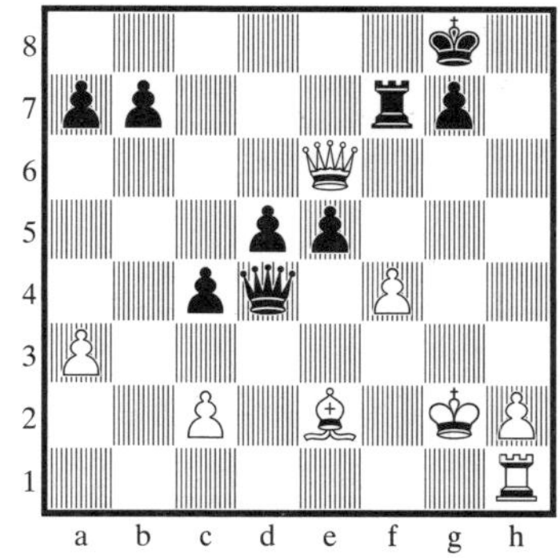

25. ... Dd4–e4+
26. Le2–f3 De4×c2+
27. Kg2–g3 e5–e4!

Falsch wäre 27. ... ef4:+ 28. Kg4 und gegen die Drohung Ld5: gäbe es keine Parade. Nach längerem Nachdenken bot Short Remis an, da er mit 28. De8+ Tf8 29. De6+ Dauerschach hat.

Gewinnversuche von Weiß wären Selbstmord, z.B. 28. Lh5 Dc3+ 29. Kh4? (29. Kg2 Dd2+ 30. Kg1 De1+ mit Dauerschach) 29. ... Df6+ 30. Df6: Tf6: 31. Td1 c3 32. Td5: c2 33. Tc5 Tc6 mit Gewinn. Oder 29. Kg4? Df3+ 30. Kh4 Df4:+ 31. Kh3 De3+ 32. Kg4 Df3+ 33. Kh4 Df6+ 34. Df6: Tf6: mit Gewinnstellung. Eine aufregende Remispartie, die durch schöne Kombinationen gewürzt war.

Partie Nr. 42
Horvath, Cs. – Uhlmann
Debrecen 1988

1. e2–e4 e7–e6
2. d2–d4 d7–d5
3. Sb1–c3 Lf8–b4
4. e4–e5 c7–c5
5. a2–a3 Lb4×c3+
6. b2×c3 Dd8–c7

Diesen Zug wendet man gern an, wenn man mit Sicherheit den Damenausfall nach g4 erwarten kann. Schwarz steht dann mittels f5 eine andere Bekämpfungsmethode zur Verfügung.

7. Dd1–g4 f7–f5
8. Dg4–h5+

Die Hauptfortsetzung lautete 8. Dg3 cd4: 9. cd4: Se7 und Schwarz kommt zur Rochade, ohne durch Dg7: gestört zu werden.

8. ... Dc7–f7

Möglich ist auch 8. ... g6 9. Dd1 Sc6 (9. ... cd4: 10. cd4: Dc3+ 11. Ld2 Dd4: 12. Sf3 De4+ 13. Le2 und Weiß hat für den geopferten Bauern großen Entwicklungsvorsprung.) 10. Sf3 Ld7 11. a4 und Weiß dürfte nach Ld3 das bessere Spiel haben.

9. Dh5–d1

Schlicht und einfach ist 9. Df7:+ Kf7: 10. c4! cd4: 11. cd5: ed5: 12. Sf3 Sc6 13. Lb2 Sge7 mit geringem Vorteil für Weiß. Angriffsspieler möchten aber nicht so frühzeitig die Dame tauschen, weil damit die Taktik zu kurz kommt. Diese psychologischen Erwägungen sind bei genauer Kenntnis des Gegners manchmal Gold wert.

9. ... b7–b6!
10. a3–a4

Ein Routinemanvöver, das hier nicht angebracht ist. Den Vorzug verdiente 10. Sh3 oder 10. h4.

10. ... Lc8–a6
11. Lf1–b5+ La6×b5
12. a4×b5

Schwarz ist es gelungen, den weißfeldrigen Angriffsläufer zu tauschen. Der vorhandene Druck gegen den Bauern a7 ist unbedeutend, da eine schnelle Entwicklung möglich ist und Schwarz sogar auf dem Damenflügel die Initiative erzielen kann. Somit ist jetzt schon zu registrieren, daß in der weißen Planung ein Fehler vorhanden war.

12. ... Sg8–e7
13. h2–h4 0–0
14. Sg1–h3 h7–h6

15. Sg5 muß verhindert werden.

15. h4–h5 Sb8–d7
16. Sh3–f4 Tf8–c8!

Bereitet einen Angriff auf der c-Linie vor und gibt dem Springer das Verteidigungsfeld f8.

17. Th1–h3 Sd7–f8
18. Lc1–e3

Wie soll Weiß sinnvoll Angriff und Verteidigung koordinieren? Die schwarze Drohung lautete De8!, wonach der Bauer b5 Angriffsobjekt ist.

18. ... c5×d4
19. c3×d4 Df7–e8
20. Dd1–b1

Auf 20. Dd3 wäre Tc4 sehr stark.

20. ... Tc8–c4!
21. Ta1–a6 De8–c8
22. Ke1–d1

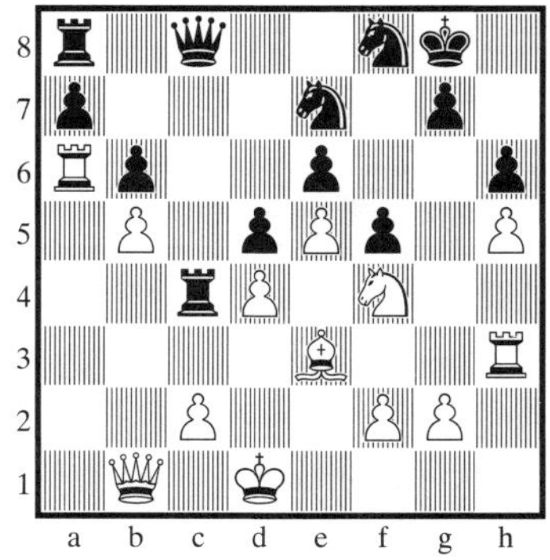

22. ... Se7–c6!!

Mit der Überführung des Springers zum Damenflügel löst Schwarz einen gefährlichen Angriff aus. Weiß muß die Blokkade von a6 aus aufheben, so daß in Zukunft der Turm von a8 aus schnell in das Kampfgeschehen eingreifen kann.

23. Ta6–a2 Tc4–b4!

Falsch wäre 23. ... Sd4:, da nach 24. c3! das Pferd verloren geht.

24. Ta2–b2 Tb4×b2

25. Db1×b2 Sc6–a5

26. Le3–c1 a7–a6!

Der richtige Moment, um die a-Linie zu öffnen und damit die Reichweite des Turmes zu vergrößern.

27. b5×a6 Dc8×a6

28. Sf4–d3

Notwendig wegen der Drohung Df1+.

28. ... Sa5–c4

29. Db2–b4 Da6–a1!

30. Th3–g3 Kg8–f7!

Eine Kleinigkeit, die aber sehr bedeutsam ist. Mit dem Textzug wird das Eindringen der Dame auf e7 verhindert. Bereits in Zeitnot wählt Weiß den logischen Zug 31. c3, der aber an der Grundlinienschwäche scheitert. Eine Verteidigung gab es aber nicht mehr. So verliert 31. Sb2 wegen Dc1:+ 32. Kc1: Ta1 matt, und 31. Ke2 scheitert an Dd4:.

31. c2–c3 Ta8–a2!

Weiß gab auf.

Gegen die tückische Drohung Td2+ nebst Td3: und Dc1:+ gibt es keine Verteidigung. Beispielsweise 32. Db3 Td2+ 33. Ke1 Td3:! 34. Td3: Dc1:+ 35. Ke2 (35. Dd1 Sb2!!) 35. ... Dg5 mit weiterem Materialgewinn.

Die Einengungsvariante

1. e4 e6 2. d4 d5 3. e5

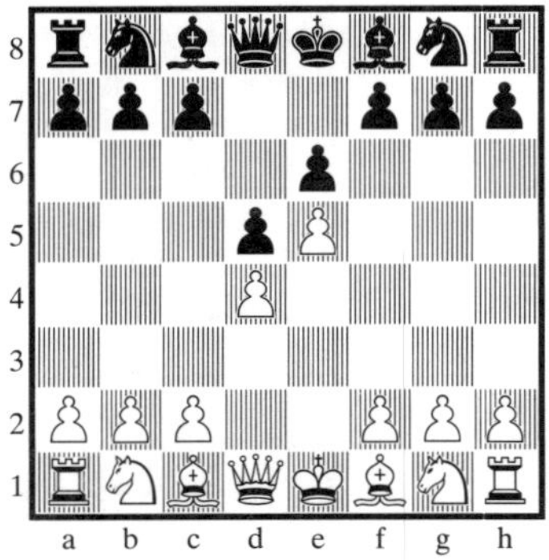

Sie ist auch unter dem Namen Vorstoßvariante bekannt. Weiß gibt bereits durch seinen Zug 3. e4–e5 zu erkennen, welches Konzept spielbestimmend sein soll. Durch die Bauernkette auf den schwarzen Feldern wird zunächst Raumgewinn erzielt. Außerdem haben die weißen Läufer die größere Reichweite. Das Problem für Schwarz liegt darin, schnell Angriffspunkte im Zentrum zu finden. Ein Plan ist aber relativ einfach zur Hand, da sich der Bauernhebel c7–c5 förmlich anbietet. Durch die Züge Sb8–c6 und Dd8–b6 wird der Druck gegen den Punkt d4 verstärkt. Gegebenenfalls kommt auch das Springermanöver Sg8–f6 in Betracht. Somit sind für Weiß und für Schwarz große Variationsmöglichkeiten nicht gegeben. Darin liegt sicher die Ursache, daß die Fortsetzung zur Zeit nur recht wenig angewendet wird. Das bedeutet aber nicht, daß dieses Abspiel in der Hand eines Spezialisten eine gefährliche Waffe sein kann.

Partie Nr. 43
Möhring – Uhlmann
Halle 1982

1. e2–e4 e7–e6
2. d2–d4 d7–d5
3. e4–e5

Die Einengungsvariante ist ein Abspiel, welches mehr positionellen Charakter hat. Mit der Festlegung des Zentrums ist ein kleiner Raumgewinn verbunden. Die Bekämpfungsmethode besteht in den Bauernhebeln c5 und f6.

3. ... c7–c5
4. c2–c3 Sb8–c6

Eine andere Möglichkeit ist 4. ... Db6 mit der Idee Ld7 und Lb5.

5. Sg1–f3 Dd8–b6
6. Lf1–e2

Neben dem Textzug sind noch die Varianten 6. a3 und Ld3 von Bedeutung.

6. ... c5×d4
7. c3×d4 Sg8–h6
8. Sb1–c3

Nicht 8. Lh6: Db2: mit Bauerngewinn.

8. ... Sh6–f5
9. Ke1–f1

Ein riskanter Zug, der indirekt 9. ... Sd4: wegen 10. Sa4 verhindert. Außerdem soll mit Tempogewinn mittels g4 der lästige Springer von f5 vertrieben werden. Die Aufgabe der Rochade hat aber auch seine Nachteile, wie der Partieverlauf bewies. Besser ist deshalb 9. Sa4 Lb4+ 10. Ld2 Da5 11. Lc3 b5 12. a3 Lc3:+ 13. Sc3: b4 14. ab4: Db4: 15. Lb5 Ld7 mit Ausgleich, Fernpartie Dr. Dünhaupt – Rittner 1974. Gutes Spiel erhält Schwarz ebenfalls nach 10. Kf1 Dd8 11. g4 (11. a3 Le7) Sh4 12. Lg5 Le7.

9. ... Lc8–d7
10. Sc3–a4

Verfrüht wäre jetzt 10. g4 wegen Sd4: 11. Sa4 (10. Le3 Db2:) Da5 und Weiß hat keine Zeit zu 12. Sd4: Sd4:, weil der Springer auf a4 zweimal angegriffen ist.

10. ... Db6–d8
11. Lc1–f4 Lf8–e7
12. g2–g4 Sf5–h4!
13. Sf3×h4 Le7×h4
14. Sa4–c5 Ld7–c8!

Mit diesem Rückzug wird das Läuferpaar erhalten und die mögliche Wendung Sd7: Dd7: g5, verhindert, wonach der Lh4 ausgesperrt wäre. Außerdem kann in einigen Abspielen der Lc8 nach b7–b6 auf dem Feld a6 ins Spiel gebracht werden.

15. Dd1–d2

Etwas besser war 15. Lg3.

15. ... f7–f6!

Verhindert wiederum die Aussperrung durch g5 und bereitet eine gefährliche Initiative in der f-Linie vor.

16. Kf1–g2 0–0
17. Lf4–g3 f6×e5
18. d4×e5 d5–d4!

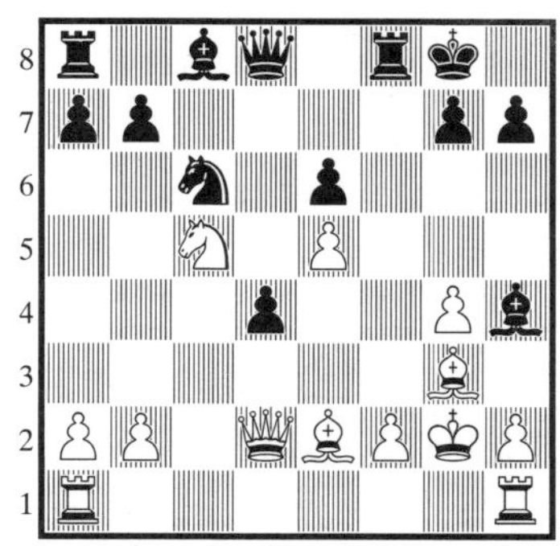

Vergrößert den Raumvorteil und bereitet den Einsatz des Läufers sowie der Dame auf der langen Diagonale a8–h1 vor. Schlecht gewesen wäre 18. ... Lg3: 19. hg3: Se5: 20. Th5!, denn Weiß bekäme unwiderstehlichen Angriff in der h-Linie.

19. Lg3×h4

Eine schwierige Entscheidung von Weiß. Der optisch gute Zug 19. Lc4 ergibt aber ebenfalls Vorteil für Schwarz, z.B. 19. ... Sa5! (nicht 19. ... Se5:? 20. Le5: Tf2:+ 21. Df2: Lf2: 22. Se6:! Le6: 23. Le6:+ Kh8 24. Kf2: De7 25. The1 mit Vorteil) 20. Se6: (oder 20. Le6:+ Le6: 21. Se6: Dd5+ 22. Kh3 Lg3:! 23. fg3: De6: 24. Da5: Tf2 mit leichtem Gewinn; falls auf 21. ... Dd5+ 22. Kg1 geschieht, erhält Schwarz ebenfalls nach 22. ... Lg3: 23. hg3: Sc4 eine Gewinnstellung.) 20. ... Sc4: 21. Sd8: Sd2: 22. Lh4: Lg4: mit den Drohungen Td8: und Lf3+. Nach sofortigem 19. Sd3 sichert Schwarz nach Dd5+ 20. f3 Le7 mit der Idee b6 und Lb7 das bessere Spiel.

19. ... Dd8×h4
20. Sc5–d3

Jetzt wäre 20. f4 verderblich wegen Se5: 21. fe5: Df2+ 22. Kh3 Tf3+ mit Damengewinn.

20. ... b7–b6!
21. f2–f4

Nicht 21. Lf3 Tf3:! 22. Kf3: Lb7 mit vernichtendem Angriff, und falls 21. f3, so La6 mit der Drohung Ld3: und Se5:.

21. ... Lc8–b7
22. Le2–f3 Sc6–a5
23. h2–h3

Notwendig, da 23. Lb7: an Dg4:+ und 23. Sf2 an Lf3:+ 24. Kf3: g5! scheitert.

23. ... Sa5–c4!

Dieses kecke Pferd dringt verheerend in die geschwächte weiße Königsstellung ein.

24. Dd2–e2

Auf 24. Df2 wird der Vorteil mittels Se3+ 25. Kg1 De7! ausgebaut.

24. ... Sc4–e3+
25. Kg2–h2 Ta8–c8!

Verhindert wiederum Lb7: wegen der Drohung Tc2 mit Damengewinn.

26. Ta1–c1 Lb7–a6

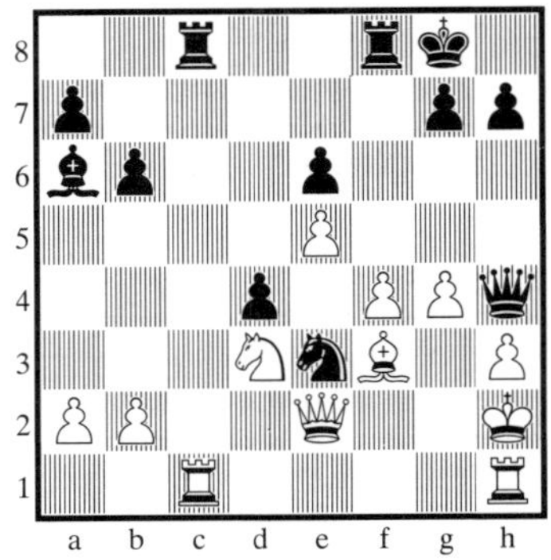

Dieser Läuferzug besiegelt die weiße Niederlage. Der Schutzspringer droht getauscht zu werden, wonach das Feld f4 nicht mehr zu verteidigen ist.

27. Lf3–e4

Oder 27. Df2 Df2:+ 28. Sf2: Tc1: 29. Tc1: Tf4: mit klarem Endspielvorteil, bzw. auch 27. ... Dh6 28. g5 Dg6 mit Vorteil.

27. ... La6×d3
28. Le4×d3 Se3×g4+!

In gewonnener Stellung noch eine schöne Schlußkombination.

29. De2×g4 Dh4–f2+
30. Dg4–g2 Df2×f4+
31. Dg2–g3 Tc8×c1

Weiß gab auf, da 32. Df4: an dem Zwischenschach Th1: scheitert.

Partie Nr. 44
Przewoznik – Uhlmann
Zakopane 1980

1. e2–e4 e7–e6
2. d2–d4 d7–d5
3. e4–e5 c7–c5
4. c2–c3 Sb8–c6
5. Sg1–f3 Dd8–b6
6. a2–a3

Mit dem Partiezug deutet Weiß an, daß er mittels b4 Raumvorteil erzielen möchte. Die Antwort 6. ... c4 ist deshalb das richtige Gegengift.

6. ... c5–c4
7. g2–g3

Wie der Partieverlauf zeigt, ist dieser Aufbau etwas langatmig. Besser 7. Sbd2.

7. ... f7–f6!

Diesen Sprengungszug habe ich in die moderne Turnierpraxis eingeführt. Das Problem liegt in dem rückständigen Bauern e6, was aber gut gelöst werden kann. Die alte Methode besteht in dem Manöver Sa5 und Ld7 mit Blockade des Damenflügels. Die Ergebnisse sprechen aber zugunsten von Weiß.

8. e5×f6 Sg8×f6
9. Lf1–g2 Lf8–d6
10. 0–0 0–0
11. Sb1–d2

Auf 11. Te1 folgt Se4 12. Sbd2 Sd2: mit gutem Spiel für Schwarz.

11. ... e6–e5!

Mit diesem Befreiungsvorstoß erlangt Schwarz die Initiative. Der Läufer c8 hat vorzügliche Perspektiven. Er kann sowohl auf g4 eine Fesselung auslösen als auch das Traumfeld d3 ansteuern. Die Bauernschwäche d5 spielt dabei eine untergeordnete Rolle.

12. d4×e5 Ld6×e5!

Die präziseste Art, Stellungsvorteil zu erhalten. Weiß muß mehr oder weniger auf e5 tauschen, wonach der Springer eine dominierende Position im Zentrum einnimmt. Schlecht wäre 13. Te1 wegen Lg4 14. h3 Lg3:! mit vernichtendem Angriff. Am Besten dürfte 13. Dc2 sein.

13. Sf3×e5 Sc6×e5
14. Dd1–e2

In einer Partie Neukirch – Uhlmann geschah 14. Sf3 Lg4 15. Le3 Db2: 16. Ld4 Lf3: 17. Lf3: Sf3:+ 18. Df3: Se4 19. De3 (19. Dg4 Tf7 mit Vorteil) 19. ... Sd2 20. De6+ Tf7 21. Dd5: Sf1: mit Vorteil.

14. ... Tf8–e8
15. Sd2–f3 Lc8–g4
16. De2–d1

Auf 16. Le3 gewinnt Schwarz mittels Sf3:+ 17. Lf3: Lf3 18. Df3: Db2: 19. Ld4 De2! bei gesicherter Stellung einen Bauern. Trotzdem war es das kleinere Übel.

16. ... Ta8–d8
17. Lc1–e3

Jetzt muß Weiß den Bauern doch opfern, da die Drohung Se4 sonst zu stark wäre.

17. ... Db6×b2
18. Le3–d4 b7–b6

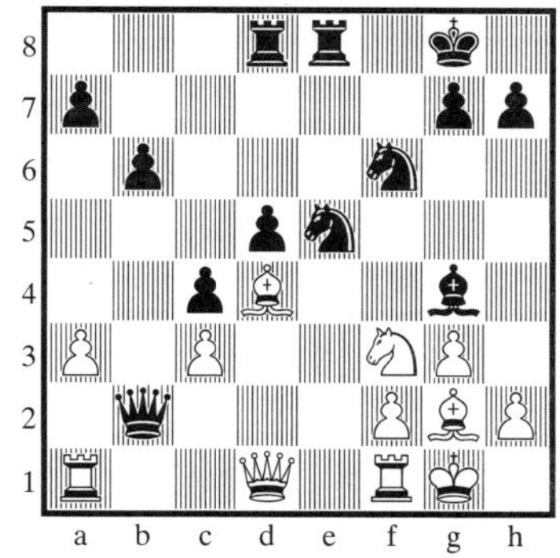

Bei fester Stellung verfügt Schwarz über einen Mehrbauern und kann in ein günstiges Endspiel abwickeln.

19. h2–h3 Se5×f3+
20. Lg2×f3 Lg4×f3

Gefährlich wäre 20. ... Lh3:, da Weiß nach 21. Lf6: oder auch Te1 noch einige Chancen erhalten würde.

21. Dd1×f3 Db2–e2!
22. Df3–f4 De2–e4
23. Df4–g5

Weiß muß natürlich den Damentausch vermeiden, um eventuell mit den Schwerfiguren Konterchancen zu erspielen.

23. ... h7–h6
24. Dg5–d2 De4–f5
25. Ld4×f6

Dieser Tausch ist unvermeidlich, da sonst entscheidend Se4 gefolgt wäre.

25. ... Df5×f6

26.	**Ta1–d1**	**b6–b5**
27.	**Dd2–b2**	**a7–a6**
28.	**a3–a4**	

Um wenigstens die Bauernkette zu sprengen. Nach 28. Tfe1 Te1:+ 29. Te1: d4 30. cd4: Td4: gewinnt der Freibauer auf c4.

28.	**...**	**b5×a4**
29.	**Td1–a1**	**Df5–f3!**
30.	**Ta1×a4**	**Te8–e2!**
31.	**Db2–c1**	

Ein Fehler in verlorener Stellung. auf 31. Db6 folgt Tde8 mit der Drohung Dc3: und Te1.

31.	**...**	**Td8–f8**
32.	**Dc1–d1**	**Te2×f2**

Weiß gab auf.

Partie Nr. 45
Enders – Uhlmann
Eggesin 1978

1.	**e2–e4**	**e7–e6**
2.	**d2–d4**	**d7–d5**
3.	**e4–e5**	**c7–c5**
4.	**c2–c3**	**Sb8–c6**
5.	**a2–a3**	**Dd8–b6**
6.	**Sg1–f3**	**c5–c4**
7.	**Sb1–d2**	**f7–f6**
8.	**b2–b3**	

Jetzt ist das Sprengungsmanöver verfrüht, weil Schwarz sofort im Zentrum aktiv werden kann und Raumgewinn erzielt.

8.	**...**	**f6×e5!**
9.	**b3×c4**	

Weiß hat keine Zeit, 9. Se5: zu spielen. Nach 9. ... Se5: 10. de5: Lc5 11. De2 cb3: ist der schwarze Vorteil offensichtlich.

9.	**...**	**e5–e4!**
10.	**Sf3–h4**	

Auf 10. Sg5 ist Le7 stark. Weiß hat Probleme mit seiner Entwicklung, während Schwarz mit Sf6 und 0–0 normale Züge zur Verfügung stehen.

10.	**...**	**Sg8–f6**
11.	**g2–g3**	

Weiß muß ein weiteres Tempo verlieren wegen der Drohung g7–g5.

11.	**...**	**Lf8–e7**
12.	**Ta1–b1**	**Db6–c7**
13.	**Lf1–e2**	**0–0**
14.	**0–0**	**Sc6–a5**

Der Angriff auf den geschwächten weißen Damenflügel ist das richtige Rezept.

15.	**c4–c5**	**b7–b6**
16.	**Sd2–b3**	**Sa5×b3**
17.	**c5×b6**	**a7×b6**
18.	**Dd1×b3**	**Lc8–a6!**

Ein wertvoller Tempogewinn, der sowohl c4 unterbindet als auch Weiß nicht gestattete, auf b6 zu schlagen. Andererseits kann jetzt ein Druckspiel gegen die geschwächten Bauern a3 und c3 eingeleitet werden.

19.	**Tf1–e1**	**Sf6–d7!**
20.	**Sh4–g2?!**	

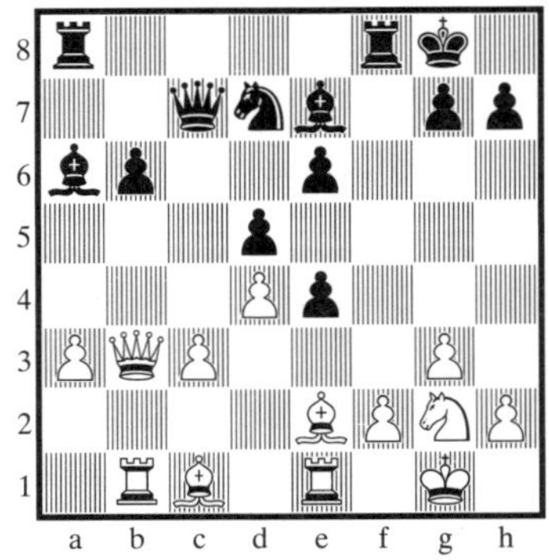

Auf 20. Lg4 hätte Schwarz eine prächtige Kombination zur Verfügung. Z.B. 20. ... Lh4: 21. Le6:+ Kh8 22. gh4: (22. Ld5: Tae8 23. gh4: Tf2:!! mit Gewinn) 22. ... Tf2:!! 23. Kf2: Dh2:+ 24. Ke3 Dg3+ 25. Kd2 Dd3 matt.

20.	**...**	**Tf8–c8?!**

Ein strategischer Fehler, der Weiß wieder Chancen einräumt.
Richtig war 20. ... Le2: 21. Te2: und jetzt Tfc8 mit Dauerbelagerung der Schwächen c3 und a3.

21. Le2–g4! Sd7–f8!

Schwarz muß zu einem Bauernopfer greifen, um die Initiative in der Hand zu behalten.

22. Db3×b6 Dc7–d7!
23. Sg2–f4 Le7–d6!
24. Db6–b2

Ein grober Fehler wäre 24. Sd5: Tcb8 und der Turm auf b1 geht verloren.

24. ... Dd7–f7

Weiß hat zwar einen Bauern mehr, jedoch ist die Verteidigung äußerst schwierig, da er an den Schwächen a3 und c3 laboriert und außerdem eine schlechte Figurenaufstellung hat.

25. Db2–d2 Tc8–c6!
26. Kg1–g2 Ta8–c8
27. Lg4–e2

Die Rückgabe des Mehrbauern ist noch die beste Verteidigungschance.

27. ... Ld6×f4

In Betracht kam auch 27. ... Le2: 28. Se2: Sg6 mit der Idee h5 und h4.

28. Dd2×f4 La6×e2
29. Df4×f7+ Kg8×f7
30. Te1×e2 Tc6×c3
31. Lc1–f4! Sf8–g6!
32. Lf4–d6

Damit ist es Weiß gelungen, seinen Läufer zu aktivieren. Er ist allerdings immer noch Angriffen ausgesetzt, so daß Schwarz noch ein kleines Plus hat.

32. ... Tc8–c4
33. Te2–a2!?

Eine schwierige Entscheidung. In Betracht kam 33. Lc5 Kf6 und Schwarz droht e5 mit Freibauernbildung.

33. ... Tc4×d4
34. a3–a4 Tc3–c6
35. a4–a5

Das war die Idee des Zuges 32. Ta2. Mit dem Sturmlauf des a-Bauern soll ein schwarzer Turm gewonnen werden.

35. ... Tc6×d6
36. a5–a6 Td4–d2!

Dieses feine Ablenkungsmanöver sichert Schwarz Vorteil, da Weiß nicht schnell genug eine Verdoppelung auf der siebenten Reihe durchführen kann. Schlecht wäre 36. ... Td8? 37. a7 Ta8 38. Tb8! gewesen.

37. Ta2×d2 Td6×a6
38. Tb1–b4?

Danach ist Schwarz wieder in der Vorhand. Nötig war 38. f3, damit die folgende Umklammerung ausgeschaltet ist.

38. ... Sg6–e5
39. Td2–c2 Kf7–f6
40. Tc2–c8 Se5–d3
41. Tb4–b7 Ta6–a2!
42. Tc8–f8+ Kf6–e5
43. Kg2–f1

Weiß hat keine Zeit, den Bauern g7 zu schlagen. Es würde 43. ... e3 nebst e2 mit Gewinn folgen.

43. ... Ta2–a1+
44. Kf1–e2 Sd3–e1!

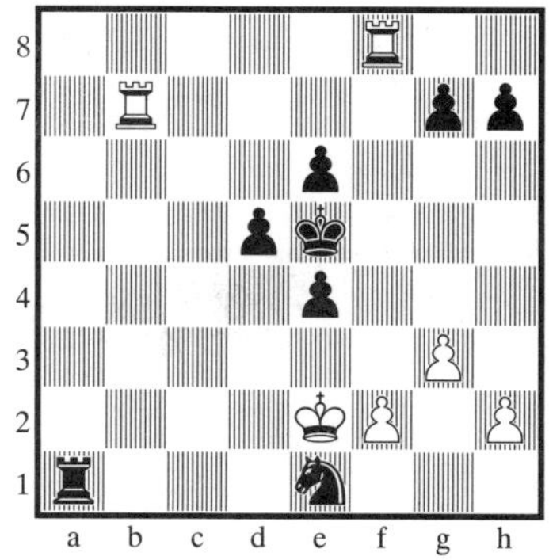

Ein feines Manöver, wonach zwangsläufig ein gewonnenes Turmendspiel entsteht.

45. Tb7×g7 Se1–f3

46. Tf8×f3

Traurige Notwendigkeit. Nur so ist das Matt auf e1 zu verhindern.

46. ... Ta1–a2+
47. Ke2–e1 e4×f3
48. Tg7–f7

Auf 48. Th7: gewinnt Ke4 49. Tb7 (49. Th4+ Kd3 nebst Matt auf a1) Ta1+ 50. Kd2 Tf1 nebst Tf2:.

48. ... Ta2–a3!
49. Tf7×h7

Auf 49. Tf4 gewinnt d4 gefolgt von Kd5 und e5.

49. ... Ke5–e4!
50. Th7–f7 e6–e5
51. h2–h4 Ta3–a1+
52. Ke1–d2 Ta1–f1

Weiß gab auf.

Partie Nr. 46
Teske – Uhlmann
Nordhausen 1986

1. e2–e4 e7–e6
2. d2–d4 d7–d5
3. e4–e5 c7–c5
4. c2–c3 Sb8–c6
5. Sg1–f3 Dd8–b6
6. a2–a3 c5–c4
7. Sb1–d2 f7–f6
8. Lf1–e2!

Die präziseste Abwicklung. Weiß muß bereit sein, nach einem Tausch auf e5 und anschließendem Lc5 die Rochade auszuführen.

8. ... f6×e5
9. Sf3×e5 Sg8–f6

Genauer ist 9. ... Se5:, und nach 10. de5: Lc5 11. 0–0 Se7 12. b4! cb3:e.p. 13. Sb3: 0–0 dürften gleiche Chancen existieren.

10. 0–0

Besser war 10. f4!, was Weiß ein starkes Zentrum sichert und den Springer e5 stützt. Raumvorteil ist außerdem noch vorhanden, Pähtz – Uhlmann, Nordhausen 1986.

10. ... Lf8–d6
11. Sd2–f3

Jetzt scheitert 11. f4 an Se5: 12. fe5: Le5: mit Bauerngewinn.

11. ... 0–0
12. Dd1–c2 Db6–c7!

Der Kampf um das Feld e5 bestimmt das beiderseitige Handeln.

13. Lc1–f4 Sf6–h5!

Auf 13. ... Se4 könnte Weiß nach 14. Sc6: Lf4: 15. Sce5 den Punkt e5 behaupten.

14. Se5×c6

Schlecht wäre 14. Sg5 g6 15. Lh5: Tf4: 16. Lg4 Le5: 17. Se6: (17. Le6: Le6: 18. Se6: Df7 mit Figurengewinn) 17. ... De7 ebenfalls mit Figurengewinn.

14. ... Sh5×f4
15. Sc6–e5 Lc8–d7
16. Tf1–e1

Den Vorzug verdiente 16. g3, um sofort den lästigen Springer zu befragen. Nach 16. ... Se2:+ 17. De2: Le8 und nach Tf5 ist die schwarze Position nur geringfügig besser.

16. ... Tf8–f5
17. Le2–f1 Sf4–g6!

Ein starker Zug, der Schwarz die Kontrolle über den Punkt e5 ermöglicht. Der entstehende Doppelbauer spielt keine Rolle, da Weiß keine Zeit hat, den Druck nach Verdoppelung der Türme auf der f-Linie zu mindern.

18. Se5×g6 h7×g6
19. Te1–e3 Ta8–f8!
20. Ta1–e1 Dc7–b6!

Ein vorbeugender Zug, um 21. Se5 zu unterbinden. Nach 21. ... Le5: 22. Te5: folgt Tf2: 23. Df2: Tf2: 24. Kf2: Db2:+ mit klarem Vorteil.

21. Te3–e2

Weiß hat keine Zeit zu 21. Te1–e2 wegen Lf4 mit Qualitätsgewinn.

21. ... g6–g5!

Jetzt wird sogar der Doppelbauer zu einer Macht.

22. Sf3–e5

In Ermangelung eines besseren Zuges sucht Weiß sein Heil in dem Textzug. Mit der Schließung der e-Linie beraubt er sich jedoch jeglichen Gegenspiels.

22. ... Ld6×e5!

23. d4×e5 Ld7–e8!

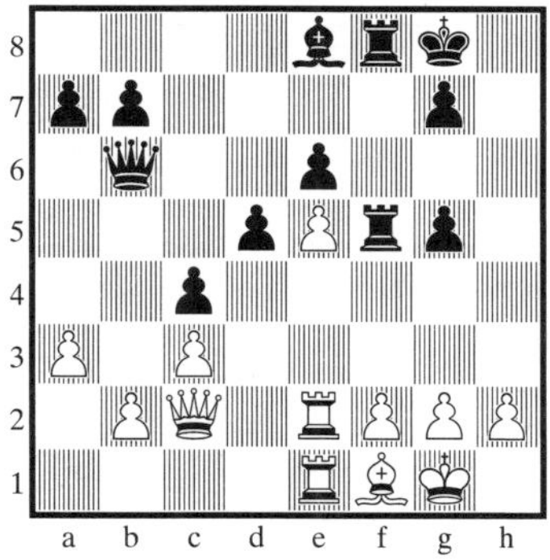

Damit ist der Wunsch von Schwarz Realität. Das Sorgenkind, der französische Läufer, avanciert zum Held des Tages. Der Raumvorteil, der Druck auf den Bauern f2 und schließlich der Einsatz des Läufers auf der Diagonale h7–b1 bestimmen das weitere Geschehen. Die Position ist als klar besser für Schwarz einzuschätzen.

24. h2–h3 Le8–g6

25. Dc2–d2 Tf5–f4

26. g2–g3

Die Drohung Ld3 zwingt zur Schwächung.

26. ... Tf4–f3

27. Lf1–g2

Tödlich wäre 27. Dg5: wegen Tf2: mit Gewinn.

27. ... Tf3×g3!

28. Kg1–h2 Tg3–d3

29. Dd2×g5 Lg6–e4

Danach wird der Schutzläufer getauscht und die Schwerfiguren drohen, entscheidend einzudringen.

30. f2–f4

Noch am besten, damit der Turm f8 nicht auf f2 oder f3 eindringen kann. Z.B. 30. Le4: de4: 31. Tg1 Tf2:+ 32. Tf2: Df2:+ 33. Tg2 Df7 mit Bauerngewinn.

30. ... Le4–f5!

Für das Endspiel wurde eine neue Schwäche auf f4 markiert. Der Läufer auf f5 dominiert jetzt, zumal er auch noch Druck gegen den Bauern h3 ausübt.

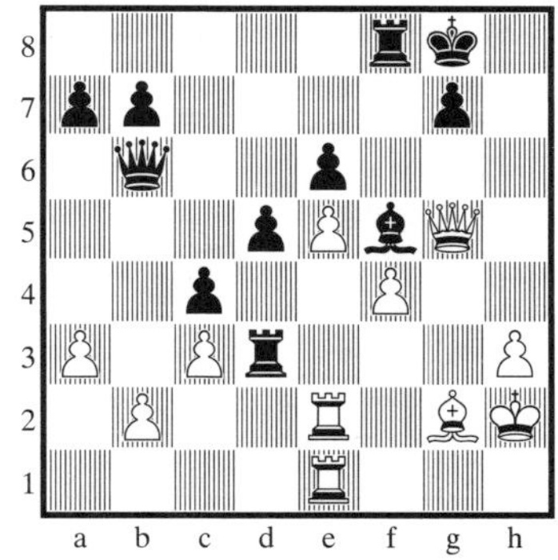

31. Te1–g1 Db6–d8

Neben dem Textzug, der den Damentausch anbietet, wonach Schwindelchancen gegen g7 ausgeschlossen sind, war auch 31. ... Tf7 stark.

32. Dg5×d8 Tf8×d8

33. Tg1–f1 d5–d4!

Das Bild hat sich vollkommen gewandelt. Als strategisches Merkmal spielt jetzt die offene d-Linie eine Hauptrolle in Verbindung mit der Bauernmajorität am Damenflügel.

34. c3×d4 Td8×d4

35. Tf1–f3

Weiß widersteht der Verlockung 35. Lb7:. Nach Th3+ 36. Kg1 (nicht 36. Kg2 Tb3 mit der tödlichen Drohung Lh3+) 36. ... Th4 37. Tef2 Ld3 geht der Bauer f4 verloren.

35. ... b7–b5
36. Kh2–g3 a7–a5
37. Tf3×d3 Td4×d3+
38. Kg3–f2 b5–b4!
39. a3×b4 a5×b4
40. Lg2–e4

Falls 40. Te3, so Te3: 41. Ke3: c3 42. bc3: b3! oder 40. Tc2 c3 41. bc3: b3! 42. Tb2 Tc3: 43. Ke2 Lh3: mit Gewinn.

40. ... Td3×h3

Nach präzisem Positionskampf ist damit Materialgewinn zu verzeichnen. Aufgrund der aktiven Turmposition ist jedes Endspiel gewonnen.

41. Le4×f5 e6×f5
42. Te2–d2

Auf 42. e6 gewinnt ebenfalls Th2+.

42. ... Th3–h2+

Die Abwicklung in ein Bauernendspiel ist die einfachste Lösung.

43. Kf2–e3 Th2×d2
44. Ke3×d2 Kg8–f7
45. Kd2–e3 g7–g5!!

Diesen Geistesblitz mit der Bildung eines Freibauern, der unaufhaltsam zur Dame schreitet, mußte man noch haben.

46. f4×g5 f5–f4!

Weiß gab auf, da nach 47. Kf4: c3 48. bc3: b3! eine neue Dame entsteht.

Partie Nr. 47
Badestein – Uhlmann
Berlin 1973

1. e2–e4 e7–e6
2. d2–d4 d7–d5
3. e4–e5 c7–c5
4. c2–c3 Sb8–c6
5. Sg1–f3 Dd8–b6
6. Lf1–d3

Dieses Bauernopfer ist in der geübten Hand eines Angriffsspielers eine durchaus gefährliche Waffe.

6. ... c5×d4
7. c3×d4 Lc8–d7
8. 0–0 Sc6×d4

Diese Stellung wurde angestrebt. Entwicklungsvorsprung und Nutzung der offenen Linien mit Angriff auf die schwarze Dame sind das Leitmotiv. In der Regel entsteht ein Spiel auf Leben und Tod.

9. Sf3×d4 Db6×d4
10. Sb1–c3 a7–a6!

Lebensgefährlich ist das Verspeisen des zweiten Bauern auf e5. Nach 10. ... De5: 11. Te1 Db8 12. Sd5: ist der Angriff einen Bauern wert.

11. Dd1–e2 Sg8–e7

Die neuesten Erkenntnisse neigen mehr zu 11. ... Tc8 12. Kh1 (12. Td1 Lc5 13. Lc2 – 13. La6:? Df2:+ – Dh4 14. g3 De7 mit Vorteil, Cuartas – Mecking 1977) 12. ... Lc5 13. Lg5 (13. f4 Sh6!) h6 14. Ld2 Se7 15. Tac1 Dh4 16. f4 Sf5 17. Lf5: ef5: 18. b4 La7 19. Sd5: 0–0 mit Ausgleich, Padewski – Darga, Siegen 1970. In Betracht kommt auch 11. ... Db6 mit der Idee Lc5 und eventuell Ld4.

12. Kg1–h1 Se7–c6
13. f2–f4 Sc6–b4

Auch jetzt dürfte 13. ... Lc5! ein guter Zug sein.

14. Tf1–d1 Sb4×d3?!

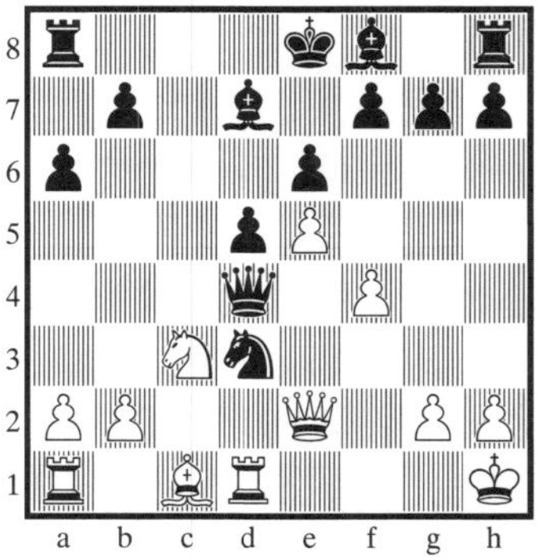

Auch hier wäre durchaus 14. ... Lc5! spielbar. Falls Weiß 15. La6: zieht, erhält

Schwarz nach Df2 gutes Spiel, da 16. Lb7: an De2: 17. Se2: Ta7 scheitert.

15. Td1×d3 Dd4–c4

16. Lc1–e3?!

Stärker ist hier 16. b3 Dc7 17. Lb2 und Schwarz kommt in Nöte, da f5! dem weißen Angriff neue Impulse verleiht.

16. ... Lf8–b4

Jetzt stimmt wieder alles für Schwarz. Mit Tempogewinn kann die Entwicklung beendet werden.

17. b2–b3

Nicht 17. a3 Lc3: 18. bc3: Lb5 mit Qualitätsgewinn.

17. ... Dc4–c7

18. Ta1–c1 Ta8–c8!

19. Sc3–a4 Dc7×c1+

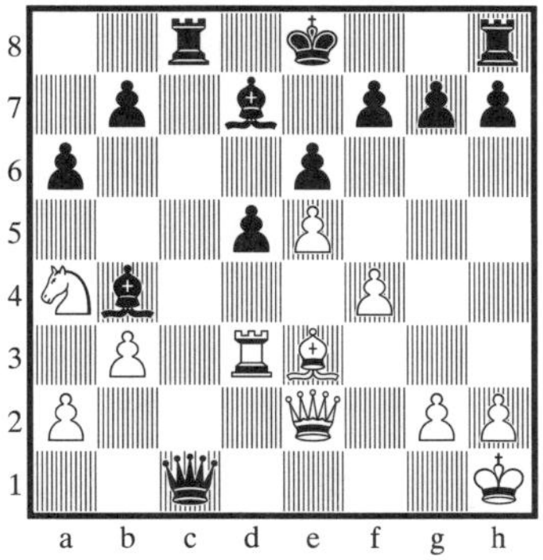

Ein feines Damenopfer, das den Vorteil vergrößert. Das Läuferpaar ist jetzt eine gewaltige Kraft und bestimmt das Spielgeschehen. Der verbleibende weiße Springer führt dagegen ein Schattendasein und kann mit der Dame keinerlei Aktivität ausüben.

20. Le3×c1 Tc8×c1+

21. Td3–d1 Tc1×d1+

22. De2×d1 0–0

23. Sa4–b6 Ld7–c6

24. Dd1–d4 Lb4–e7

25. h2–h3 f7–f6

26. f4–f5

Weiß möchte nicht tatenlos zusehen, wie langsam, aber sicher die beiden Läufer und der Turm ins Spiel finden. Der Freibauer auf d5 könnte dann ganz schnell ins Laufen kommen.

26. ... Le7–d8!

Diese taktische Finesse läßt den Zug 26. f5 fragwürdig erscheinen. Jetzt scheitert 27. ef6: an e5 28. Dc5 Lb6: 29. Db6: Tf6: und einer der beiden Freibauern macht das Rennen. Verlieren würde auch 27. Sc8 ef5: 28. e6 Te8 29. De3 Lc7 30. Sb6 f4 31. Dd4 Te6: 32. Sd5: Te1+ 33. Kh2 f3+! 34. Sc7: fg2: und Weiß kann lediglich noch ein Racheschach geben.

27. f5×e6 f6×e5

28. Dd4–c5 Ld8×b6!

Die Zeit ist reif, sich vom Läuferpaar zu trennen. Die beiden Freibauern sind jetzt das Pfand für den Sieg.

29. Dc5×b6 Tf8–e8!

30. e6–e7 Te8×e7

31. Db6–d8+ Te7–e8

32. Dd8–d6 e5–e4

33. Kh1–g1 e4–e3

34. Kg1–f1 Lc6–b5+!

Noch eine Feinheit. Schwarz nutzt die Schwäche der ersten Reihe für ein Mattspiel aus und liebäugelt auch mit der Fesselung in der e-Linie.

35. Kf1–e1 Te8–f8!

36. Dd6×d5+

Falls 36. De6+ Kh8 37. De3: Te8 mit Damengewinn.

36. ... Kg8–h8

37. Ke1–d1 h7–h6!

Selbst zu einem Luftloch hat Schwarz noch Zeit.

38. Dd5–e5 e3–e2+

39. Kd1–d2 Tf8–d8+

Weiß gab auf.

Die Antwort 2. d2–d3

1. e4 e6 2. d3

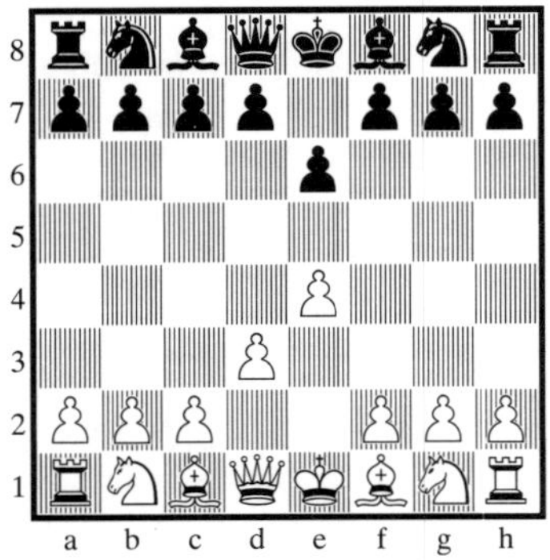

Sie wird in der Französischen Verteidigung als Königsindisches System bezeichnet. Weiß strebt mit vertauschten Farben ein Abspiel an, das königsindischen Charakter trägt. Durch die Flankierung des weißen Läufers nach g2 bleibt die Stellung auf lange Sicht geschlossen. Es entsteht ein schwerblütiger positioneller Kampf. Die Chancen von Weiß liegen im Angriff am Königsflügel, während Schwarz bedingungslos die Initiative am Damenflügel suchen muß. Dieser Aufbau wird gern gegen Französisch-Spezialisten angewendet, um sie aus dem herkömmlichen Konzept zu bringen.

Partie Nr. 48
Sawon – Uhlmann
Skopje 1968

1. e2–e4 e7–e6
2. d2–d3

Mit dem kurzen Schritt des d-Bauern bekundet Weiß seine Absicht, das Zentrum nicht unmittelbar über die fünfte Reihe auszuweiten. Die Strategie besteht darin, langsam die Entwicklung zu vollenden, wobei wenig Material getauscht werden soll. Durch die Fianchettierung des Läufers am Königsflügel gibt es Ähnlichkeiten mit der Königsindischen Verteidigung. Die Chancen des Weißen liegen im Angriff am Königsflügel, während Schwarz am Damenflügel aktiv werden muß. Die Variante wird gern gewählt, wenn auf lange Sicht ein Positionskampf entstehen soll und wenn ausanalysierte Varianten umgangen werden sollen.

2. ... d7–d5
3. Sb1–d2 Sg8–f6
4. Sg1–f3 c7–c5
5. g2–g3 Sb8–c6
6. Lf1–g2 Lf8–e7
7. 0–0 0–0
8. Tf1–e1 b7–b5

Dieser Bauernvorstoß ist ein Gegengewicht gegen den zu erwartenden Angriff am Königsflügel. Diese Methode wurde von mir erfolgreich angewandt und beruht auf dem Raumgewinn am Damenflügel, und auf einer möglichen Linienöffnung. Wem es zuerst gelingt, seine Türme zum Einsatz zu bringen, der hat bei der geschlossenen Bauernformation einen Vorteil.

9. e4–e5 Sf6–d7
10. Sd2–f1 a7–a5
11. h2–h4 b5–b4
12. Lc1–f4 Lc8–a6
13. Sf1–e3

Präziser ist 13. Sf1–h2.

13. ... a5–a4
14. c2–c4

Eine neue Idee, die sich aber nicht bewährte. Die mögliche Linienöffnung kommt nur Schwarz zugute. Besser war deshalb 14. Sg4 nebst h5 und h6.

14. ... b4×c3 e.p.
15. b2×c3 d5–d4!?

Eine Entscheidung, die viel Mut erforderte. Schwarz öffnet bewußt die lange Diagonale h1–a8, um den Springern Raum zu verschaffen. Ein mögliches Qualitätsopfer mußte schon einkalkuliert werden.

16. c3×d4 c5×d4
17. Se3–c4 Sd7–c5
18. Sf3–g5 Sc6–b4!

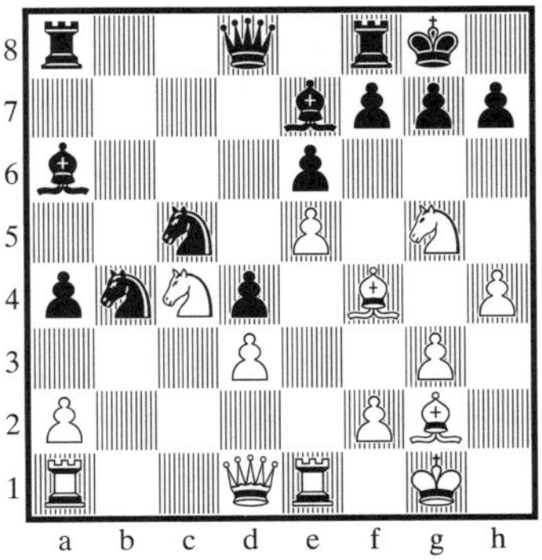

Diese Einladung, den Turm auf a8 zu verspeisen, war bereits bei d4 geplant. Die Bauernschwächung d3 und die Gefahren auf der Diagonale h1–a8 sind ein ausreichendes Äquivalent für das Qualitätsopfer.

19. Lg2×a8

Der Angriff 19. Dh5 bringt nach h6 nichts ein, z.B. 20. Se4 Scd3: 21. Lh6: g6! 22. Dg4 Lc4: 23. h5 Se5: mit Behauptung der Mehrfigur.

19. ... Dd8×a8
20. Dd1–h5 Le7×g5

Auch jetzt kam h6 in Betracht.

21. Lf4×g5 Sb4×d3
22. Lg5–f6

Weiß versucht sein Heil im Königsangriff. Eine andere Möglichkeit ist kaum zu sehen.

22. ... g7×f6

Das Beste. Gefährlich wäre 22. ... Se1: 23. Te1:! Se4 24. Dg4 mit unwiderstehlichem Angriff.

23. e5×f6 Kg8–h8
24. Sc4–d6?

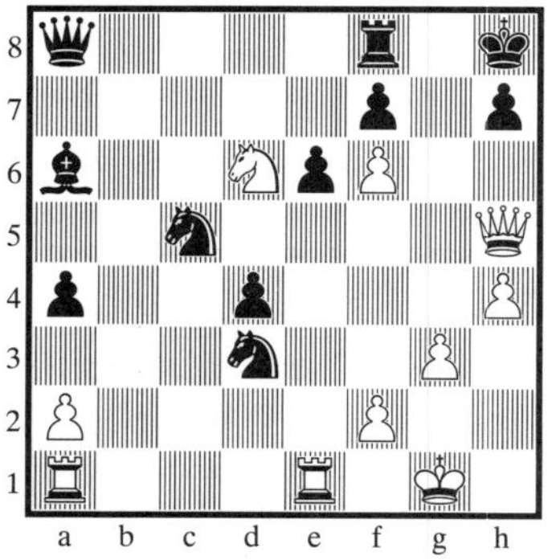

Weiß schickt sich an, einen Mattangriff aufzubauen, z.B. 24. ... Se1: 25. Te1: Da7 26. Dh6 Tg8 27. Tb1 Dc7 28. Tb8! und gegen das Matt auf f7 oder g7 wäre Schwarz machtlos. Sawon wird aber interessanterweise selbst durch einen Mattangriff überrascht.

Wenn bedingungsloser Angriff gefragt ist, entscheidet oft ein Tempo über Sein oder Nichtsein. So zeigte die Analyse, daß Weiß nach dem schwerer zu findenden Zug 24. Te5! eine Zugwiederholung erzwingen kann. Z.B. 24. ... Se5: (nicht 24. ... Se4 wegen 25. Te4: De4: 26. Dh6 Tg8 27. Sd6 Dg6 28. h5!! Dh6: 29. Sf7: matt) 25. Se5: De8 26. Dh6 Tg8 27. Dh5! Tf8 mit Remisschluß.

24. ... Sd3–f4!!

Ein vernichtender Zug, der übrigens auf 24. Se5 gefolgt wäre: 25. gf4: Tg8+ 26. Sg4 Df3 mit Gewinn.

25. Se5×f7+ Tf8×f7
26. g3×f4 Tf7×f6
27. Dh5–e5 Sc5–d7
28. De5×d4 Da8–g8+
29. Kg1–h2 Dg8–g4!
30. Te1–e3

Auf 30. Dd7: folgt Dh4:+ 31. Kg2 Dg4+ und Th6 matt.

30. ... e6–e5!

Ein schöner Schlußzug. Weiß gab auf.

Partie Nr. 49
Browne – Uhlmann
Amsterdam 1972

1. e2–e4 e7–e6
2. d2–d3 d7–d5
3. Sb1–d2 Sg8–f6
4. Sg1–f3 c7–c5
5. g2–g3 Sb8–c6
6. Lf1–g2 Lf8–e7
7. 0–0 0–0
8. e4–e5 Sf6–d7
9. Tf1–e1 b7–b5
10. Sd2–f1 a7–a5
11. h2–h4 b5–b4
12. Lc1–f4 Lc8–a6
13. Sf3–g5

Ein interessanter Springerausfall, den erstmals Bronstein gegen mich 1971 in Moskau zur Anwendung brachte. Er erfordert größte Aufmerksamkeit. Die Drohung lautet 14. Dh5, um h6 zu provozieren. Nach Sh3 und Sh2 nebst Sg4 liegt ständig das Figurenopfer auf h6 in der Luft.

13. ... Dd8–e8!

Dieser ungewöhnliche prophylaktische Zug entschärft die Drohung Dh5, wie wir sehen werden.

14. Dd1–h5

Weiß hat die schwarze Verteidigungsidee nicht verstanden, die jetzt jeglichen Dampf aus der Stellung nimmt. Besser ist 14. Dg4, als das, was Bronstein spielte. Darauf muß Kh8 folgen.

14. ... Le7×g5
15. Dh5×g5

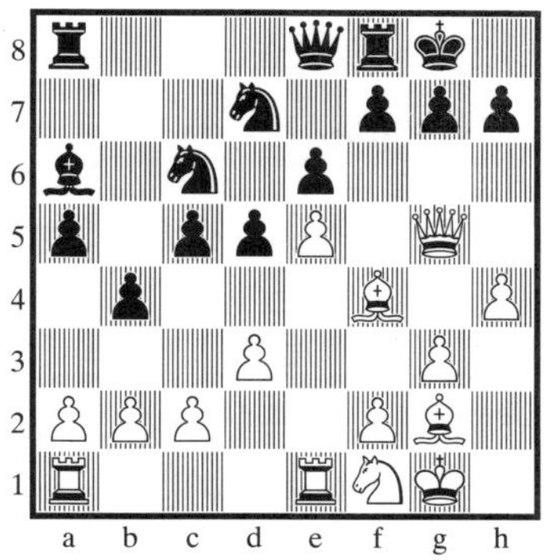

Erst jetzt erkennt Weiß, daß nach dem geplanten 15. hg5: f5! folgt. Nach dem Damentausch wären jegliche Angriffsoperationen am Königsflügel erloschen. Der Läufer auf f4 wäre durch die Bauernstruktur nur ein Statist, während Schwarz am Damenflügel zum Zuge kommen würde.

15. ... a5–a4
16. Sf1–e3 Kg8–h8
17. Ta1–d1 h7–h6!

Geschickt nutzt Schwarz die Schwäche des Bauern e5 aus, um mit dem folgenden Manöver das Endspiel anzustreben.

18. Dg5–h5 f7–f5!
19. Dh5×e8

Der Damentausch ist erzwungen. Auf 19. De2 ist sowohl der Bauer e5 gefährdet als auch Tg8 nebst g5 mit Figurengewinn droht, und die Abwicklung 19. ... Sb6 nebst a3 und Sd4 ergibt Vorteil.

19. ... Ta8×e8
20. Se3–c4

Weiß möchte durch diese taktische Möglichkeit seine Springerposition verbessern, da 20. ... dc4: an 21. Lc6: scheitert. In der Tat wäre das Unterfangen verheißungsvoll, wenn der Springer auf d6 eindringen könnte. Schwarz hat aber eine Gegenriposte in petto und erklärt mit einem feinen Qualitätsopfer die weißen Läufer auf lange Zeit zu Statisten.

20. ... Sc6–d4!

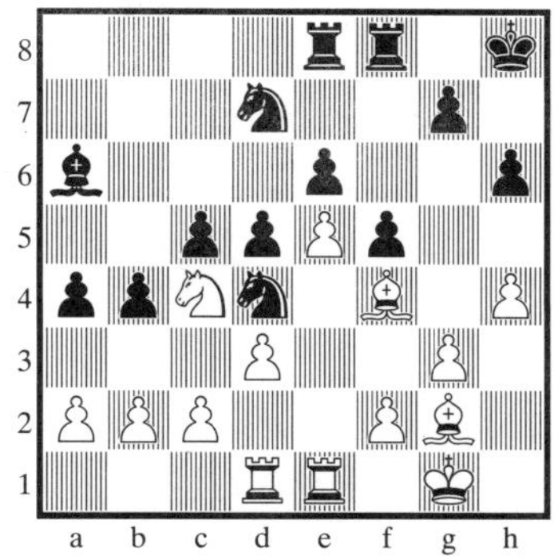

21. Sc4–d6 Sd4×c2
22. Sd6×e8 Tf8×e8!

Nicht 22. ... Se1: wegen 23. Sc7 mit Figurengewinn.

23. Te1–e2 b4–b3!

Damit wird der Springer auf c2 verankert, was Schwarz ermöglicht, in aller Ruhe den Angriff am Damenflügel auszudehnen.

24. a2×b3 a4×b3
25. Te2–d2 La6–b5
26. Td1–c1 Te8–a8

Der eine schwarze Turm besitzt größere Aktivität als beide weißen Türme zusammen.

27. Lg2–f3 Ta8–a2
28. Lf3–d1

Falls 28. Tb1, so Sb6 und Sa4 mit weiterem Materialgewinn.

28. ... Lb5–a4
29. Tc1–b1

Die Rückgabe der Qualität bringt auch keine Erleichterung, z.B. 29. Lc2: bc2: 30. T1c2: Lc2: 31. Tc2: Kg8 32. h5 Ta4 und Weiß steht der schwarzen Königswanderung nach b5 wehrlos gegenüber.

29. ... Kh8–g8

30. g3–g4

Um wenigstens etwas Gegenspiel und Raum für die Läufer zu erhalten.

30. ... f5×g4

31. Ld1×g4 Kg8–f7

32. Kg1–g2 La4–b5!

33. Lf4–g3

Nicht 33. Ld1 wegen Ld3:! 34. Td3: Se1+ mit Gewinn.

33. ... Sd7–b6

Der Einsatz des zweiten Springers bringt die Entscheidung.

34. Lg4–d1?

Dieser Zug erleichtert zwar die Gewinnführung, auf der anderen Seite ist aber gegen Sa4 keine Verteidigung zu sehen.

34. ... Lb5×d3!

35. Td2×d3 Sc2–e1+

36. Kg2–f1 Se1×d3

37. Ld1×b3 Ta2×b2

Damit ist die Partie entschieden. Gegen die beiden Freibauern gibt es keine Verteidigung.

38. Tb1×b2 Sd3×b2

39. Kf1–e2 c5–c4

40. Lb3–c2 d5–d4

41. Lc2–e4 d4–d3+

42. Ke2–d2 Sb2–a4

43. Kd2–e3 Sa4–c5

44. Le4–f3 Sc5–b3

Weiß gab auf.

Partie Nr. 50
Lau – Uhlmann
Potsdam 1988

1. e2–e4 e7–e6
2. d2–d3 d7–d5
3. Sb1–d2 Sg8–f6
4. Sg1–f3 c7–c5
5. g2–g3 Sb8–c6
6. Lf1–g2 Lf8–e7
7. 0–0 0–0
8. Tf1–e1 b7–b5
9. e4–e5 Sf6–d7
10. Sd2–f1 a7–a5
11. h2–h4 Lc8–a6
12. Sf1–h2 b5–b4
13. Sh2–g4 Sc6–d4!?

Eine Neuerung, die sich erst noch bestätigen muß. Bisher spielte ich immer 13. ... a4.

14. c2–c3

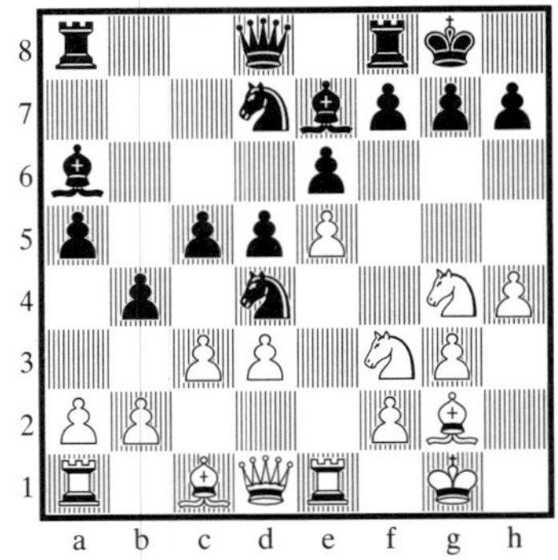

Danach hat der Textzug seine Daseinsberechtigung. Die kritische Variante dürfte in dem Zug 14. Sd4: liegen. Z.B. cd4: 15. b3!? Dc7 16. Lb2 h5!? 17. Sh2 Se5: 18. Ld4: (oder 18. Dh5: Dc2: 19. Ld4: Sd3: 20. Dg4 e5 21. Te5: Se5: 22. Le5: Dh7! und Schwarz hat nach 23. Ld5: Tad8 die besseren Chancen.) 18. ... Sc6 19. Lb2 g6 mit gleichem Spiel.

14. ... Sd4×f3+

15. Lg2×f3 Ta8–b8

16. Lc1–f4 a5–a4!

17. Dd1–d2

Günstig für Schwarz wäre 17. Da4: Ld3:.

17. ... a4–a3!

Linienöffnung ist wichtig, damit zur rechten Zeit am Damenflügel für Unruhe gesorgt werden kann.

18. b2–b3

Notwendig, auf 18. cb4: ergibt ab2: und auf 18. ba3: bc3: gutes Spiel für Schwarz.

18. ... b4×c3

19. Db2×c3 Tb8–b4!?

Auch 19. ... c4!? kam in Betracht, z.B. 20. dc4: Lb4 21. De3! (21. Dc2 Le1: 22. Te1: dc4: 23. bc4: Dc7 mit Vorteil) 21. ... Le1: 22. Te1: dc4: 23. bc4: Db6 24. Da3: Lc4: mit etwas Vorteil.

20. Ta1–d1 Le7×h4!

21. Lf4–c1!

Damit wird Materialverlust vermieden.

21. ... Lh4–e7

22. Lc1×a3 La6–b7

Indirekt verbietet sich danach das Schlagen auf b4. Stark in Betracht kam aber 22. ... Td4 23. Dc2 Db8

a) 24. De2 Ld8! 25. Lb2 La5 26. Tf1 (26. Ld4: cd4:! 27. Tf1 h5 28. Sh2 g6! und Schwarz erobert den Bauern e5 bei Dauerangriff) 26. ... h5 27. Sh2 g6! oder

b) 24. Lb2 h5 25. Sh2 Se5: 26. Ld4: cd4: 27. Lh5: Lb4! 28. Tf1 (28. Te2 Tc8 29. Db1 Tc3 mit Vorteil) 28. ... Tc8 29. Db1 Tc3 30. Le2 La3 und Schwarz hat für die Qualität vorzügliches Spiel.

23. Dc3–c2

Nicht 23. Lb4: wegen d4! 24. La5 Db8! nebst Lf3: mit Vorteil.

23. ... d5–d4?!

Zu optimistisch. Besser war 23. ... Tb6 24. Kg2 Da8! 25. Lc1 d4! 26. Lb7: (26. Le4? Le4:+ 27. Te4: h5! 28. Sh2 Se5: mit Vorteil) 26. ... Db7:+ 27. f3 Ta8 mit gutem Spiel.

24. Lf3–e4! Tb4–b6

25. La3–c1 Lb7×e4

Auch hier verdiente 25. ... Da8 den Vorzug.

26. Te1×e4 Tb6–a6

27. Dc2–e2 Tf8–e8

Das Feld wird geräumt, damit der Springer über f8 und g6 eventuell Verteidigungsfunktionen übernehmen kann. Möglicherweise war aber wieder Da8 genauer.

28. Kg1–g2 Sd7–f8

29. Td1–h1 Sf8–g6

30. Th1–h5! Dd8–a8!

31. a2–a3

Dieses Tempo muß Weiß noch verlieren. Verfrüht wäre 31. Lh6 Ta2: 32. Df3 Tf8 und der weiße Angriff stagniert.

31. ... Ta6–b6!

Diese kleinen Nadelstiche auf die geschwächten Bauern b3 und a3 sind von lebenswichtiger Bedeutung. Jetzt würde 32. Dd1 an Teb8 33. Dh1 Tb3: 34. Th7: Lf8! (nicht 34. ... Td3: 35. Tg7:+ Kg7 36. Dh6+ Kg8 37. Sf6+ Lf6: 38. ef6: De4:+ 39. Kh2 und das Matt auf g7 ist nicht mehr zu decken, unklar wäre allerdings 35. ... Kf8) 35. f3 Td3: 36. Sf2 Tc3 scheitern.

32. Kg2–h2! Tb6×b3

33. Lc1–h6

Damit der Angriff nicht erlahmt, opfert Weiß eine Figur.

33. ... Da8–a6!?

Wahrscheinlich konnte man das Läuferopfer annehmen, z.B. 33. ... gh6: 34. Dd2 (falls 34. Sh6:+ Kg7 35. Sg4 Th8! 36. Dd2 Kf8! und der König entzieht sich der Gefahrenzone.) 34. ... Lg5 35. Sh6:+ (35. Tg5: hg5: 36. Dg5: Kf8!) 35. ... Lh6: 36. Dh6: Td3: 37. Tf4 Sf4: 38. gf4: De4! 39. Tg5+ Dg6! und Schwarz gewinnt.

34. Lh6×g7! Da6×d3!

Keine Zeit hat Schwarz für 34. ... Kg7: 35. Dd2 und diesmal wäre das Schach auf h6 tödlich.

35. De2×d3

Nicht 35. De1 wegen Tb1.

35. ... Tb3×d3

36. Lg7–f6?

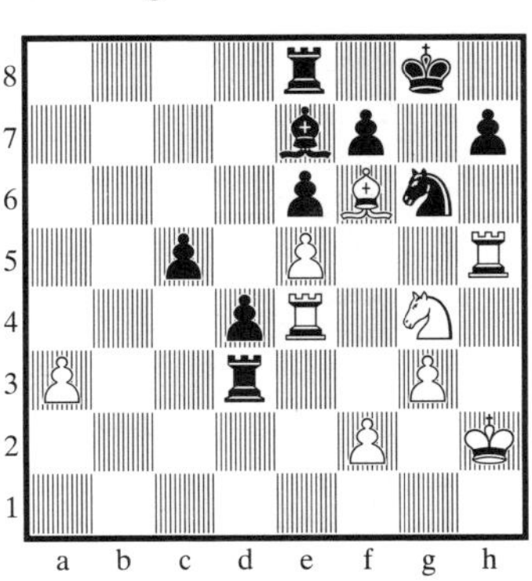

In Zeitnot findet Weiß nicht die rettende Möglichkeit, die in 36. Sf6+ bestand. Z.B. Lf6: 37. ef6:! (37. Lf6:? c4 38. Teh4 Sh4: 39. Th4: c3 40. Tg4+ Kf8 41. Tg7 Tc8 42. Th7: Ke8 mit Gewinn) 37. ... c4 38. Teh4!! (verlieren würde 38. Te1 c3 39. Kg2 c2 40. Teh1 Td1!) 38. ... Sh4: 39. Th4: c3 40. Lh6! c2 41. Tg4+ Kh8 42. Lg7+ mit Dauerschach.

36. ... Le7–f8!
37. Te4–e1 Td3–f3!
38. Kh2–g2 Tf3–f5
39. Th5–h3 h7–h5!

Damit kann Schwarz alle Mattgefahren von der h-Linie abwehren. Wesentlich ist, daß ein Turm getauscht wird.

40. Te1–h1 c5–c4!

Natürlich nicht 40. ... hg4: wegen 41. Th8+ nebst Matt.

41. Th3×h5 Tf5×h5
42. Th1×h5 c4–c3
43. Kg2–f3 d4–d3
44. Lf6–g5

Falls 44. Ke3, so c2 45. Th1 La3: 46. Kd2 Tc8 mit Gewinn, oder 44. Th1 Tc8 45. Lg5 Lg7 46. Ke3 (46. Sf6+ Kf8) d2 47. Sf6+ Kf8 48. Sd7+ Ke8 49. Sf6+ Lf6: 50. Lf6: (50. ef6: Tc5 51. Lh6 Th5!! mit Gewinn) 50. ... Tc4! 51. Kd3 Te4!! 52. Td1 Te1 53. Kc2 Kd7 54. a4 Kc6 mit Gewinn.

44. ... Lf8–g7!
45. Kf3–e3

Jetzt scheitert 45. Sf6+ an Lf6: 46. ef6: (46. Lf6: c2 47. Lg5 Se5:+) 46. ... Se5+ 47. Se3 d2 mit Gewinn.

45. ... d3–d2
46. Ke3–e2 Te8–c8
47. Th5–h1 Sg6×e5
48. Sg4–f6+ Kg8–f8!
49. Sf6–h7+ Kf8–e8
50. Sh7–f6+ Lg7×f6

Nachdem der König ein Fluchtfeld auf d7 hat, ist dieser Tausch partieentscheidend.

51. Lg5×f6 Tc8–c5!
52. f2–f4

Hoffnungslos wäre auch 52. Le5: Te5:+ 53. Kd1 Kd7 nebst Königsmarsch bis nach d3.

52. ... Se5–f3!!

Nach diesem eleganten Schlußzug streckte Weiß die Waffen. Eine aufregende Kampfpartie, wo Tod und Leben eng beieinander lag.

Partie Nr. 51
Enders – Uhlmann
Jüterbog 1985

1. e2–e4 e7–e6
2. d2–d3 d7–d5
3. Sb1–d2 Sg8–f6
4. Sg1–f3 b7–b6

Eine Abweichung von meinem theoretischen Standardprogramm, die gleich psychologische Wirkung erzielt.

5. e4–e5

Sehr verpflichtend in diesem frühen Stadium. Aussichtsreicher ist 5. c3 oder 5. De2.

5. ... Sf6–d7
6. g2–g3

Ein schablonenhafter Zug, der Schwarz bereits in Vorteil bringt. Notwendig war 6. d4, um den Bauern e5 zu stützen. Nach 6. ... c5 7. c3 f6 8. ef6: Df6: 9. Sb3 Lb7 10. Lg5 Df7 11. Lb5 Lc6 12. Le2 sind die Chancen gleich, Wasjukow – Bagirow 1967.

6. ... c7–c5
7. c2–c3

Der natürliche Entwicklungszug Lg2 scheitert an 7. ... Sc6 8. De2 Dc7 mit Gewinn des Bauern e5.

7. ... Sb8–c6
8. d3–d4 f7–f6!
9. e5×f6

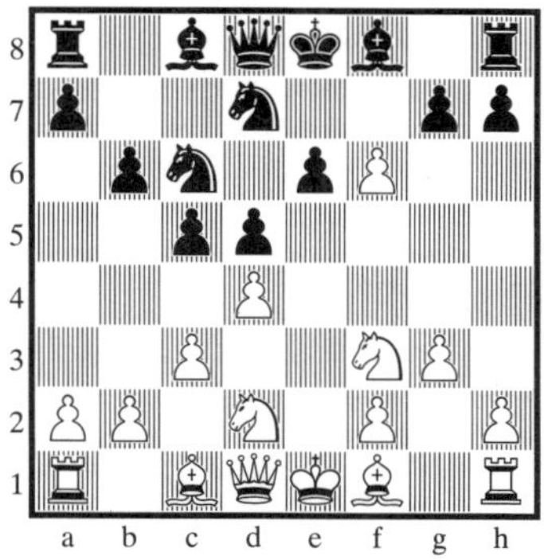

Wesentlich giftiger war 9. Lh3. Schwarz hätte folgendes tolle Manöver finden müssen: 9. ... cd4: 10. cd4: fe5: 11. Le6: Sc5!! 12. Lc8: Sd3+ 13. Kf1 (13. Ke2? Dc8:! 14. Kd3: Sb4+ 15. Ke3 – 15. Ke2 Da6+ 16. Ke1 Tc8 mit der vernichtenden Drohung Sc2+ – 15. ... Sc2+ 16. Kd3 e4+ mit Gewinn) 13. ... Dc8:! 14. Se5: (14. De2 Dh3+ 15. Kg1 Df5 mit klarem Vorteil) 14. ... Dh3+ 15. Ke2 Sde5: 16. de5: Lc5! 17. Sf3 Dg4 und gegen Sd4+ oder Se5: gibt es keine Verteidigung.

9. ... Dd8×f6
10. Lf1–h3 c5×d4
11. 0–0

Weiß bringt im Interesse der schnellen Rochade ein Bauernopfer. Es ist jedoch nicht vollwertig. Falls 11. cd4:, so La6! mit der Drohung Sb4 und Sd4:, z.B. 12. Da4 Sb4 13. Se5 b5! 14. Sd7: ba4: 15. Sf6:+ gf6: mit Gewinnstellung.

11. ... d4×c3
12. b2×c3 Sd7–c5!

Mit diesem gesunden Zug verteidigt Schwarz seinen Mehrbauern.

13. Lc1–a3 Lf8–e7
14. c3–c4 0–0
15. Dd1–e2 d5×c4!

Ein klarer und übersichtlicher Zug, der die Spannung im Zentrum aufhebt. Danach kommt der Läufer von c8 zur größten Kraftentfaltung.

16. Lh3–g2 Lc8–a6!
17. La3×c5

Es drohte tödlich c3.

17. ... Le7×c5
18. Sc3–e4 Df6–e7
19. Sf3–g5

Enders versucht, noch etwas im Trüben zu fischen. Das Endspiel mit Rückgewinn des Bauern 19. Sc5: Dc5: 20. De6:+ Kh8 ist hoffnungslos für Weiß.

19. ... Sc6–d4
20. De2–g4 Ta8–e8
21. Tf1–d1 c4–c3!
22. Se4×c3 Tf8×f2!!

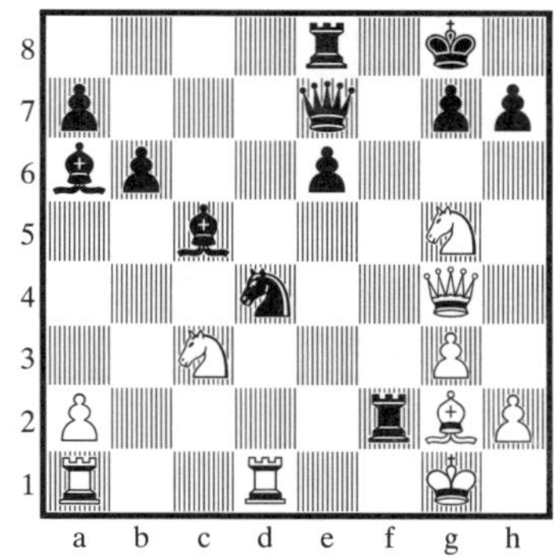

Damit wird Weiß aus allen Träumen gerissen. Der weiße König wird mit Tempogewinn ins Freie beordert.

23. Kg1×f2 Sd4–c2+
24. Kf2–f3

Bzw. 24. Kf1 Se3+ mit Damengewinn.

24. ... Te8–f8+
25. Kf3–e4 De7–b7+
26. Ke4–e5 Db7–c7+
27. Ke5–e4

Falls 27. Ke6:, so Te8+ 28. Kf5 Se3 matt.

27. ... Tf8–f5!!

Der krönende Abschluß der Kombination. Das Matt auf e5 ist nur unter großen Materialopfern abwendbar.

28. Td1–d5

Oder 28. Df5: ef5:+ 29. Kf5: Se3+ mit Gewinn.

28. ... e6×d5+
29. Ke4×f5 g7–g6+

Weiß gab auf, da im nächsten Zug das Matt erfolgt. Eine seltene Königsjagd und Matt auf vollem Brett.

Die Abtauschvariante

1. e4 e6 2. d4 d5 3. ed ed

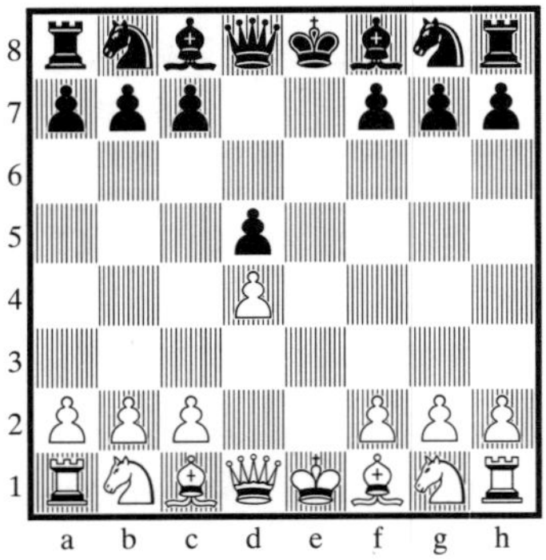

Sie ist ein Abspiel, das stark zum Unentschieden tendiert. Der Grund dafür liegt in der frühzeitigen Auflösung des Zentrums. Es entsteht ein starres Bauerngerippe, welches in der Folge kaum verändert werden kann. Demzufolge bestimmen die Leichtfiguren das Spielgeschehen. Besondere Aufmerksamkeit verdienen die Läufer, weil sie auf den langen Diagonalen mehrere Aufstellungsmöglichkeiten haben. Da Weiß seine Figuren einen Zug früher postieren muß, hat Schwarz die Chance, bei der Springeraufstellung jeglichen Symmetrie zu vermeiden. Eine weitere Möglichkeit, um Spannungsherde zu erzeugen, liegt in der entgegengesetzten Rochade. Man sollte sich vor der Illusion hüten, daß die Abtauschvariante ein absolut sicherer Garant für ein Remis ist. Wie meine kleine Auswahl der Partien zeigt, kann auch ein minimaler Vorteil zum Sieg genutzt werden.

Partie Nr. 52
Silva – Uhlmann
Tel Aviv 1964

1.	**e2–e4**	**e7–e6**
2.	**d2–d4**	**d7–d5**
3.	**e4×d5**	

Mit dem Abtausch des Zentrumsbauern wird zunächst jegliche Dynamik aus dem Spiel genommen. Er wird angewendet, um ein schnelles Unentschieden zu erreichen. Speziell wenn es von schwächeren Spielern genutzt wird, sollte man sich hüten, daraus zu schlußfolgern, daß ein Remis garantiert ist. Schwarz kann kleine Variationen bei der Leichtfigurenaufstellung vornehmen, die doch zum Kampf führen.

3.	**...**	**e6×d5**
4.	**Sg1–f3**	**Lf8–d6**
5.	**Lf1–d3**	**Sb8–c6**
6.	**c2–c3**	**Sg8–e7**

Hiermit wird die Symmetrie aufgehoben. Schwarz schickt sich an, durch 7. ... Lg4 oder Lf5 Spannungsherde zu schaffen.

7.	**0–0**	**Lc8–g4**
8.	**Sb1–d2**	**Dd8–d7**
9.	**Tf1–e1**	**f7–f6**
10.	**Sd2–f1**	**0–0–0**

Durch die entgegengesetzte Rochade ist ein vollwertiges Spiel entstanden. Jetzt heißt die Parole Angriff durch die Bauern am Damenflügel für Weiß und für Schwarz am Königsflügel.

11.	**b2–b4**	**g7–g5**
12.	**a2–a4**	**Se7–g6**

Ein starker Zug, dem mehrere Ideen zugrunde liegen. Zunächst droht Sh4, gegebenenfalls, wie der Text zeigt, ist auch Sf4 möglich, weiterhin kann der zweite Springer über e7 zum Königsflügel dirigiert werden, und schließlich kann auch die offene e-Linie in Besitz genommen werden.

13.	**Sf1–e3**	**Sg6–f4!**
14.	**Ld3–c2**	

Jetzt scheitert 14. Sg4: an Dg4: 15. Lf1? Sh3+ 16. Kh1 Sf2:+.

14.	**...**	**Sc6–e7**
15.	**b4–b5**	**Lg4–h5**

Ein tückischer Zug, der nicht etwa den Läufer vor dem Abtausch bewahren soll, sondern der das Manöver g4 und g3 vorbereitet. Linienöffnung ist von Bedeutung, denn damit können die Türme zum Einsatz kommen.

16.	**Lc1–a3**	

Weiß möchte zumindest den Angriffsläufer auf d6 tauschen. Schlecht wäre 16. h3, da bereits das Opfer Sh3:+ 16. gh3: Dh3: siegreich wäre.

16.	**...**	**Ld6×a3**
17.	**Ta1×a3**	**g5–g4!**
16.	**Sf3–h4**	**g4–g3**

Damit erzielt Schwarz Raumgewinn und läßt Weiß keine Zeit zu Angriffsoperationen am Damenflügel. Die entstehende halboffene g-Linie löst neue Gefahren aus.

19.	**Dd1–d2**	**g3×h2+**
20.	**Kg1–h1**	

Ein Fehler wäre 20. Kh2: Sg2:!! 21. Kg2: (21. Sg2: Dd6+ nebst Da3:) Thg8+ mit leichtem Gewinn.

20.	**...**	**Lh5–g6!**

Nachdem der Läufer seine Schuldigkeit bei der Linienöffnung getan hat, wird er jetzt zum Tausch angeboten. Weiß steht in der schwierigen Entscheidung, einen guten Plan zu finden. Der Tausch auf g6 verbietet sich fast wegen hg6:, und ein Ausweichen des Läufers von c2 aus würde den Punkt d3 entscheidend schwächen. Weiß findet noch eine schlaue Lösung, jedoch verbleibt ein geringer Vorteil bei Schwarz.

21.	**Lc2–f5!**	

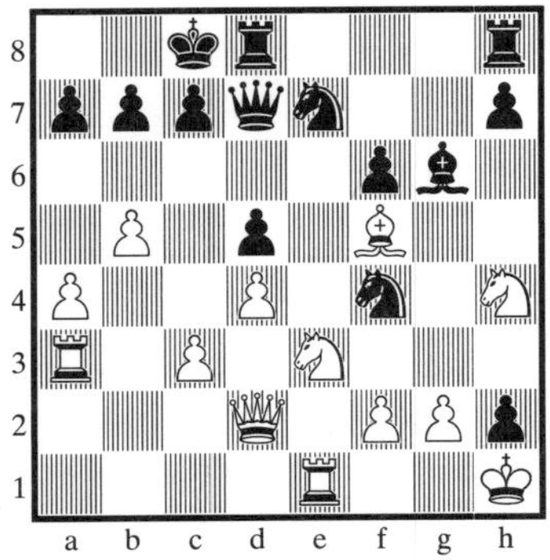

Diese taktische Finesse führt zum Generalabtausch der Leichtfiguren. Das entstehende Endspiel ist etwas günstiger für Schwarz, da der Turm auf a3 nicht schnell genug ins Spielgeschehen eingreifen kann.

21. ... Lg6×f5

Weniger gut wäre 21. ... Sf5: 22. Sef5: Lf5: 23. Df4: und Weiß hätte sogar die besseren Chancen.

22. Se3×f5 Se7×f5
23. Dd2×f4 Sf5×h4
24. Df4×h4 Dd7–f5!

Diese gut plazierte Dame zwingt fast zum Damentausch. Es droht 25. ... Tde8 mit Eindringen in der e-Linie. Außerdem ist auch der Bauer f2 schutzbedürftig.

25. Dh4–h3 Df5×h3
26. g2×h3 Th8–g8!

Im entstandenen Doppelturmendspiel tauchen neue Gefahren auf. Das eine Tempo, das Weiß zum Schlagen des Bauern h2 benötigt, ist eminent wichtig, weil es zur Verdoppelung auf der g-Linie führt.

27. Kh1×h2 Tg8–g6
28. Ta3–a1

Nicht gerade sympathisch, aber doch erwägenswert war 28. Tg1, nach Te8 würde dann der Turm auf e2 oder e1 eindringen und über kurz oder lang den Bauern c3 oder a4 erobern. Bekannterweise sind aber die Verteidigungschancen im einfachen Turmendspiel, selbst bei einem Minusbauern, am besten.

28. ... Td8–g8!
29. Te1–g1?

Damit glaubte Weiß, daß alle Gefahren gebannt sind. Hier liegt sein großer Irrtum, da das entstehende Bauernendspiel durch die Freibauernbildung am Damenflügel verloren ist. Es mußte unbedingt 29. Te7 geschehen.

29. ... Tg6×g1!
30. Ta1×g1 Tg8×g1
31. Kh2×g1 Kc8–d7
32. Kg1–g2 c7–c6!

Jetzt ist guter Rat teuer. Auf 33. bc6:+ entscheidet Kc6: 34. Kf3 a5! 35. Ke3 b5! 36. ab5:+ Kb5: 37. Kd3 a4 38. Kc2 Kc4 39. Kb2 a3+ mit Gewinn.

33. Kg2–f3 c6×b5
34. a4×b5 Kd7–c7!
35. Kf3–f4 Kc7–b6
36. Kf4–f5 Kb6×b5
37. Kf5×f6 a7–a5

Weiß gab auf, da der a-Bauer zwei Tempi eher zur neuen Dame schreitet.

Partie Nr. 53
Velimirović – Uhlmann
Skopje 1976

1. e2–e4 e7–e6
2. c2–c4 d7–d5
3. e4×d5 e6×d5
4. d2–d4

Mit dieser kleinen Zugumstellung sind wir ebenfalls bei der Abtauschvariante gelandet. Durch den Bauernhebel c4 kommt sofort Bewegung in die Stellung und Remisabwicklungen rücken in weite Ferne.

4. ... Sg8–f6
5. Sb1–c3 Lf8–e7

Auf keinen Fall darf Schwarz zu früh auf c4 tauschen, weil nach dem Tempogewinn Lc4: der Angriffsdruck gegen den Punkt f7 Vorteil ergeben würde.

6. Sg1–f3 0–0
7. Lc1–e3 c7–c6!
8. Lf1–d3 d5×c4!

Im richtigen Moment geschieht der Tausch. Der weißfeldrige Läufer muß zweimal ziehen und Schwarz kann durch die Zugfolge Sbd7 und Sb6 nebst Sd5 die Diagonale a2–g8 schließen.

9. Ld3×c4 Sb8–d7
10. 0–0 Sd7–b6
11. Lc4–b3 Sb6–d5

Danach hat Schwarz eine feste Position und kann in aller Ruhe die Entwicklung vollenden.

12. Sf3–e5 Lc8–e6!
13. Le3–g5

Damit gibt Weiß schon zu erkennen, daß er keinen richtigen Plan hat. Das zweimalige Ziehen des Läufers ist schon ein Plus für Schwarz.

13. ... Tf8–e8
14. Tf1–e1 Dd8–a5!

Schwarz stellt mit dem Damenzug schon die ersten Drohungen auf. Außerdem wird das Feld d8 freigemacht für den Einsatz des Turms a8.

15. Dd1–f3 Ta8–d8
16. Ta1–d1

Keine Erleichterung bringt die Fortsetzung 16. Lf6: Lf6: 17. Sd5: Ld5: 18. Ld5: Td5: und Weiß hat keine Zeit, sich zu entfesseln, weil der Turm auf e1 zweimal angegriffen ist.

16. ... Le7–b4!?

Eine überraschende Schwenkung des Läufers. Der Zug beruht auf einem taktischen Witz. den Weiß nicht gebührend würdigt.

17. Sc3×d5

Damit geht Weiß in die Falle. Notwendig war 17. Ld2 oder Td3.

17. ... Le6×d5
18. Lb3×d5 Da5×d5
19. Lg5×f6

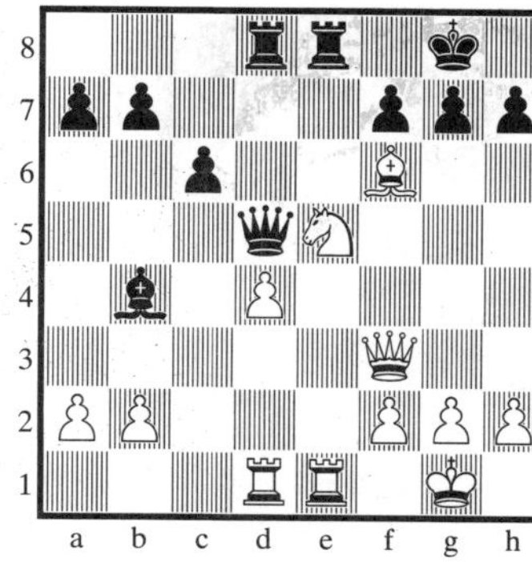

Das sollte die Widerlegung des schwarzen Abspiels sein. Weiß rechnete nur mit der Möglichkeit 18. ... Df3: 19. Sf3: Te1:+ 20. Se1: gf6: 21. Sc2, wonach ein besseres Endspiel entstehen würde. Schwarz hat aber wesentlich weiter gerechnet, so daß Weiß nach dem nächsten Zug aus allen Wolken fällt.

19. ... g7×f6!

Eine Feinheit, die erst im nächsten Zug richtig sichtbar wird. Der Textzug zwingt zum Schlagen auf f6, da 20. Dd5: Td5: die Qualität verliert. Auch 20. Dg4+ scheitert an Kf8 21. Dh4 fe5: 22. Dh6+ Ke7! 23. de5: Le1:! 24. Df6+ Kd7 25. Td5:+ cd5: und Schwarz hat 2 Türme und einen Läufer für die Dame, was zum Gewinn ausreichend sein dürfte.

20. Df3×f6 Td8–d6!!

Das ist die eigentliche Pointe der ganzen Kombination. Weiß hatte nur mit 20. ... Le1: gerechnet, wonach 21. Dg5+ ihm gute Angriffschancen eingeräumt hätte.

21. Se5–d7

Das ganze Dilemma beteht darin, daß 21. Dg5+ an Tg6! scheitert. Die Kreuzfesselung würde sofort den Gewinn garantieren, da 22. Sg6: an Te1:+ 23. Te1: Dg5: scheitert und ansonsten die Dame nicht ausweichen kann, weil auf g2 Matt droht. Relativ am besten war noch

21. Df4 Le1: 22. Te1: f6! 23. Dg3+ Kf8! mit weiterem Materialgewinn.

21. ... Lb4×e1

Weiß gab auf.

Partie Nr. 54

Eley – Uhlmann

Hastings 1973

1. e2–e4 e7–e6
2. d2–d4 d7–d5
3. Sb1–c3 Lf8–b4
4. e4×d5

Dieser Tausch führt nachträglich zur französischen Abtauschvariante. Aber auch hier ist keine Figurensymmetrie vorhanden, so daß Spannung entsteht.

4. ... e6×d5
5. Lf1–d3 Sb8–c6

Neuerdings spielt man lieber zuerst 5. ... Se7, um auf 6. a3 Lc3:+ 7. bc3: den Zug Lf5 sofort ausführen zu können.

6. Sg1–e2

Besser 6. a3 Lc3:+ 7. bc3: Sge7 8. Df3!, um das Manöver Lf5 zu erschweren.

6. ... Sg8–e7
7. 0–0 0–0
8. Se2–g3?

Danach erhält Schwarz bereits die Initiative. Richtig ist 8. a3 oder Lf4.

8. ... f7–f5!

Stellt die Drohung 9. ... Sd4: auf, die bisher an Lh7:+ scheiterte. Außerdem muß Weiß immer auf f4 und f3 achten.

9. Sc3–e2 Lb4–d6
10. Sg3–h5

Weiß möchte gern mit einem Springer oder Läufer das Feld f4 besetzen. Das kostet sehr viel Zeit und wäre besser durch 10. f4 geschehen.

10. ... Dd8–e8
11. Sh5–f4

Von den bisherigen elf Zügen haben sechs die Springer bestritten. Das kann nicht gut gehen in der Eröffnung.

11. ... h7–h6
12. Ld3–b5

Weiß unterschätzt den möglichen Bauernsturm am Königsflügel. Nötig war deshalb 12. g3, um einigermaßen entgegenzuhalten und das Feld g2 für den Rückzug des Springers zur Verfügung zu haben, z.B. 12. ... g5 13. Sg2 f4! 14. gf4: Dh5! mit besserer Stellung.

12. ... g7–g5
13. Lb5×c6 De8×c6
14. Sf4–d3 f5–f4!

Aus der Abtauschvariante ist eine scharfe Position entstanden. Aufgrund der kleinen Eröffnungssünden leidet Weiß unter Raumnot. Seine Leichtfiguren haben keine guten Felder zu einem sinnvollen Einsatz.

15. f2–f3 Se7–f5
16. Sd3–e5 Dc6–b6!
17. Se5–g4 Lc8–d7
18. a2–a4 Ta8–e8
19. Dd1–d3 Kg8–g7

Es drohte 20. Sh6:+ Sh6: 21. Dg6+.

20. Lc1–d2 Sf5–h4!

Nachdem alle schwarzen Figuren eine ideale Aufstellung gefunden haben, reift die Entscheidung in der e-Linie heran. Die Drohung Lf5 zwingt Weiß zu a5, was zu einer Entwertung der Bauernstrukur führt.

21. a4–a5 Db6–b5!
22. Se2–c3

Nur so ist Materialverlust zu vermeiden.

22. ... Db5×d3
23. c2×d3 c7–c6
24. Sc3–a4 Ld7–f5
25. Sa4–c5 Tf8–f7!

Besser als der Bauerngewinn 25. ... Lc5: 26. dc5: Ld3: 27. Lc3+, wonach Weiß wieder Luft bekommen würde.

26. Ta1–e1 Te8×e1
27. Ld2×e1!

Weiß verteidigt sich umsichtig. Falsch wäre 27. Te1:, da nach Lg4: 28. fg4: f3 Schwarz zumindest einen Bauern gewinnt.

27.	**...**	**Sh4–g6**
28.	**Le1–c3**	**h6–h5**
29.	**Sg4–f2**	**g5–g4**

Die Raumnot wird immer größer.

30.	**f3×g4**	**h5×g4**
31.	**Tf1–e1**	**g4–g3**
32.	**h2×g3**	**f4×g3**
33.	**Sf2–h1**	

Traurige Notwendigkeit. Aber 33. Sh3 Lh3: 34. gh3: Sh4 ist ebenfalls vernichtend, da nach 35. Tf1 (35. Se6+ Kf6!) Te7 der Turm auf der zweiten Reihe eindringt.

33.	**...**	**b7–b6!**
34.	**Sc5–e6+**	

Falls 34. ab6: ab6: 35. Sa4, so Ld3: 36. Sb6: Lf4! und gegen Le3+ und Tf1 matt gibt es keine Verteidigung.

34.	**...**	**Kg7–f6**
35.	**Se6–d8**	**Tf7–c7**
36.	**a5–a6**	

Erzwungen, damit der Springer auf b7 ein Fluchtfeld hat. Es drohte Le7.

36.	**...**	**Ld6–f4**
37.	**Te1–d1**	

Weiß ist fast in Zugzwang und muß hilflos zusehen, wie sich die Schlinge um den Hals legt.

37.	**...**	**Lf5–g4**
38.	**Td1–e1**	**Tc7–c8!**

Danach wird auch der zweite Springer ins Abseits gedrängt.
Der schwarze Turm bringt jetzt schnell die Entscheidung.

39.	**Sd8–b7**	**Tc8–h8**
40.	**Lc3–b4**	**Th8–h2!**
41.	**Sb7–d8**	

Auch 41. Ld6 hätte nicht mehr ausgereicht. Nach 41. ... Ld6: 42. Sd6: Sf4! nebst Tg2:+ wäre der Sieg in wenigen Zügen perfekt.

41.	**...**	**c6–c5!**

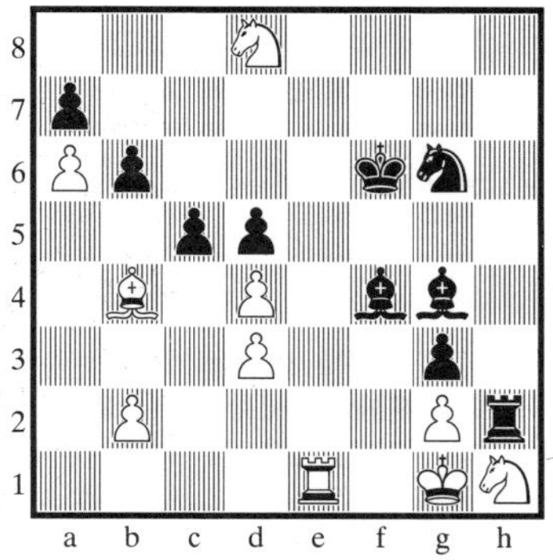

Durch diesen hübschen Sperrzug wird die letzte Schwindelchance von Weiß vereitelt. Schwarz droht jetzt tödlich 42. ... Sh4, ohne durch Le7+ gehindert zu werden.

42.	**d4×c5**	**Sg6–h4!**
43.	**c5×b6**	**Th2×g2+**
44.	**Kg1–f1**	**Tg2–h2!**

Aufgegeben, da das Matt ohne größeren Materialverlust nicht mehr zu verhindern ist.

Partie Nr. 55
Böhnisch – Uhlmann
Leipzig 1989

1.	**e2–e4**	**e7–e6**
2.	**d2–d4**	**d7–d5**
3.	**e4×d5**	**e6×d5**
4.	**Sg1–f3**	**Sg8–f6**
5.	**Lc1–g5**	

Genauer ist 5. Ld3. Der frühzeitige Läuferausfall nach g5 mit der Fesselung des Springers hat dann Berechtigung, wenn Schwarz schon Ld6 gezogen hat.

5.	**...**	**Lf8–e7!**
6.	**Lf1–d3**	**h7–h6**
7.	**Lg5–h4**	**Sf6–h5!**

Mit diesem Manöver wird das Eröffnungsproblem zugunsten von Schwarz gelöst. Der Springer von h5 strebt das Idealfeld f4 an.

8. Dd1–e2 Sh5–f4!
9. Ld3–b5+

Eine weitere kleine Eröffnungssünde, die Schwarz bereits die Initiative einbringt. Richtig war 9. Le7: mit dem gleichen Textablauf ohne das Mehrtempo c6.

9. ... c7–c6
10. De2×e7+ Dd8×e7+
11. Lh4×e7 Ke8×e7

Unklar wäre 11. ... Sg2:+ 12. Kf1 Lh3 13. Ld6 cb5: 14. Sc3!.

12. Lb5–f1 Th8–e8!

Zwingt den weißen König zum Verbleib im Zentrum und verhindert eine harmonische Figurenaufstellung.

13. Sb1–c3 Ke7–d6+
14. Ke1–d2 Lc8–f5
15. Ta1–e1 Sb8–d7
16. g2–g3

Ohne diesen Zug kommt Weiß nicht aus. Jetzt allerdings tauchen Gefahren auf der Diagonale h1–a8 auf. Außerdem neigt der Bauer auf d4 zur Schwäche.

16. ... Sf4–e6
17. Lf1–g2

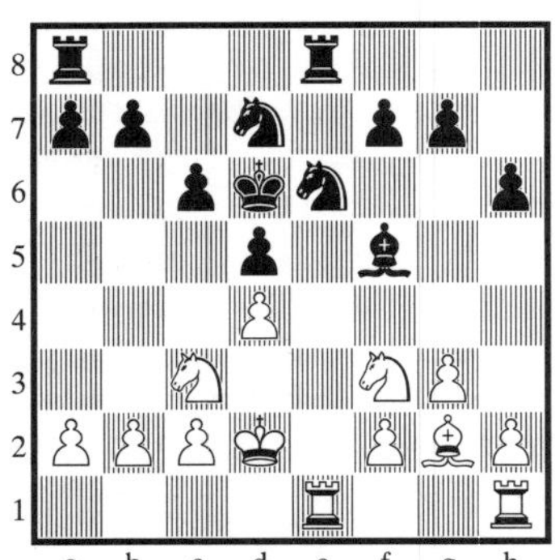

Ein Fehler wäre 17. Ld3 wegen folgender Abwicklung: 17. ... Lg4 18. Se5 Sd4:!! 19. Sg4: (nicht 19. Sf7:+ Kc7 und es droht auch der Springer f7 verloren zu gehen) 19. ... Sf3+ 20. Kd1 Se1: 21. Te1: Te1:+ 22. Ke1: d4!. Wegen der Drohung h5 muß Weiß 23. Se4+ spielen, und nach Ke7 ist Figurenverlust nicht mehr zu vermeiden, da sowohl h5 als auch f5 droht.

17. ... Sd7–f6
18. Sc3–d1

Die Raumnot wird immer größer. Erneut scheiterte 18. Se5: an Sd4: und Angriff auf c2. Es droht aber auch 18. ... Lg4 und 18. ... Le4, wonach der Bauer d4 hängt.

18. ... Lf5–e4!
19. c2–c3

Damit hat Weiß mühsam Materialverlust vermieden. Sorgen verbleiben aber trotzdem, wie der nächste Zug aufzeigt. Der neuralgische Punkt ist jetzt d3.

19. ... c6–c5!
20. d4×c5+ Se6×c5
21. b2–b4

Ein Zug, den man sicherlich nicht gern macht. Die stille Drohung lautete aber 21. ... Lb1! und der Bauer a2 wäre verloren, da 22. a3 an Sb3 matt scheitert. Verlieren würde auch 21. Sh4 g5! bzw. 21. Se3 Sd3 mit Materialgewinn.

21. ... Sc5–d7
22. Kd2–c1 a7–a5!

Im richtigen Moment Angriff am Damenflügel. Durch die Öffnung der a-Linie kommt der weiße König nicht mehr zur Ruhe.

23. Kc1–b2 Sf6–g4!

Auf sofortiges 23. ... Sb6 wäre noch 24. Se3 möglich gewesen.

24. Th1–g1

24. h3 verliert wegen Sge5 z.B. 25. Se5: Lg2: 26. Sf7:+ (nicht 26. Thg1 Se5: nebst Sd3+) 26. ... Kc7 27. Thg1 Lf3 und gegen Lh5 bzw. Ld1: nebst Te7 gibt es keine Verteidigung. Auf 28. Se3 gewinnt Tf8.

24. ... Sd7–b6
25. h2–h3 Sb6–c4+
26. Kb2–a1

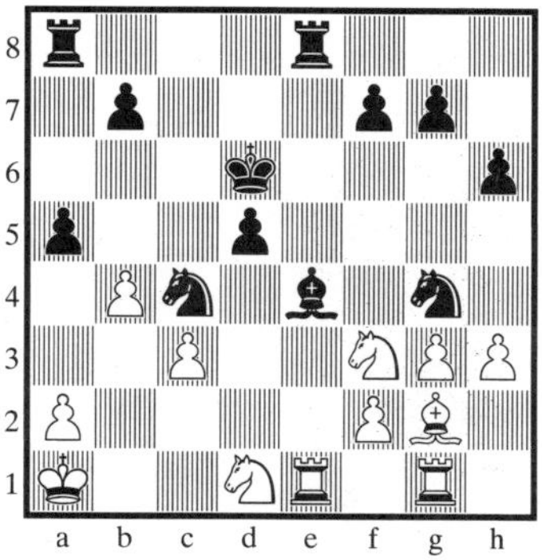

Traurige Notwendigkeit. 26. Kb3 scheitert an a4 matt, und auf 26. Kc1 gewinnt sowohl Sge5 als auch ab4:. Materialverlust wäre nicht mehr vermeidbar.

26.	**...**	**a5×b4!**

Ein Figurenopfer, das sofort die Entscheidung herbeiführt.

27.	**h3×g4**	

Ein Bilderbuchmatt wäre nach 27. cb4: Ta2:+!! 28. Ka2: Ta8+ 29. Kb3 Ta3 möglich gewesen.

27.	**...**	**b4–b3**
28.	**Te1–e2**	**Le4–d3!**

Auch 28. ... Lc2 29. Tc2: bc2: 30. Sb2 Te2 31. Sd3 Ta3 32. Sd4 Td2 hätte wegen der Mattdrohung auf d1 gewonnen.

29.	**Te2–b2**	

Da 29. Te8: an Ta2: matt scheitert, ist das die einzige Verteidigung, um nicht aufzugeben.

29.	**...**	**Sc4×b2**
30.	**Ka1×b2**	**Ta8×a2+**
31.	**Kb2×b3**	**Ld3–c4+**

Weiß gab auf, da nach 32. Kb4 Tea8 das Matt unabwendbar ist.

Partie Nr. 56
A. Zude – Uhlmann
Frankfurt 1990

1.	**e2–e4**	**e7–e6**
2.	**d2–d4**	**d7–d5**
3.	**e4×d5**	**e6×d5**
4.	**Sg1–f3**	**Sb8–c6**
5.	**Lf1–b5**	**Lf8–d6**
6.	**0–0**	**Sg8–e7**
7.	**c2–c4?!**	

Ein Zug, den man nicht zur Nachahmung empfehlen kann. Weiß verliert ein Tempo und schafft sich auf d4 einen isolierten Bauern.

7.	**...**	**d5×c4**
8.	**Lb5×c4**	**0–0**
9.	**h2–h3**	

Auch das ist schon Pflicht, da sonst Lg4 sehr störend wäre.

9.	**...**	**Lc8–f5**
10.	**Sb1–c3**	**a7–a6**

Ein guter Zug, der Sb5 verhindert und gegebenenfalls durch b5 Raumvorteil am Damenflügel ermöglicht.

11.	**Tf1–e1**	**Lf5–g6**

Auch dieser Zug ist sehr nachhaltig, der Punkt f7 wird überdeckt, damit Te8 geschehen kann, und zum anderen kann man je nach Situation Lh5 oder auch Sf5 in Erwägung ziehen.

12.	**Lc1–g5**	**h7–h6**
13.	**Lg5–h4**	**Tf8–e8**
14.	**a2–a3**	**Dd8–d7**
15.	**g2–g4**	

Eine riskante Verteidigung, um Sf5 zu verhindern. Der Königsflügel wird durch den Textzug arg geschwächt. Es war aber bereits sehr schwer, einen Plan zu entwickeln. So scheitert 15. Se5 an Le5: 16. de5: Dd1: 17. Tad1: Sf5! und Bauernverlust ist nicht mehr zu vermeiden.

15.	**...**	**b7–b5**
16.	**Lc4–b3**	**Ta8–d8**

17. Dd1–d2

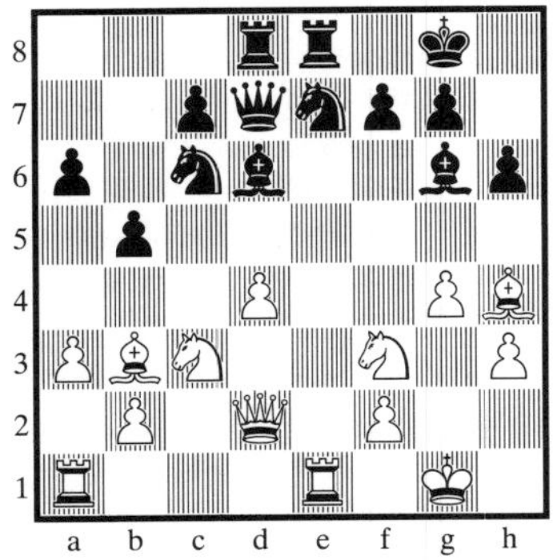

Auch jetzt wäre 17. Se5 verdächtig, z.B. 17. ... Le5: 18. de5: Dc8! 19. Sd5 (Oder 19. Ld5 Sd5:! 20. Sd5: De6! 21. Ld8: Td8: 22. Sc7: Td1: 23. Se6: Ta1: 24. Ta1: fe6: mit klarem Vorteil) 19. ... Td5:!! 20. Ld5: Td8 21. Le7: (21. Lf7:+ Lf7: 22. Dc1 Td3 mit vernichtendem Angriff) 21. ... Se7: 22. Lb7! Td1: 23. Lc8: Td1: 24. Td1: Sc8: 25. Tc1 Sb6 26. f4 Le4 27. Tc7: Sc4 mit Vorteil. Schwarz könnte aber auch mittels 18. ... Sd4 19. Sd5 (19. e6 Dc6 mit Vorteil) c5! ein interessantes Qualitätsopfer bringen, das nach 20. Se7:+ Te7: 21. Le7: De7: ebenfalls Vorteil ergibt, da die Drohung c4 und Sc2 nicht zu parieren ist.

17. ... Sc6–a5
18. Lb3–a2 Sa5–c4

Ein gutes Manöver, weil nach Tausch auf c4 die weißen Felder stark geschwächt sind. Der Stützpunkt auf d3 ist auch nicht zu verachten.

19. La2×c4 b5×c4
20. Ta1–d1 h6–h5!

Jetzt ist die Zeit reif, den Königsflügel zu knacken. Da sich 21. gh5: wegen Lh5: verbietet, kam neben dem Textzug nur 21. Le7: in Frage, um Materialverlust zu vermeiden, z.B. 21. ... Te7: 22. Te7: De7: mit klarem Vorteil, weil die beiden Läufer das ganze Brett beherrschen.

21. Sf3–e5 Ld6×e5
22. Te1×e5 f7–f6!
23. Te5–c5 h5×g4

Im höheren Sinne ist damit die Partie entschieden. Der ungeschützte König mit den geschwächten weißen Feldern kann nur noch auf ein Wunder hoffen.

24. Dd2–f4 g4×h3
25. Tc5×c7 Dd7–f5!

In Positionen mit Materialvorteil ist jegliches Tauschangebot vorteilhaft für den Stärkeren.

26. Lh4–g3 Df5–h5
27. Kg1–h2

Sofort verlieren würde 27. Tc4: Sd5! 28. Dd2 Df3 mit undeckbarem Matt auf g2.

27. ... Lg6–d3
28. Td1–g1 Se7–g6
29. Df4–d2 Td8×d4

Die Stellung ist aufgabereif. Weiß versucht noch einige Schwindeleien, die aber hoffnungslos sind.

30. Tc7×c4 Td4×c4
31. Dd2×d3 Tc4–c8
32. Dd3×a6 Dh5–f3!
33. Da6–a7

Nicht 33. Kh3:? Sf4+ 34. Kh2 Dh5+ nebst Matt.

33. ... Tc8–d8!

Gegen das Eindringen des Turmes auf der zweiten Reihe gibt es keine Verteidigung mehr.

34. Da7–c7 Td8–d2
35. Dc7–c4+ Kg8–h7
36. Dc4–f1 Sg6–f4!
37. Lg3–h4 g7–g5
38. Df1–b1+ Df3–d3

Am einfachsten.

39. Db1×d3+ Sf4×d3
40. Lh4–g3 Sd3×f2
41. Lg3×f2 Td2×f2+

Weiß gab auf.

Sonstige Abspiele

Dieses Kapitel umfaßt nur einige Partien, die aber alle theoretisch von Bedeutung sind. Wesentlich in der Französischen Verteidigung ist, daß man niemals schablonenhaftes Denken aufkommen läßt. Bei jeder Eröffnungsnuance und bei jedem neuen Zug muß ein stellungsgerechter Plan verfolgt werden. Nur so ist es möglich, daß man tief in die Position eindringt, ihre Besonderheiten erkennt und damit die Chance erhält, eine hohe Gewinnquote zu erzielen.

Partie Nr. 57
Kovacs – Uhlmann
Sarajevo 1969

1. e2–e4 e7–e6
2. Dd1–e2

Dieser frühzeitige Damenzug erzeugt zwar neue Stellungsbilder, ist aber trotzdem nicht empfehlenswert. Die Dame sollte erst dann zum Einsatz kommen, wenn ein konkretes Ziel vorhanden ist.

2. ... c7–c5
3. f2–f4 Sb8–c6
4. Sg1–f3 Lf8–e7
5. g2–g3

Hier wird ein weiterer Nachteil der Aufstellung sichtbar. Der Läufer muß mit Tempoverlust flankiert werden, ohne daß ein wesentlicher Druck auf der Diagonalen h1–a8 ausgeübt werden kann.

5. ... d7–d5!
6. d2–d3

Falls 6. e5, so Sh6 und der Springer findet anschließend auf f5 ein vorzügliches Feld.

6. ... Sg8–f6
7. Lf1–g2 0–0
8. 0–0 b7–b5!

Ein bewährtes Rezept aus dem Abspiel 1. e4 e6 2. d3. Allerdings ist durch den Zug f4 insofern ein wesentlicher Unterschied entstanden, als die Diagonale c1–h6 unterbrochen ist und dadurch die weißen Angriffschancen gemindert sind.

9. e4–e5 Sf6–d7
10. c2–c3 Sd7–b6
11. d3–d4?

Damit kommt der Anziehende den Wünschen des Gegners entgegen. Das Problem der Stellung liegt in der Linienöffnung am Damenflügel.

11. ... b5–b4!
12. d4×c5 Le7×c5+
13. Kg1–h1

Das kleinere Übel war noch 13. Le3, obwohl Schwarz nach Le3:+ 14. De3: La6 15. Tc1 (oder Td1) Sc4 16. Df2 Db6 in Vorteil käme.

13. ... a7–a5
14. Tf1–d1

Der vermeintliche Figurengewinn 14. Db5 würde nach De7! 15. Dc6: Lb7 16. Db5 La6 17. Dc6 Tfe8 die Dame einbüßen. Wenn man die Position und den Entwicklungsstand betrachtet, kann man schon jetzt einschätzen, daß die Katastrophe in wenigen Zügen eintreten muß.

14. ... Lc8–a6
15. De2–e1 b4×c3
16. Sb1×c3

Weiß kann nur zwischen verschiedenen Übeln wählen. Bei 16. bc3: wäre zwar das unmittelbare Eindringen mittels Sb4 verhindert, jedoch die Bauernstellung erheblich geschwächt.

16.	**...**	**Sc6–b4**
17.	**Sc3–e4**	

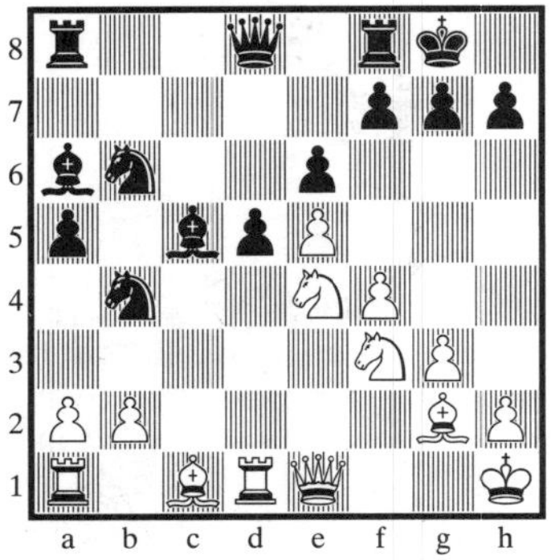

Weiß hofft auf den Rückzug des Läufers, wonach er sich wieder konsolidieren könnte. Er wird jedoch durch ein schönes Damenopfer überrascht, wonach alle Leichtfiguren in das weiße Lager einbrechen.

17.	**...**	**d5×e4!!**
18.	**Td1×d8**	**Ta8×d8**
19.	**Lc1–e3**	

Da sich 19. De4: wegen Td1+ verbietet und auch 19. Sd2 wegen Sc2 nebst Sa1: glatt verliert, ist dies der einzige spielbare Zug.

19.	**...**	**Lc5×e3**

Auf das verlockende 19. ... Sc2 hatte Weiß 20. Lc5: ef3: 21. Da5: fg2:+ 22. Kg2: noch kleine Schwindelchancen.

20.	**De1×e3**	**e4×f3**
21.	**De3×f3**	**Td8–d2!**
22.	**a2–a3**	**Sb4–d5**
23.	**b2–b4**	**a5–a4**
24.	**Ta1–c1**	**Tf8–c8**

Die einfachste Art, den Gewinn zu sichern, weil die Grundlinienschwäche nicht zu reparieren ist.

25.	**Tc1×c8+**	**Sb6×c8**
26.	**h2–h4**	**Sc8–e7**

Gegen die Heranführung des zweiten Springers gibt es keine Parade mehr.

27.	**Lg2–f1**	**La6×f1**
28.	**Df3×f1**	**Se7–f5**
29.	**Df1–f3**	

Auf 29. Dc1 wäre nach Sg3:+ und Se2+ die Dame verloren gegangen.

29.	**...**	**h7–h5**
30.	**Kh1–g1**	**Td2–b2**
31.	**Df3–d3**	**Sd5–e3**
32.	**Dd3–d8+**	**Kg8–h7**
33.	**Dd8–a8**	**Tb2–g2+**
34.	**Da8×g2**	**Se3×g2**
35.	**Kg1×g2**	**Sf5–d4**

Weiß gab auf.

Partie Nr. 58
Hausner – Uhlmann
Halle 1982

1.	**e2–e4**	**e7–e6**
2.	**d2–d4**	**d7–d5**
3.	**Sb1–c3**	**Lf8–b4**
4.	**Lc1–d2**	

Dieser Zug taucht immer mal wieder in der modernen Turnierpraxis auf. Das damit verbundene Bauernopfer ist äußerst gefährlich, da es Weiß Entwicklungsvorsprung garantiert. Das Hauptproblem ist aber meistens für Schwarz, daß man die komplizierten Varianten im Laufe der Jahre nicht immer präzis gespeichert hat.

4.	**...**	**d5×e4**
5.	**Dd1–g4**	**Dd8×d4**
6.	**0–0–0**	

Die gefährlichste Variante. Neben dem Textzug wurde auch 6. Sge2 und Sf3 ausprobiert, was aber zu bequemem Spiel für Schwarz führt.

6.	**...**	**h7–h5!**
7.	**Dg4–e2**	

Nichts erreicht Weiß nach 7. Dg3 Ld6 8. Lf4 h4! 9. Dg4 Sf6 10. Dg7: Lf4:+ 11. Kb1 Th7!! mit Gewinn.

7. ... Lc8–d7!

Fehlerhaft wäre 7. ... Sf6 8. Lh6! De5 9. Db5+ Db5: 10. Lb5:+ nebst Lg7: oder 8. ... Dc5 9. Lg7: Dg5+ 10. Dd2 mit Gewinn.

8. f2–f3 Sb8–c6

Keine Zeit hat Schwarz zu 8. ... ef3: 9. Sf3:, weil dann der Entwicklungsvorsprung tödlich wäre. Durchaus in Betracht kam aber 8. ... Sf6.

9. f3×e4 Dd4–b6!

10. a2–a3 Lb4–e7

Gut war auch 10. ... Lc3: 11. Lc3: Sf6! und Weiß müßte erst beweisen, daß das Bauernopfer Berechtigung hat.

11. Sg1–f3 Sg8–f6

12. De2–e1!

Sofort 12. Sa4 scheiterte an dem Zwischenzug Sd4, während Schwarz jetzt auf die Drohung reagieren muß.

12. ... a7–a6!

13. h2–h3

Falls 13. Sa4, so Da7 14. Le3 b6 und Schwarz droht sowohl Se4: als auch Sg4.

13. ... Db6–a7

Eine vorbeugende Maßnahme gegen den Springerausfall nach a4. Jetzt muß sich Weiß etwas einfallen lassen, denn Schwarz droht nach langer Rochade mit Vorteil den Mehrbauern zu verteidigen.

14. De1–g3 0–0–0!

15. Lf1–d3

Tödlich wäre 15. Dg7: Tdg8 16. Df7: Th7 und die Dame wäre gefangen.

15. ... h5–h4!

16. Dg3–e1 Sf6–h5!

Schwarz opfert seinen Mehrbauern zurück und erhält dafür klaren strategischen Vorteil. Die schwarzen Felder werden Angriffsobjekte.

17. Sf3×h4 Le7–d6!

18. Ld2–e3

Nur so kann die Drohung Lg3 entkräftet werden. Aber genau auf diesen Zug hat Schwarz spekuliert, da nach dem Scheinopfer eine Verflachung auftritt und Bauernschwächen bei Weiß verbleiben.

18. ... Da7×e3+!

19. De1×e3 Ld6–f4

20. De3×f4 Sh5×f4

21. Sh4–f3 f7–f6!

Damit kommt ein weiteres wichtiges strategisches Merkmal zum Tragen. Nach dem anschließenden Zug e5 wird der sogenannte schlechte französische Läufer zum Held des Tages, da er die weißen Bauern auf lange Sicht angreifen kann.

22. Td1–d2 Ld7–e8

23. Th1–f1 e6–e5

24. Sc3–d5

Sonst folgt Lf7 oder Lh5 mit klarem Stellungsvorteil.

24. ... Sf4–d5

25. e4×d5 Sc6–e7

Natürlich nicht 25. ... Td5: 26. Lf5+ mit Gewinn.

26. c2–c4

Erzwungen. 26. Le4 verliert nach f5 und e4 eine Figur.

26. ... c7–c6!

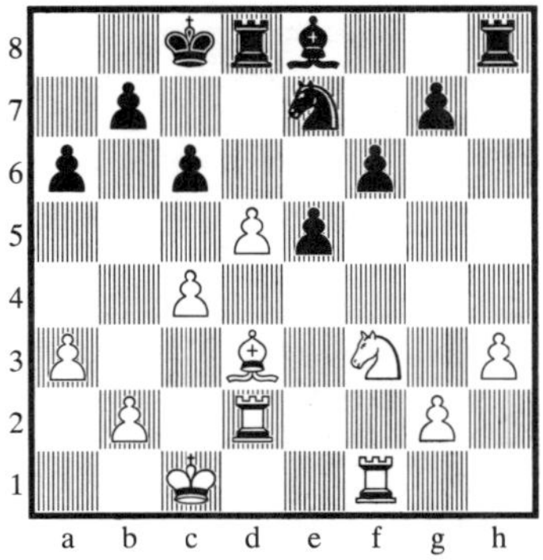

Zwingt zur Öffnung der d-Linie und erweitert wesentlich die Reichweite des

Läufers. Weiß hat keine Zeit, indirekt den Bauern d5 zu stützen, weil nach 27. Tfd1 cd5: 28. cd5: Lf7 29, Lc4 Td6 nebst Thd8 der Bauer d5 verloren geht.

27. d5×c6 Le8×c6
28. Ld3–c2 Kc8–c7
29. Td2×d8 Th8×d8
30. Tf1–d1 Td8–h8!

Ein Turm wird benötigt, um die Majorität am Königsflügel ausspielen zu können.

31. Td1–f1 b7–b5!

Ein weiterer Zug von Bedeutung. Das Feld d5 soll für den Springer freigekämpft werden.

32. c4×b5 Lc6×b5
33. Tf1–f2 Se7–d5
34. h3–h4 Sd5–f4
35. g2–g3?

Ein Fehler, welcher die Gewinnführung vereinfacht. Eine gute Verteidigung war aber kaum noch zu finden. Es drohte tödlich Lc6.

35. ... Sf4–e2+
36. Kc1–d2 Se2×g3
37. Tf2–g2 Sg3–h5
38. Kd2–e3 Th8–d8
39. Lc2–e4 Td8–d1
40. Le4–c2 Td1–f1!
41. Lc2–e4 Tf1–c1
42. Le4–d5 Tc1–d1
43. Ld5–f7

Falls Weiß wieder 43. Le4 spielt, gewinnt Ld7 und gegen f5 gibt es keine Verteidigung.

43. ... Td1–d3+
44. Ke3–f2 Sh5–f4!

Gut war auch 44. ... Tf3:+ 45. Kf3: Lc6+ nebst Lg2: mit gewonnenem Endspiel.

45. Tg2×g7 Td3–d7!
46. b2–b3

Es drohte Lc4 mit Gewinn.

46. ... Lb5–c6!
47. h4–h5

Die einzige Möglichkeit, um Qualitätsverlust zu vermeiden. Es drohte Ld5.

47. ... Sf4×h5
48. Tg7–h7 Sh5–f4
49. Lf7–g8 Td7×h7

Auch 49. ... Ld5 50. Td7: Kd7: 51. Ld5: Sd5: sollte gewinnen.

50. Lg8×h7 Sf4–h3+!
51. Kf2–g3 Lc6×f3
52. Kg3×h3 Kc7–d6
53. Kh3–g3

Auf 53. Ld3 gewinnt Lb7 nebst e4 und Ke5 oder 53. b4 e4 54. Kg3 (54. a4 e3 55. Kg3 Lb7 nebst Ke5, f5 und f4+) 54. ... Ke5 55. a4 Le2! 56. Kf2 Lc4 mit leichtem Gewinn.

53. ... Lf3–b7
54. Lh7–f5 Kd6–d5
55. b3–b4 Kd5–c4!
56. Lf5–e6+ Kc4–d3!
57. a3–a4 e5–e4
58. Kg3–f4

Auf 58. Kf2 gewinnt Kd2.

58. ... e4–e3
59. Le6–f5+

Auch das bessere 59. Lg4 verliert wegen Kd2 60. b5 a5 61. b6 e2 62. Le2: Ke2: 63. Kf5 Kd3 64. Kf6: Kc4 65. Ke5 Kb4 66. Kd4 Ka4: 67. Kc3 Ka3 68. Kc2 Ka2 69. Kc3 Le4! und Weiß muß den schwarzen König nach b2 entweichen lassen, wonach der a-Bauer zur Dame schreitet.

59. ... Kd3–d2
60. Lf5–g4 Lb7–c8!

Weiß gab auf, da jetzt auch noch der f-Bauer auf dem Brett bleibt.

Partie Nr. 59
Kaklin – Uhlmann
Budapest 1986

1. e2–e4 e7–e6
2. d2–d4 d7–d5
3. Sb1–c3 Lf8–b4
4. Sg1–e2

Die Idee dieses Zuges besteht darin, daß nach einem Tausch auf c3 der

Springer zurückschlagen kann. Die Bauernstruktur am Damenflügel bleibt somit intakt. Speziell rumänische Spieler haben sich um diese Variante verdient gemacht.

4. ... d5×e4

Durch die Fesselung des Springers auf c3 ist dieser Tausch das richtige Rezept. Die Öffnung im Zentrum erfordert eine vollkommen andere Bekämpfungsmethode als in den übrigen Abspielen der Französischen Verteidigung.

5. a2–a3 Lb4×c3+

Die Verteidigung des Bauern mit Aufgabe des Läuferpaares hat Vor- und Nachteile. Früher spielte man ausschließlich 5. ... Le7, nach 6. Se4: Sc6 7. Lf4! Sf6 8. Dd3 0–0 9. 0–0–0 hat aber Weiß einen kleinen Vorteil, Stoica – Farago 1983.

6. Se2×c3 Sb8–c6
7. Lf1–b5 Sg8–e7
8. Lc1–g5

Schlecht wäre 8. Se4:. Schwarz erhält sowohl nach 8. ... a6 als auch nach 8. ... Dd5 das bessere Spiel.

8. ... f7–f6!

Es drohte 9. Lc6:+ bc6: 10. Se4: mit Vorteil.

9. Lg5–e3 0–0
10. Dd1–d2 e6–e5!!

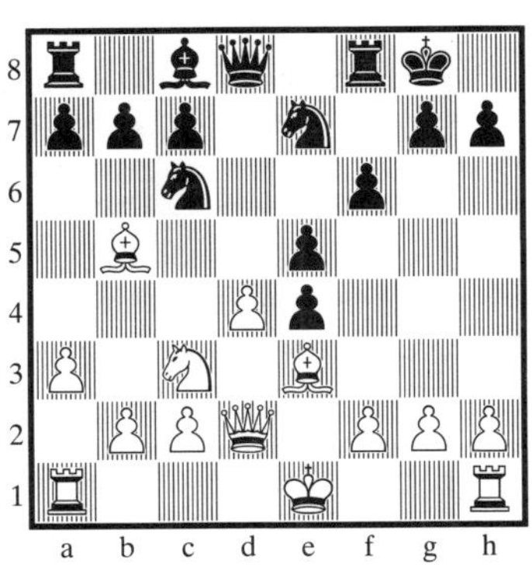

Die frühzeitige Rückgabe des Mehrbauern orientiert auf ein freies Figurenspiel mit Raumgewinn im Zentrum. Die am meisten angewandte Fortsetzung lautet 10. ... f5 11. 0–0–0 a6 (oder auch 11. ... Sd5 12. Lc6: – ein Reinfall war 12. Lg5? e3! 13. Le3: f4 14. Sd5: Dd5: mit Figurengewinn, Pawlow – Uhlmann 1981. – 12. ... bc6: 13. Lf4 Ld7 14. Sa4 Le8 15. Le5 Lh5 und Schwarz behauptete seinen Mehrbauern) 12. Lc6: Sc6: 13. f3 e5! 14. de5: (14. d5 Sa5 15. fe4: f4 16. Lc5 Sc4 17. Dd3 Sd6 mit gleichen Chancen) 14. ... Dd2: 15. Ld2: (15. Td2: f4! mit Vorteil) 15. ... ef3: 16. gf3: Le6 mit Ausgleich.

11. d4×e5

Weiß scheut berechtigterweise die Verwicklungen, die nach 11. d5 Sd4! entstanden wären. Nach 12. Ld4: ed4: 13. Dd4: Sf5! 14. De4:?! (14. Dd2) Sd6! 15. Da4 (15. Dd4? Sb5: 16. Sb5: De8+ mit Figurengewinn) 15. ... Sb5: 16. Db5: Te8+ 17. Kf1 Lf5 hätte Schwarz für den geopferten Bauern vorzügliches Spiel.

11. ... Dd8×d2+
12. Le3×d2 f6–f5

Ein Zug, der voll auf Gewinn orientiert. Die Bauernschwäche e5 soll anvisiert werden. Gut war aber auch das einfache 12. ... Se5: 13. Se4: Lf5! mit Endspielvorteil.

13. Lb5×c6

Eine schwierige Entscheidung von Weiß, das Läuferpaar so früh zu tauschen. Am besten war vielleicht 13. Lc4+ Kh8 14. e6 a6! 15. Lf4 (falls 15. 0–0–0, so Sg6 mit der Drohung Sd4 und Te8) 15. ... Sd4 16. 0–0–0 Se6: 17. Le6: Le6: 18. Lc7: Tac8 mit geringem Endspielvorteil.

13. ... Se7×c6
14. Sc3–d5 Tf8–f7
15. Ld2–c3 Lc8–e6
16. 0–0–0 Ta8–e8

Diese Position hatte Schwarz bei der Abwicklung 17. ... f5 im Auge. Der Druck auf den Bauern e5 nimmt zu und zwingt Weiß zu einer Schwächung am Königsflügel. Bei jedem Zug muß jetzt immer der Übergang in ein gutes Endspiel geprüft werden. Von Bedeutung kann dabei sein, daß der schwarze König mehr Spielraum hat.

17. f2–f4 e4×f3

Ohne den Tausch geht es nicht weiter.

18. g2×f3 Tf7–d7!
19. Sd5–e3

Etwas besser war 19. Sf4 Td1:+ 20. Td1: Kf7.

19. ... Td7×d1+
20. Th1×d1 f5–f4!

Ein guter Zug, der die Sicherung f4 verhindert. Jetzt wäre 21. Sg2 schlecht wegen Tf8 22. Ld2 Sd4! und Weiß darf nicht mit dem Springer auf f4 schlagen, weil nach Tf4: Lf4: Se2+ eine Figur verloren geht.

21. Se3–d5 Le6×d5
22. Td1×d5 Kg8–f7!

Der König wird damit zur dominierenden Person. Er beherrscht die weißen Felder und droht mit der Besetzung des Feldes e6 Materialgewinn einzuleiten. Weiß versucht deshalb ein Endspiel Läufer gegen Springer anzustreben, das aber ebenfalls nachteilig ist.

23. Td5–d7+ Te8–e7
24. e5–e6+ Kf7×e6
25. Td7×e7+ Sc6×e7!
26. Kc1–d2

Erst jetzt erkennt Weiß, daß nach dem geplanten 26. Lg7: nach Sf5 und Sh4 der Bauer f3 verloren geht. Deshalb der Textzug, um Schwarz keinen Freibauern auf der f-Linie zu ermöglichen.

26. ... Se7–f5
27. Kd2–d3 g7–g5
28. Lc3–e1 c7–c5
29. Le1–f2 b7–b6
30. b2–b4

Weiß versucht, noch ein wenig Aktivität auf den schwarzen Feldern auszuüben, um nicht tatenlos zusammengeschoben zu werden.

30. ... c5×b4
31. a3×b4 Sf5–e7

Das soll auch am Damenflügel für Unruhe sorgen. Die Felder d5 oder auch e5 sind dafür bestens geeignet.

32. Kd3–e4

Oder 32. b5 Sg6! 33. Ke4 Se5 mit der Idee Sc4 und a3.

32. ... Se7–d5
33. Lf2–e1

Jetzt scheitert 33. b5 an Sc3+.

33. ... Sd5–e3
34. c2–c3 a7–a5!

Die Freibauernbildung auf der a-Linie bringt jetzt schnell die Entscheidung.

35. b4×a5 b6×a5
36. Ke4–d3 Ke6–d5!
37. h2–h4 h7–h6
38. h4×g5 h6×g5

und Weiß gab auf, da auf 39. Ld2 a4 leicht gewinnt.

Partie Nr. 60
Garcia-Martinez – Uhlmann
Leipzig 1983

1. e2–e4 e7–e6
2. d2–d4 d7–d5
3. Sb1–c3 Lf8–b4
4. Sg1–e2 d5×e4
5. a2–a3 Lb4×c3+
6. Se2×c3 Sb8–c6
7. Lf1–b5 Sg8–e7
8. Lc1–e3?!

Ohne die Provozierung des Zuges f6 durch 8. Lg5 dürfte der weiße Aufbau noch harmloser sein.

8. ... 0–0
9. Dd1–d2 e6–e5!
10. d4–d5

Auf 10. de5: erhält Schwarz nach 10. ... Dd2:+ 11. Ld2: (11. Kd2: Td8+ 12. Ke2 Lg4+ 13. f3 ef3:+ 14. gf3: Lh5 15. Lg5 Td4! mit Vorteil) 11. ... Lf5! 12. 0–0–0 (12. Lf4 Sg6 13. Lc6: bc6: 14. Lg3 Tfe8 mit Vorteil) 12. ... Se5: 13. The1 Sg4! 14. Se4: Sg6 Vorteil. Gegen die Drohung Le4: nebst Sf2: ist nichts zu erfinden.

10. ... Sc6–d4!

11. Lb5–c4

Unbefriedigend ist 11. Ld4: ed4: 12. Dd4: c6! 13. Lc4 Sf5! 14. Dc5 (14. Dd2? e3! 15. fe3: Dh4+ mit Figurengewinn, auch 14. De5 Te8 15. Df4 b5! ist klar vorteilhaft für Schwarz.) 14. ... b6! 15. Dc6: Ld7 16. Db7 Sd6 mit klarem Vorteil.

11. ... Se7–f5!

12. 0–0–0

Jetzt wiederum würde 12. Se4: an folgender Zugfolge scheitern: 12. ... b5! 13. La2 (oder 13. Ld4: Sd4: 14. La2 Lf5 15. f3 Le4: 16. fe4: Dh4+ nebst De4: mit Gewinn) 13. ... Lb7 14. Sc3 (14. c3 Ld5:! 15. Ld5: Dd5: 16. f3 Se3: mit Gewinn) 14. ... a5 und gegen b4 gibt es keine anständige Verteidigung.

12. ... Sf5–d6!

13. Lc4–a2 Sd4–f5!

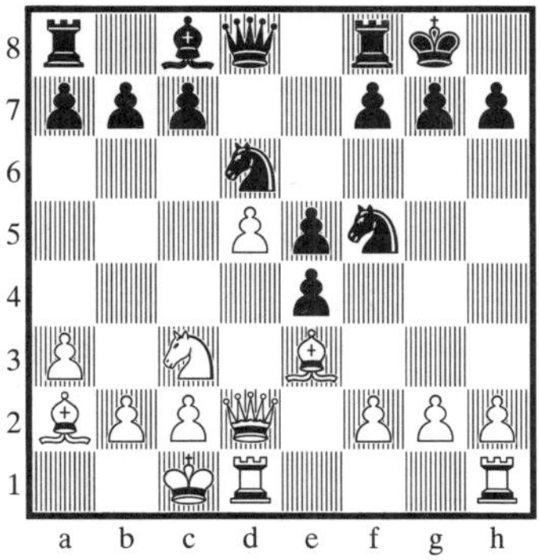

Die Springer haben in den letzten vier Zügen interessante Manöver vollführt und die weiße Spielführung widerlegt. Bei gesicherter Position hat Schwarz seinen Mehrbauern verteidigt.

14. h2–h3 Sf5×e3

15. Dd2×e3 f7–f5

16. f2–f4

Noch schlechter wäre 16. f3, da nach f4 und e3 der Raumgewinn noch größer wäre.

16. ... e4×f3 e.p.

17. g2×f3

Weiß möchte mindestens auf der halboffenen g-Linie einen Angriff organisieren.

17. ... Tf8–e8

18. Td1–g1 f5–f4!

Damit sichert sich Schwarz Einsatzmöglichkeiten für seinen Läufer.

19. De3–e2 Lc8–f5

20. Sc3–e4

Mehr oder weniger erzwungen. Der Vorstoß e4 muß unterbunden werden.

20. ... Lf5×e4

21. f3×e4 Dd8–f6

22. De2–f3 b7–b5!

Ein wichtiger Zug, der das Manöver c4 und eventuell c5 verhindert.

23. Tg1–g4 Te8–e7

24. Th1–f1 Kg8–h8

25. Kc1–d2? c7–c6!

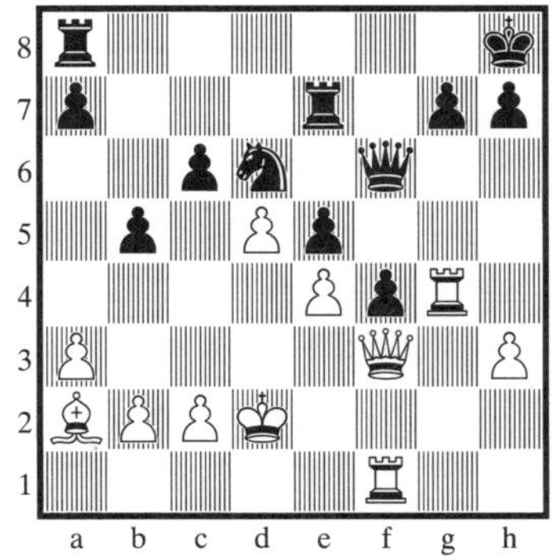

Weiß hat den Sinn des Zuges Kh8 nicht verstanden und rennt mit seinem Partiezug voll ins offene Messer. Mit der Öffnung der c- oder d-Linie erfolgt der Schlußangriff in verheerender Form durch die schweren Figuren.

26.	**d5×c6**	**Sd6–c4+!**
27.	**La2×c4**	**b5×c4**
28.	**Tf1–g1**	**Df6×c6**
29.	**Tg4–h4?**	

In hoffnungsloser Stellung noch ein schwerer Fehler, der sofort entscheidet. Aber auch nach 29. Kc1 Tb8 wäre das Ende absehbar. Es droht tödlich Db7 mit dem Doppelangriff auf b2 und e4.

29.	**...**	**Dc6–b6**
30.	**Tg1–b1**	

und Weiß gab gleichzeitig auf, ohne sich den Zug 30. ... c3+! zeigen zu lassen, da 31. Dc3: wegen Df2+ einen Turm verliert.

Von zahlreichen Kontrahenten Wolfgang Uhlmanns sollen hier nur zwei genannt werden:

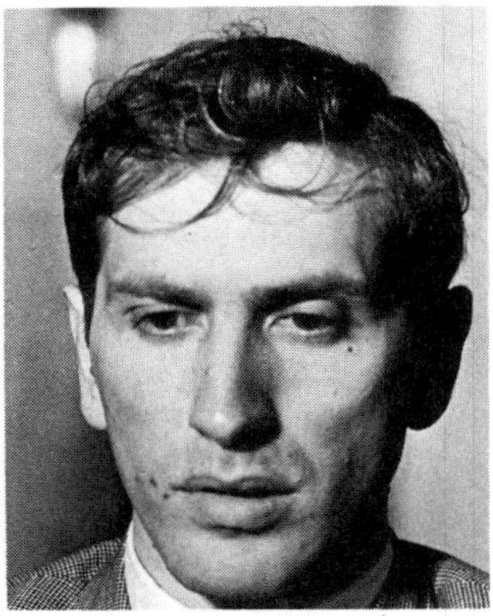

Bobby Fischer

Nigel Short

Robert James Fischer, genannt Bobby (* 1943 Chicago), WM 1972-1975. F. lernte mit 6 Jahren das Schachspiel; war 1956 und 1957 US-Jugendmeister und IM, 1958 US-Meister (später noch siebenmal).

Nigel Short, (* 1965), brit. Großmeister. Nach einer von Prof. Elo vorgenommenen Rückrechnung erreichte das Schachwunderkind S. mit 11 Jahren die Elo-Zahl 2200. Dieses Leistungsvermögen besaß nur Reshevsky in noch früherem Alter, nämlich mit 9 Jahren.